実践 教職論

未来の創り手となる子どもたちのために

近藤昭一 Shoichi Kondoh

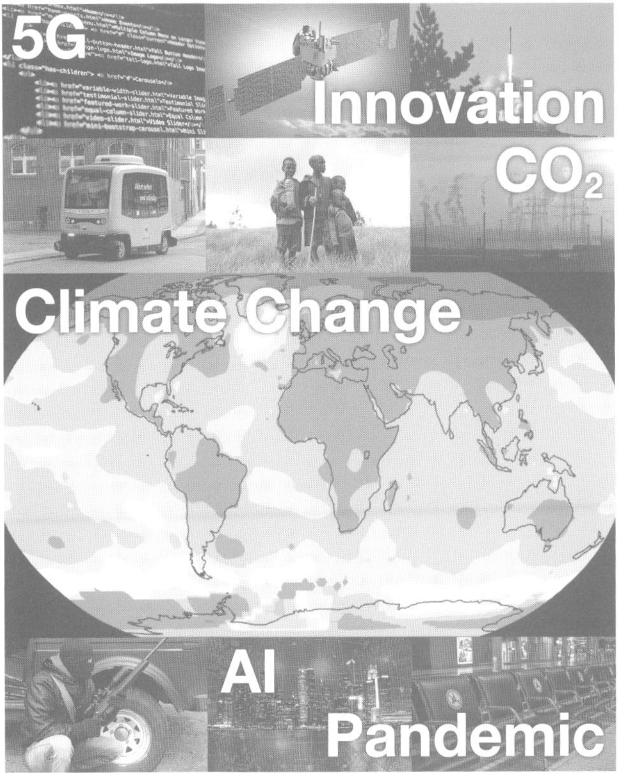

ナカニシヤ出版

はじめに
—現代社会と向き合う教師—

「なぜ，あなたは教師をしているのか」「なぜ，あなたは教師になるのか」と問われて，「子どもが好きだから」「教えるのが得意だから」程度の考えでは，教師の使命を自覚しているとは言い難い。例えば「授業で子どもたちが活発に活動してくれた」「クラスの成績も向上した」など，教育成果が目に見えることは教師の喜びではある。しかし，こうした子どもとの関係だけに埋没し，そうした自己規定に終始することが，教師の機能を弱めてしまうことに気付く必要がある。

報道される教師の不祥事の内情を分析すれば，主権者である国民に向き合う意識を失い，閉鎖的な学校社会のなかで社会的な使命も目標も忘れて矮小化した教師の姿，逆に途方もなく自己肥大化してしまった不遜な教師の姿を見つけることができる。それらは，現代社会に向き合うことを忘れて役割と使命を喪失してしまった教師の姿であり，そうした稚拙な社会認識が形を変えて現れた教師の残像といえる。

教師が多くの児童生徒の育成に携わり，その豊かな成長を導いていくには，自らの資質・能力を鍛え上げて生涯にわたるキャリア形成を図る必要がある。そのためには，知識や指導理論の学びに留まらず，自分の立場や役割を通して人々や社会と向き合い，主体的に学修[1]，錬磨することが望まれる。そして，自分が「子どもと向き合う価値のある人間であるのか」を繰り返し問い，その自己洞察を繰り返して学びを積み重ねることが求められる。

教師が生涯にわたって自己を変革していこうとする学びへの意志は，どこから導かれてくるのか。それは，教育への問題意識の深さによって規定される。「何のために教師は存在するのか」「何のために学校はあるのか」という問いに自らの解をもち，どれほど深く教師の使命を理解し，自覚できているかが，教

1 「学修」は学問をまなびおさめることの意味（広辞苑）。

師の生涯の学びを規定する。

子どもという次世代を育成する権限を国民から負託された教師には，子どもの将来を左右する現代社会のありようを見据える視座と見識が求められる。筆者の学校での実務経験からいえば，こうした視座や見識をもつ教師は割に少なく，部分的な社会認識の振り回しやイデオロギッシュな主張が感覚的になされることはよくある。教師は，子どもの育成基盤である現代社会に向き合い，そのありようを吟味し，子どもの健全な成長を支える望ましい未来社会の在り方について，適確な視座と見識をもつ必要がある。これによって「何のために教師は存在するのか」「何のために学校はあるのか」の解を得ることができ，教師はその役割と使命を自らの教師人生の支柱に据えることができるはずだ。

本書はこうした考え方に基づき，教職に関する基礎的な知識や理論だけでなく，次のコンセプトで構成されている。

①教職を探求する者が，教師の資質・能力の核心には「人格性」があることを実感し，自己のありようを振り返り，自己変革を意図しながらキャリア形成を図る機会が得られるように内容を構成した。

②教師が子どもとの関係に埋没することなく，変化が激しく課題の多い現代社会のありようを見定め，こうした社会と向き合うなかで教師の役割と使命を自覚できるように構成した。

③「未来の創り手」となる次世代育成を担う教師は，国家・社会と学校教育の関係を構造的に理解しておく必要がある。このため義務教育の成り立ちからの教育史や現代の政治・経済情勢，教育改革の動向などの内容を詳説した。

④現代の教師は「チームとしての学校」の一員として学校経営に主体的に参画することが求められる。そのため学校経営や教員の組織行動の在り方を詳説し，危機管理を含めた経営課題克服への視座と学びを提供した。

⑤教職の実践性を重視し，「危機管理演習」等の課題を設定し，教職を探求する者が実践的な知識や理論の習得に加え，現場実践のシミュレーションができるように構成した。

⑥本書での学びをもとに，教師が次世代を担う子どもたちのために，平和で心豊かな未来社会構築への見識をもって，直面する教育諸課題の克服を強く志向して教育に取り組む使命感と意欲を涵養できる構成とした。

目　次

第１章

教職を探求する学び

1 「実践 教職論」の学び方

(1)「実践的指導力」を求める社会と教師の使命

教師は着任したその日から校務を担当して職務実践の結果を示す責務を負う。「教員は教職に就いたその日から，学校という公的組織の一員として実践的任務に当たる」[註1] とされ，「採用当初から学級や教科を担任しつつ，教科指導，生徒指導等の職務を著しい支障が生じることなく実践できる資質能力」[註2] が求められる。大学の教職課程にも「実践性」が求められ，さらには「協働的学びなどをデザインできる指導力」など，新たな学びを展開できる「実践的指導力」を求める向きもある[註3]。学ぼうとする子どもの前に立つ以上，新任教師・若手教師といえども信頼と指導力が求められるのは当然である。

このように性急と思えるほど「実践的指導力」が求められる近年の傾向には二つの背景がある。一つは，いわゆる団塊といわれる世代に代表されるベテラン教員の大量退職とそれに伴う新任教員の大量採用の状況が続いたことがある。これによって児童生徒の指導や支援，学校経営や保護者連携など，広範囲にわたる学校現場の知恵や実践力の継承が不全となり，学校の総合力が落ちてしまうという危惧が広がったことを指摘できる。

今一つは，グローバル化や知識基盤社会化など，激しい競争が進行する社会情勢の中で，国民の学校教育への期待が高まり，教育成果の実証が強く求められ続けていることがある。しかも，その一方で，学校現場には深刻化するいじめや不登校，学力問題やネット依存などの教育課題が山積する状況があり，学校は次世代育成の当事者として，教育成果を実証し，諸課題を克服して，国民の期待に応えていくことを強く求められている。となれば，着任早々の若者にも「実践的指導力」を性急に求めようとする状況は理解できよう。

本書では，こうした現代社会のありようについて，その特質と子どもの育成基盤としての課題を指摘している。各章を通じて，「グローバル化」「知識基盤社会化」「新自由主義」などに見られる「地球規模の社会変動」や「予測困難な時代」という社会状況について学んでいく。そのなかで学校教育が向き合う社会状況とその多様な課題を解説し，課題克服の方策について考察できるように構成している。

現代社会を見据える視座をもって，学校教育の諸課題の克服に取り組み，教育基本法に定めるとおり，私たちの国家や社会，そして世界の未来を支えるたくましい次世代育成に取り組むことが教師の担う職責である。この職責の実効をもって，多様な権限を負託した国民とその社会に向き合う責任が教師にはある。次世代育成を担う立場として，社会的な意義と役割を理解して使命感を高めていくことが，「実践的指導力」を自在に発揮できる信頼される教師に自らを成長させる力となっていくはずだ。

(2) 教師の資質・能力の核心にある「人格性」

「実践的指導力」は具体的にどうしたら身につくのだろうか。若手の教師たちが学校現場で悩み，苦闘する様子は多く見られる。20歳代の教師たちの離職率は他に比較して高い。これらのことからも「実践的指導力」は教育理論や知識の学修，指導法の学びや短期間の教育実習で身につくほど簡単なものではないことがうかがわれる。

「実践的指導力」を培う基盤には個人の資質・能力がある。この資質・能力を開発し，鍛えることで「実践的指導力」が形作られていく。教師としての資質・能力を解析すると，それが知識であろうと，技能・能力であろうと，これらが発揮される状況は，教師個人の人格のはたらきとして機能し，子どもの人格や置かれた状況との相互作用の中で進行していく特質がある。このことは，第2章と第6章で詳説するが，自分自身の成長につながった良き教師との出会いを振り返り，そのなかで相互の人格が響き合った経験を思い起こせば納得できるはずだ。

本書では，教師の資質・能力は「教師の人格や生き方として現われて価値を放つ」ものであり，教師の資質・能力を「人格の機能」と規定している。教師の多様な資質・能力は，その核心に「人格性」があって，喜怒哀楽も，失敗も成功もある子どもの人格との相互作用の中ではじめて機能する。とすれば，必要な「人格性」が一朝一夕に身につくものとは考えにくい。それには，個人があらゆる立場や役割，困難な経験や成功の経験，葛藤や信頼の構築など，人々や社会と向き合って錬磨を重ねる必要がある。そうしたなかで教師の資質・能力とその核心である「人格性」は形成されていくと考えるのが自然である。

教師たちの悩みや苦闘は，こうした錬磨のなかでの自己確認の姿であり，教師としてのアイデンティティー確立の過程といえる。教職を学んでいる学生にとっても，自らの置かれた立場や役割を通して多様な人々や社会集団と正面から向き合うことが，自己の錬磨につながる。その役割を果たそうとする過程で様々に生まれる葛藤の体験等を通して，求められる資質・能力の基礎を身につけていくことができる。このような視点から学びの場を提供する本書を，教職を探求し続ける教師と教職課程で学ぶ学生の指南書として，認めていただければ幸いである。

(3) 現場実践を前提とした学びと到達目標

本書では，学校現場での実践を前提とした理論と実践の往還による学びによって，教師としての資質・能力を鍛えていけるように工夫している。掲載した多様な資料による課題検討，危機管理演習や事例検討など，学校現場での実践を前提とした課題について学べるように構成されている。そのなかで，「何のために教師は存在するのか」「何のために学校はあるのか」など，教師の在り方と使命について繰り返し問い続けている。これらの問いに正面から向き合い，精緻に学修を積み上げていくことが，自らのうちに教師としての強い使命感を醸成し，「実践的指導力」に必要な資質・能力の獲得につながるはずだ。

こうした本書での学びの到達目標を次に示しておく。また，以下の各章には章や節ごとに主題を解説しているので，合わせて教職の探求と自己研鑽の指標にしてほしい。

①学校教育の意義や教員の社会的な役割，教員の職務や服務等を理解して，これらを自己のキャリア形成上の問題として捉え直し，自らの課題を自覚して

自己開発に必要な手立てを見つけて実践することができる。

②現代の学校教育の諸課題と子どもの成長上の課題の克服に向けた見識を有し，育成環境としての現代社会のありようを見据える視座と見識を身につけ，「社会に向き合う教師」として国民の負託に応える教師像を確立する。

③現代社会が求める学校経営や学校組織の在り方を理解し，「チームとしての学校」の一員として学校経営に主体的に参画し，あるべき学校経営や組織運営について自ら構想し，それを実践できる知識と意欲をもっている。

④現代社会が教師に求める資質・能力と教師像を理解して，自己の適性と課題を捉え直し，教師としての使命を自覚して，生涯にわたって自己を開発していく意志と意欲を備えている。

なお，本書は，平成28年の教育職員免許法の改正に伴って平成29年に改正された同法施行規則の定める「教育の基礎的理解に関する科目」を主な内容とし，特に「教育の理念並びに教育に関する歴史及び思想」「教職の意義及び教員の役割・職務内容」「教育に関する社会的，制度的又は経営的事項」「教育課程の意義及び編成の方法」を学ぶことのできる教職課程における教科書としても活用できるようまとめられている。

本書では「教員」と「教師」の用語を併用している。児童生徒に向き合う教育的な意義を意図する場合は「教師」を用い，社会的な存在意義や権限・職責を意図する場合は「教員」を用いている。「児童生徒」と「子ども」の表記についても併用している。社会一般のなかでの表記には「子ども」を用い，学校教育の範囲に限定する場合に「児童生徒」を用いている。

第２章

教員とは何か

—教育の目的と教員の役割—

1　子どもにとって教師とは何者か

学校教育法などの法律で規定された教員の役割・職責を確認する前に，子どもにとって教師とは何者なのかを明確にする。法律でどのように規定されていようと，子どもに向き合う教師が子どもにとって意味ある存在でなければ，その役割を果たすことができない。子どもの視点に立って，教師の存在意義について整理し，教師像について考察する。

(1) 成長の主体としての子どもと教師の役割

教育基本法の示すとおり，子ども各自の人格が完成に向かい，国家・社会の形成者として，私たちの社会や国家，そして世界を支えるたくましい人間にその成長を導くことが教師の職責といえる。これは社会的・法的な規定であるが，当の子どもにとって教師は何者なのか，子どもの立場に立って，教師の存在の意味について問うてみる。

はじめに「子どもを成長させるのは誰なのか」を問う。それは教師なのか，保護者なのか。「生徒指導提要」(註1) は次のように記載する。「(生徒指導は) 児童生徒が自ら考え主体的に行動することを促すことを通じて指導・援助することが重要」として，「児童生徒が自らの人格の完成を自ら希求することができるようにする」ことを説いている。これに従えば，人格の完成を希求するのは子ども自身であり，これを援助・支援する存在が教師となる。教師は支え導く立場であり，成長の主体は子どもであって，「子どもを成長させるのは子ども自身」ということになる。こうした子どもの立場から「教師とは何者か」を問うことは，教師の役割や必要な資質・能力を規定するうえで意味があるはずだ。

(2) 教師のかかわりと子どもの成長

人が自らの成長を振り返るとき，その成長の過程において少しずつ変容して，現在の自分に近づいてきたことを認識する。人が変容する過程を省察すると，人の成長と教師のはたらきかけの意味合いが見えてくる。

そこで，次の課題に沿って自らの体験を振り返り，「人の変容はどのように導かれるのか」「子どもにとって教師とは何者か」等について，考察してほしい。

課題

あなたの小・中・高校等の学校在籍時の教師との出会いを振り返り，現在の自分の自己形成につながっていると思える教師のかかわりや教師の生き方から学んだことについて記述する。さらに，その変容の要因を分析して記述する。

次の文章は，上の課題について大学生Aさんが自らの体験を振り返って書いたものである。この文章から「子どもの人格形成につながる教師のかかわり」について分析を行う。これを読者自身の振り返りと比較しながら，省察することを勧める。

▶大学生Aさんの振り返り

小学校1年生のときの担任の先生です。私は小学校に入学した時から，週に1回は親が学校に呼び出されるほど問題を起こしていました。担任の先生は，私の事を問題児だと見捨てることをせず，私にどうしてそんなことをしたのか，なぜしてはいけないのかなどを根気強く教えてくれました。その時は理由もなく，ただ，したいからしているだけ，当時の私には何も響きませんでした。

ある日，私がしていないのに，私のせいになった問題がありました。その時は周りの先生もまた私がやったと思い，注意を受けました。その時に担任をしていた先生だけが最初から私のことを疑うのではなく，私の話を最後まで聞いてくれて問題を解決してくれました。

その時に私は，私のためにここまでしてくれる先生を悲しませることをやめようと思い，問題を起こすのをやめました。この経験から，人間としてみんなが信頼できるような人になろうと思いました。

▶参考

読者の考察の参考までにＡさんの文章を次の２つの視点から分析する。

＜視点１＞：子どもの置かれた状況や認識

＜視点２＞：その状況下における子どもにとっての教師の存在の意味

Ａさんの振り返りの文章	分析（子どもの状況と認識　教師の存在の意味）
小学校１年生のときの担任の先生です。	
私は小学校に入学した時から，週に１回は親が学校に呼び出されるほど問題を起こしていました。 担任の先生は，私の事を問題児だと見捨てることをせず，私にどうしてそんなことをしたのか，なぜしてはいけないのかなどを根気強く教えてくれました。 その時は，ただ理由もなく，したいからしているだけ，当時の私には何も響きませんでした。	一種の危機状況・不調な状況にある子ども（問題行動） どんなときも教師が真剣に自分に向き合ってくれたという認識 教師の具体的な支援や指導が重ねられている状況 問題行動の解決が図られている状況 教師の具体的な行動によって教師の真剣さが伝わる 教師の具体的な支援や指導が理解されていない状況
ある日，私がしていないのに，私のせいになった問題がありました。その時は周りの先生もまた私がやったと思い，注意を受けました。 その時に担任をしていた先生だけが最初から私のことを疑うのではなく，私の話を最後まで聞いてくれて問題を解決してくれました。 その時に私は，私のためにここまでしてくれる先生を悲しませることをやめようと思い，問題を起こすのをやめました。	やっていないことで自分が疑われ，注意を受けた状況 孤独で不安な精神状況 深刻な危機状況にある子ども（問題行動） 教師が信じてくれたという認識 教師の指導・援助によって危機状況が解消した状況 教師に守られたという実感 子ども自身が大切にされているという実感 子どもの行動の変容 教師への感謝の気持ちが積み重なった認識 教師の具体的な支援や指導によって深まる教師への理解 「先生は大切な人」という実感 教師への信頼感の深まり＝関係性の変化
この経験から，人間としてみんなが信頼できるような人になろうと思いました。	教師の思いや人間性を理解できている状況 子ども自身が目標を見いだす動きに展開 子どもの行動の変容と生き方への影響が現出

(3) 子どもの変容はどのように導かれるのか

先の文章にあったＡさんのように，子どもが自らの目標を見出し，将来に向けてより良く生きようとする意志をもとうとする場合，その時の教師のかかわり方がどのようなものかを明らかにできれば，「子どもにとって教師とは何者か」がわかり，「人の変容はどのように導かれるのか」の解明につながる。

Ａさんの場合，教師は子どもがどんな状況にあっても，変わらず真摯に向き合い，成長につながる支援や指導など，具体的な行動を積み重ねている。そうした行動を通して，子どもは「自分が大切にされている」という実感をもつに至っている。この実感は，教師が支援や指導を重ねれば必ず現出するものではない。実感をもつのは子ども自身であり，子どもの正直な気持ちが簡単に操作できるはずもないことは自明である。Ａさんは真摯に向き合ってくれた教師の取組について，はじめは「(問題行動を) 理由もなく，したいからしているだけ，当時の私には何も響きませんでした」と述べている。

教師の指導や支援を受け入れるかどうかは，子ども自身の感情や価値判断に依拠している。こうした子どもの感情や価値判断を教師が操作したり，支配したりしようとすることは誤りである。子どもは，教師と向き合うなかで何らかの価値判断をして，教師の支援や指導を受け入れる。その価値判断は，教師の変わらない姿勢や継続する熱意などの多様なストローク，あるいは問題解決等の実効性のあるアドバイス等がなされる過程で，子ども自身によってなされる。

Ａさんが「自分が大切にされている」という実感をもつことを確実にした事情を，いくつか指摘できる。一つには，教師が行った支援や指導が，適確で実効性のある具体的なものであったことである。そして，それらのストロークは，子どもを深く理解しようとする姿勢やその成長を大切にしようとする熱意を湛えたものであったといえる。

今一つ，重要な作用力をもった事情がある。それはＡさんが置かれたそのときの状況にある。それは前項の分析表で，深刻な危機状況にある子どもと記載した状況のことだ。問題行動だけでなく，けがや病気，家庭環境の混乱など，子どもにとっての危機的な状況は多くあり，子どもを孤独感や挫折感が苛む状況に追い込む。この挫折感や孤独感のなかで，教師の適確な支援や指導は，強い実感をもって子どもに受け入れられ，状況の改善とともに次第に信頼感が醸成されていくことがわかる。深刻な危機状況にある子どもであればこそ，一層強く自分が大切にされているという実感や教師に守られているという実感をもつのだ。その実感を通して，子どもの教師への信頼感の深まりが見られるようになり，その信頼感を裏返してみれば，子どもの中に「先生は大切な人」という実感が生まれてきていることを示している。この段階にきて初めて，子どもが教師の思いや人間性を理解できている状況が生み出され，それは教師が子どもを理解している状況と対をなして引き合っている状況にある。

一般に，教師の子どもへの理解を「生徒理解」といい，あらゆる教育活動の基盤とされている。しかし，この「生徒理解」はそれだけでは十分な意味をもたず，子どもが教師の人間性や思いを認め，「先生は大切な人」という実感をもつ状況において，生徒理解は実現されると考える必要がある。

子どもが「先生は大切な人」という実感をもつ状況は，同時に，子ども自身が自らのことを大切な存在と実感していることを示している。自己の大切さを自覚するとき，人はより良き自己形成のために変容を目指すことができるようになる。このように，生徒理解と教師への理解は，向き合う人格の間で相互関係が確立するなかで意味をもち，教師と生徒その双方において自己の尊厳が実感され，そのことが人をより良き変容に導く実効力をもたらすのだ。

このように相互理解・相互信頼のなかで生じる「先生は大切な人」という実感が子どもの行動の変容と生き方への影響が現出する状況を創り出している。Ａさんの「この経験から，人間としてみんなが信頼できるような人になろうと思いました」という言葉がこのことを実証している。そして，Ａさんは，教師になることを目指して学んでいる。

(4) 子どもにとって教師とは何者なのか

●「関係性」と子どもの変容

「人の変容はどのように導かれるのか」について，人格の相互作用のなかで，自他の尊厳が実感され，その実感によって人のより良き変容が導かれると述べた。このように教育は，人と人が向き合い，相互に人格が作用し合うなかで成立する。教師が子どもの人格形成に関わる人間であるとするならば，この「相互理解・相互信頼という人間関係を築きうる人間」であるかどうかが，子どもから問われる要件となる。言葉を換えれば，教師が子どもと向き合うとき，どのような人間関係を取り結んでいるか，そのことが子どもにどのように実感されているかが問われている。教師が取り結んでいる「人間関係の質」，つまりその「関係性」を子どもから問われているのだ。

子どもは，その取り結ぶ「人間関係の質」を変えることによって変容していく。学校で問題行動や不適応行動を繰り返している子どもの背景には，その子どもが取り結んできた人間関係が積み重なっており，その「人間関係の質」（関係性）の当然の発露として，様々な問題行動や不適応行動が現出してくると考えて良い。

例えば，幼い頃に児童虐待を受けて，自己の存在基盤を崩された子どもたちの場合，その成長過程において問題行動や不適応が現れやすいことは容易に指摘できる。これらの改善を図るために学校や児童相談所，ＮＰＯの方々や里親さんなど，育成に関わる多くの人々が，真剣に彼らに向き合い，懸命に支援・指導を積み重ねてきている現実がある。こうした支援・指導の中で最も重要なことは，子どもたちが信頼と安全を実感できるように導くことである。子どもたちが，懸命に支援・指導を重ねている育成者に対して信頼感と安心感をもつことができ，その育成者とともに過ごす時間を大切だと感じることができるようになったとき，そこには葛藤や不安を乗り越えた相互理解と信頼という「人間関係の質」の変容が見られるはずだ。

育成者と過ごす時間を大切だと思えている子どもの心の中には，相手に対するだけでなく，自分自身を大切に思う心情が生まれている。こうした心情を醸成する「関係性」が子どもに自他の尊厳を実感させ，その実感が「大切な自己」を生かしていこうとする力を生み出していくのだ。教師が子どもの変容に関わり，人格形成に携わることを職務とするならば，第一に求められることは「自他の尊厳を実感できるような関係性を築ける人間」であるかどうかである。

●教師の専門能力と「関係性」

教師は専門性をもち，教科や特別活動などの教育活動，児童生徒の指導や管理などに取り組む。こうした専門的業務をしっかりと行える教師であることが国民から求められている。しかし，これらの専門的業務を行うにあたって，そこに自他の尊厳を実感できるような関係性が存在していなかった場合，教育が十分に成立しているとは言い難い。

「子どもにとって教師とは何者か」について，職務上の権限から例示すると，教師は「指導者であり，監督者であり，観察者であり，分析者であり，評価者である」などといえよう。しかし，ここに挙げた指導者・監督者・評価者等の専門的な業務を確実に行うことができれば，教師として十分に職責を果たしたといえるのだろうか。この種の専門性だけで，子どもにとって「自他の尊厳を実感できるような関係性を築ける人間」となり得るのかは疑問である。

これらの専門能力をそつなくこなし得たとして，そのことだけで教師が子どもの心の中に「大切な人」「重要な他者」として位置づけられるとは思えない。専門的な職能や知識を有するいわば優位の人間から，そうした知識等をもっていない人間にそれらを与える作業は容易にできよう。しかし，その与える行為が「自他の尊厳を実感できるような関係性」を築くとは必ずしもいえない。場合によって，子どもにとってそれらの専門能力は，利用価値のある環境や道具程度の意味合いとしか理解されないことがあるはずだ。

●教師は専門家である前に人間関係の当事者

子どもたちは学校という多様な人間関係と感情の行き交う場に，その当事者として身を置いている存在である。教師もまた，こうした場の当事者であり，その範囲の外に身を置くものではない。指導や管理などの役割を背負いながらも，教師は，子どもとともに学校という多様な人間関係と感情の行き交う場に身を置く当事者なのだ。人間関係の当事者であるからこそ，自他の尊厳を実感できるような関係性を築ける人間であり得る。

その意味で，子どもにとって教師は「子どもの人間関係の当事者として身を置く者」であり，子どもにとって「大切な人」「重要な他者」となり得るのかどうか，「子どもから常に関係性を問われている者」といえる。教師は，自らが子どもにとって「重要な他者」あるいは「自他の尊厳を実感できるような関係性を築ける人間」であり得るのか，問い続け，学び続けなければならない存在といえる。

▶子どもにとって教師とは何者か？
・学校という多様な人間関係と感情の行き交う場に，子どもと共に身を置く当事者
・子どもにとって「大切な人」「重要な他者」となりうるのか，子どもから関係性を問われている者
・子どもとの間で「自他の尊厳を実感できる関係性」を築ける人間であるのかを問われている者

2　教育の目的と教職

ここでは，教育の目的や意義，教員の役割や職責について法規から確認する。

(1) 先生・教師・教員―様々な呼称がある教員―

教員には「教師」や「先生」のほか，「教職員」「教育職員」「教諭」「教育公務員」などの多くの呼称がある。学校等では，児童生徒から「○○先生」と呼ばれる。この「先生」という呼称は教員だけでなく，医師や弁護士，議員等の専門職への呼称としても使われ，広く敬称として用いられる。教職の場合も，教師への敬称として用いることから，児童生徒への何らかの教育上の機能を有する呼称と考えられる。

「教師」と「教員」との違いについて述べる。「教員」は教育基本法はじめ法規上用いられる用語だが，「教師」という用語は法規上に見当たらない。「教員」は法に規定された社会的な立場や身分・職責を示す用語で，社会制度上の用語といえる。これに対して「教師」は，「子どもと教師の信頼関係」などという使い方でわかるように，児童生徒への教育的な存在意義を意識して使われることが多い。本書ではこれらの意味をふまえ，文脈に合わせて併用している。

次に，「教育職員」は「教育職員免許法」等に規定され，学校等の「主幹教諭，指導教諭，教諭，助教諭，養護教諭，養護助教諭，栄養教諭，主幹保育教諭，指導保育教諭，保育教諭，助保育教諭，主幹養護教諭，主幹栄養教諭及び講師」などをいい，これらを「教員」と呼ぶとされている。「教員」に事務職員や栄養職員等を加えて「教職員」と呼ぶ。

さらに，「義務教育諸学校における教育の政治的中立の確保に関する臨時措

置法」では，「校長，副校長，教頭，主幹教諭，指導教諭，教諭，助教諭若しくは講師」を「教育職員」というとされている。ここで用いられている「教諭」は，法律で定められた教育職員の職名・職位・職層を示す用語である。

このほか「教育公務員特例法」に「教育公務員」の規定があり，「(前略）公立学校の学長，校長（園長も含む)，教員及び部局長並びに教育委員会の教育長及び専門的教育職員」とされている。この法律は「地方公務員法」と「国家公務員法」をベースに，「教育を通じて国民全体に奉仕する教育公務員の職務とその責任の特殊性」を特例法として定め，その意義と職責の大きさを示している。

(2) 教育の目的と教員の役割

●教員の職責と役割

教育基本法からは，教員の在り方の基本を理解することができる。第一条の「教育の目的」が示すとおり，教員は子どもたちの「人格の完成を目指す」ことおよび，私たちの国家・社会の「形成者としての国民の育成」ために存在する。教員は，これらの目的の実現のために，主権者である国民から次世代育成の権限を負託されている。このため，教員は「教育職員免許法」等に規定する幼稚園，小学校，中学校，義務教育学校，高等学校，中等教育学校及び特別支援学校等において，児童生徒を教育する職務に従事する。この職務を「教職」という。

教育基本法

(教育の目的)　第一条　教育は，人格の完成を目指し，平和で民主的な国家及び社会の形成者として必要な資質を備えた心身ともに健康な国民の育成を期して行われなければならない。

(教育の目標)　第二条　教育は，その目的を実現するため，学問の自由を尊重しつつ，次に掲げる目標を達成するよう行われるものとする。(＊第二条には，目標として一から五の事項が示されている。ここでは省略し，次の①～⑤記載した。)

教職において教員が果たすべき職責・役割は，同法第二条の「教育の目標」の達成を図ることといえる。具体的には，次の①～⑤の「教育の目標」に示されている事項を子どもたちが身につけ，成長していけるよう導くことが教員の職責・役割である。

①幅広い知識と教養を身に付けて，真理を求める態度，豊かな情操と道徳心や健やかな身体を養うこと。
②能力を伸ばし，創造性や自主及び自律の精神を養い，勤労を重んずる態度を養うこと。
③正義と責任，男女の平等，自他の敬愛と協力を重んじ，公共の精神に基づいて，主体的に社会の形成に参画し，発展に寄与する態度を養うこと。
④生命を尊び，自然を大切にし，環境の保全に寄与する態度を養うこと。
⑤伝統と文化を尊重し，我が国と郷土を愛するとともに，他国を尊重し，国際社会の平和・発展に寄与する態度を養うこと。

教職とは，子どもたちの「人格の完成」を導き，私たちの国家・社会の行く末を担う「形成者」である国民を育成するという重大な使命を担い，上記①～⑤の達成を導く専門職といえる。

●義務教育

教育基本法で定められた「教育の目的」と「教育の目標」を達成・実現していくためには，教員だけでなく，国家・社会の形成者である国民自身も大きな役割を担っている。教育基本法第五条にその規定が明記されている。

第五条　国民は，その保護する子に，別に法律で定めるところにより，普通教育を受けさせる義務を負う。
2　義務教育として行われる普通教育は，各個人の有する能力を伸ばしつつ社会において自立的に生きる基礎を培い，また，国家及び社会の形成者として必要とされる基本的な資質を養うことを目的として行われるものとする。

国民自身が，家庭教育や地域で子どもの育成に携わるとともに，上記の①～⑤の達成を目指す教育活動が展開されている学校に子どもを就学させる義務を負う責任を有している。義務教育については，第3章で詳述する。

(3) 教員免許と教職課程

●教育職員免許状

教員が「教育の目的」の達成を目指す専門職であるならば，その資格認定は厳正である必要がある。教育職員免許法第三条は「教育職員は，この法律により授与する各相当の免許状を有する者でなければならない」と規定している。子どもたちの成長や人生に大きな影響を与え，私たちの国家・社会の将来を左右する職責であるゆえに，資格の認定と教員の養成は厳正な基準の下に行われる必要がある。同法第一条は「この法律は，教育職員の免許に関する基準を定め，教育職員の資質の保持と向上を図ることを目的とする」と規定し，免許制度と施行を管理する「免許管理者」を都道府県の教育委員会に限定している。

教員は，原則として，学校の種類ごとの教員免許状が必要であり，中学校・高等学校の教員は学校の種類および教科ごとの教員免許状を取得する必要がある。特別支援学校の教員は，特別支援学校と特別支援学校の各部（幼稚部・小学部・中学部・高等部）に相当する学校種の両方の教員免許状が必要である。養護に関わる教員，栄養指導等に関わる教員は，それぞれ養護教諭（養護助教諭）の免許状，栄養教諭の免許状が必要となる。

教員免許状には，「普通免許状」「特別免許状」「臨時免許状」がある。教諭，養護教諭，栄養教諭の免許状である「普通免許状」には「専修免許状（大学院修了相当）」，「一種免許状（大学卒業相当）」，「二種免許状（短期大学卒業相当）」の区分がある。「特別免許状」は必要な社会的経験を有する者に教育職員検定を経て授与されるもので，高等学校の教科「看護」や英会話講師の「英語」等の特別免許状がこれにあたる。「臨時免許状」は助教諭，養護助教諭の免許状で，普通免許状の取得者を採用できない事情がある場合に限り，教育職員検定を経て3年間認められる。

また，教員免許には期限があり，現職教員は10年に一度，教員免許状の有効性を更新することが必要となる。定められた期間内に大学等が開設する30時間以上の免許状更新講習を受講・修了し，都道府県教育委員会に申請して更新しなければならない。教員免許状を所有しないまま教員を務めた者やこれを雇用した者には，罰金が科される。

●教職課程

教員免許状を取得するためには，法律に基づき教職に関する専門科目の履修課程を設けた大学で学ぶ必要がある。履修課程を「教職課程」といい，規定された必要単位を取得して，教員免許状を申請することになる。

教育職員免許法は平成28年に改正され，その施行規則も改正された。改正前の免許法では教職課程で学ぶ科目は「教科に関する科目」，「教職に関する科目」，「教科又は教職に関する科目」とされていた。改正後，科目については「教科及び教科の指導法に関する科目」「教育の基礎的理解に関する科目」「道徳，総合的な学習の時間等の指導法及び生徒指導，教育相談等に関する科目」「教育実践に関する科目」「大学が独自に設定する科目」の五つに区分されてい

表2－1　新免許法による教職課程の科目と取得すべき最低単位数（中学校）

各科目に含めることが必要な事項		専修	一種	二種
教科及び教科の指導法に関する科目	教科に関する専門的事項 各教科の指導法（情報機器及び教材の活用を含む。一定の単位数以上修得すること）	28	28	12
教育の基礎的理解に関する科目	教育の理念並びに教育に関する歴史及び思想 教職の意義及び教員の役割・職務内容（チーム学校への対応を含む。） 教育に関する社会的，制度的又は経営的事項（学校と地域との連携及び学校安全への対応を含む。） 幼児，児童及び生徒の心身の発達及び学習の過程 特別の支援を必要とする幼児，児童及び生徒に対する理解（1単位以上修得） 教育課程の意義及び編成の方法（カリキュラム・マネジメントを含む。）	10	10	6
道徳，総合的な学習の時間等の指導法及び生徒指導，教育相談等に関する科目	道徳の理論及び指導法　（一種：2単位，二種：1単位） 総合的な学習の時間の指導法 特別活動の指導法 教育の方法及び技術（情報機器及び教材の活用を含む。） 生徒指導の理論及び方法 教育相談（カウンセリングに関する基礎的な知識を含む。）の理論及び方法 進路指導（キャリア教育に関する基礎的な事項を含む。）の理論及び方法	10	10	6
教育実践に関する科目	教育実習（学校インターンシップ（学校体験活動）を2単位まで含むこと可）（5単位） 教職実践演習（2単位）	7	7	7
大学が独自に設定する科目		28	4	4
	単位合計	83	59	35

出典：「教育職員免許法・同施行規則の改正及び教職課程コアカリキュラムについて」（文部科学省）資料から作成。

る。それぞれの科目の取得すべき最低の単位数については，表2-1のとおりの規定がある。

教職課程の科目以外に，一般教養として修得すべき科目についても単位取得の規定がある。具体的には，教育職員免許法施行規則第66条の6に定める科目で，「66条科目」と呼ばれ，「日本国憲法」，「体育」，「外国語コミュニケーション」，「情報機器の操作」と規定されている。いずれにしても，これらの教職課程で学ぶ諸科目は，先に述べた「教育の目的」を達成する教員の職責を遂行していくために欠かせないものである。

第３章

学校とは何か

―学校の存在意義と近代国家の成立―

1　法に定められた学校とその存在意義

ここでは学校の定義や役割について法の規定から理解し，存在意義について考察を深める。

(1) 学校の定義と設置者

●学校の定義と設置者

学校の存在意義や役割について，学校教育法の規定から整理していく。学校教育法では「学校とは，幼稚園，小学校，中学校，義務教育学校，高等学校，中等教育学校，特別支援学校，大学及び高等専門学校とする」と規定している。このほかの学校については，法律によって表３−１の諸学校が規定されている。

学校は誰が，どのように創設するのだろうか。学校教育法は，「国（中略），地方公共団体（中略）及び私立学校法第三条に規定する学校法人（中略）のみが，これを設置する」と規定し，設置者を「国」，「地方公共団体」，私立学校

表３−１　その他の学校

・専修学校（学校教育法 124 条〜） 実践的な職業教育，専門的な技術教育を行う教育施設	・各種学校（学校教育法 134 条〜） 簿記，調理・栄養，理容，美容等の各種教育施設
・専門職大学（学校教育法 83 条〜） 実践的な職業教育を行う新たな高等教育機関	・中高一環教育（校）（学校教育法 71 条） 中等教育学校や併設型の中学校・高等学校など
・幼保連携型認定こども園 （就学前の子どもに関する教育，保育等の総合的な提供の推進に関する法律３条） 幼稚園と保育所の両方の機能を有する教育・保育を一体的に行う施設	

法第三条に規定する「学校法人」の三者に限定している。「学校法人」の設立者については，「私立学校法第30条」で所轄庁（文部科学大臣，都道府県知事）の認可を受けなければならないとしている。そして，学校を設置する場合，設置者は「学校の種類に応じ，文部科学大臣の定める設備，編制その他に関する設置基準に従い，これを設置しなければならない。」と学校教育法に規定している。学校設置がこの三者に限られる理由は，学校の社会的な性質に由来している。これについては次項「(2) 学校の社会的存在としての『性質』」で述べる。

●学校のもう一つの定義―「成長のための共同体」―

法の規定を総合して学校を定義すると，「教育基本法の定めた教育の目標の達成を目指して，児童・生徒・学生に対する教育活動を組織的・計画的に行う組織・施設・機能を有する教育の場」といえる。その意味で学校は社会組織であり，目標や経営方針，役割分担や管理規則，指揮系統や職位・職階が整備された経営体と規定することができる。その意味では，会社組織や行政機関の組織と大きくは変わらない。

しかし果たして，学校の定義としてこれだけで十分に説明がついたのだろうか。学校をこうした経営体とみるだけでは十分とはいえない。第2章で「子どもにとって教師とは何者か」を明らかにしたが，ここでも学校の中に身を置く子どもの視点から学校の役割や存在意義について考えてみることにする。

そこで，平成29年度版内閣府「子どもの青少年白書」[註1] 掲載の図3-1を見てみよう。15歳から29歳までの若者約6,000人を対象に行った「若者にとっての人とのつながりに関する意識調査」結果で，「何でも悩みを相談できる人がいる」，「困ったときは助けてくれる」，「強いつながりを感じている」という強いつながりを実感している対象として「学校で出会った友人」との回答が群を抜いて多いことが確認されている。それは，家族・親族とのつながりに迫るほどの強さであることがわかる。第2章で人間関係の質（関係性）が人格の形成に大きな作用力をもつことを指摘したところだが，学校が家庭と同様に人に強いつながりと絆をもたらし，そこに所属する人々が自ら居場所としてつながりを増進させていく共同体であることがわかる。このことから学校は，子ど

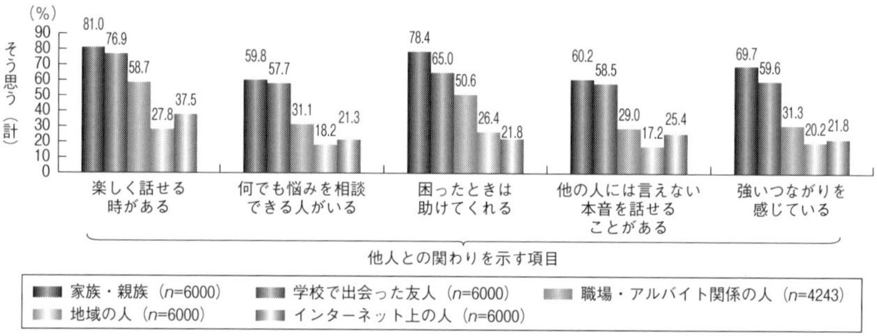

図3−1　対象別のつながりの強さ

(注)「そう思う（計)」は,「そう思う」,「どちらかといえばそう思う」の合計。

出典：平成29年度版内閣府「子どもの青少年白書」。平成28（2016）年度に内閣府が行った「子供・若者の意識に関する調査」をもとに作成。

もをはじめ，所属する人々の居場所であって，「成長のための共同体」と規定することができる。この点については「第8章　学級担任の職務と専門性」で詳説する。

(2) 学校の社会的存在としての「性質」

●「公の性質」を有する学校

自由で民主的な社会を形成してきた我が国において，学校の設置者が国，地方公共団体，法に規定する学校法人に限定されているのは，学校の社会的存在としての「性質」に由来する。教育基本法第六条は「学校は，公の性質を有するものであって，国，地方公共団体及び法律に定める法人のみが，これを設置することができる」とし，学校の「公の性質」を規定している。

「公《おおやけ》」とは，国家・社会全体に関わることを意味し，学校が私たち国民すべてに関わる公共の性質をもつことを指している。この公共の性質は，教育基本法の「教育の機会均等」を定めた第四条と「義務教育」を定めた第五条に集約されていて，すべての国民が受ける教育を司る学校が「公の性質」をもつのは当然である。

◉学校の公共性と義務教育

では，なぜ「教育の機会均等」や「義務教育」を行う必要があるのだろうか。教育基本法の第四条，五条には，保護者である国民がその子に普通教育を受けさせる義務を負い，すべての子どもが教育を享受でき，国民がひとしく能力に応じた教育を受ける機会を与えられるとされている。これは，なぜなのか。

（教育の機会均等）
第四条　すべて国民は，ひとしく，その能力に応じた教育を受ける機会を与えられなければならず，人種，信条，性別，社会的身分，経済的地位又は門地によって，教育上差別されない。（以下の２項，３項を省略）
（義務教育）
第五条　国民は，その保護する子に，別に法律で定めるところにより，普通教育を受けさせる義務を負う。
２　義務教育として行われる普通教育は，各個人の有する能力を伸ばしつつ社会において自立的に生きる基礎を培い，また，国家及び社会の形成者として必要とされる基本的な資質を養うことを目的として行われるものとする。
３　国及び地方公共団体は，義務教育の機会を保障し，その水準を確保するため，適切な役割分担及び相互の協力の下，その実施に責任を負う。
４　国又は地方公共団体の設置する学校における義務教育については，授業料を徴収しない。

私たちが主権者として形作る日本国では，憲法第十三条において，すべての国民が生命，自由及び幸福追求に対する権利を最大に尊重されると規定されている。権利を保障され，自由や幸福を追求する主体は私たち国民一人ひとりである。国民がそれぞれの人生において，自由に目的を選択し，幸福を追求しようとする場合，十分に教育を受けていなかったらどうだろうか。私たちは，知識や教養，計算能力や言語，生活の仕方すらも自分のものにすることができないことになる。情操や道徳心，健やかな身体を養うこともできず，創造性や自主・自律の精神，勤労の態度も身につかず，自らの能力を伸ばすことができない状況に陥って，社会的・職業的自立は困難になってしまう。「教育の機会均等」や「義務教育」は，国民一人ひとりが自立し，幸福を追求していくためになくてはならないものなのだ。

◉国民国家と義務教育

さて，前章において教育基本法の「教育の目的」から，教員が子どもたちの「人格の完成を目指す」ことと，国家・社会の「形成者としての国民の育成を期す」ために存在していることを確認した。「義務教育」が行われなかったとすれば，この「教育の目的」は達成できないことになる。その結果，子どもたちは，教育基本法の求める正義と責任，男女の平等，自他の敬愛と協力，公共の精神を知らず，主体的に社会の形成に参画し，発展に寄与する態度を身に付けることができない状況に陥ってしまうことになる。そして，伝統・文化の尊重や我が国と郷土を愛する心ももち得ぬままに，さらには，他国を尊重し，国際社会の平和・発展に寄与することなど考えもしない人々で我が国はあふれかえってしまうことになる。

そうなってしまうと，主権者である私たちが形成する国民国家[1]は共同体としてのまとまりを欠き，多様な国力は衰えてしまうことになる。それでは私たちが日本国憲法において誓った「恒久の平和を念願し」「平和を維持し，専制と隷従，圧迫と偏狭を地上から永遠に除去しようと努めてゐる国際社会において」名誉ある地位を占めるという決意は霧散してしまうことになる。

国民国家が共同体としてのまとまりを欠き，その多様な国力が衰えてしまうことは，混乱や対立を生んで分離・分裂の事態を招くことは多くの歴史事象の示すところであり，現代の世界の紛争地を見ればわかる。国家の混乱や対立，分離・分裂の事態は，国民個々の幸福や生存さえも奪い去ってしまう事態になることを私たちは知っておく必要がある。

アルジェリア，アンゴラ，ウガンダ，エトルリア，ケニア，コンゴ，シエラレオネ，ジブチ，スーダン，ソマリア，チュニジア，チャド，モザンビーク，リビア，ルワンダなど，戦後独立したこれらのアフリカ諸国では反乱や暴動から悲惨な内戦が勃発し継続した。目を覆いたくなるような虐殺やジェノサイド，極度の貧困や深刻な人権蹂躙などが現実となったところも多い。しかし，同じアフリカ諸国の中でも，経済成長を遂げて安定し，比較的民主的な統治が

---

1 「国民国家」の定義：「主権者である国民によって形成された近代国家の形態。国家は国民のものであって，国民の責任において国民のために運営される国家の形態」と定義。「近代化」「近代国家」等と併せて語句の定義を後述する（p.37）。

実現している国も多くある[註2]。この明暗を分けた大きな要因の一つに国家制度の強さと民族や部族を超える国民意識の醸成があるとする指摘も多い。そこには正当で強固な政治制度，国民の信頼に基づく法の執行や司法制度，国民のコンセンサスのある規範や習慣の浸透，そして国語と文化を共有できる教育の振興がある。こうした正当な公権力を行使できないことが，圧政と残虐行為を生むと指摘されている[註2]。

私たちの国では，戦後，国家制度が強固であることや国家意識をもつことが，平和や民主主義を破壊することのように捉える間違った認識が広がった。国家制度や国力が脆弱であること，そして，国家意識や国民意識を喪失することとは，先述のとおり，混乱や対立，分離・分裂の事態，国民個々の幸福や生存さえも奪い去る悲劇を数多く生んでいくことになる。私たちは産業・経済・外交・科学・技術・ＩＣＴ・AI・医療・衛生・防衛から文化・芸術，音楽やスポーツ，伝統的な文化や技能，アニメや芸能などまで，多種多様な国力を維持・増進させながら，共同体としてのまとまりのある国民国家を形成していく必要がある。そして，国家をコントロールする「法の支配」と権力の「説明責任」，「基本的人権の尊重」を基盤とする国民国家を確立して，主権者である私たちの責任において，日本国憲法に宣言した誓いを実現していく道筋に立っている。

こうしたことから「義務教育」や「教育の機会均等」は，「人格の完成を目指す」とともに，私達の生存の基盤である国家・社会の「形成者」である「国民の育成」という目的を達成し，日本国憲法で誓った国民の決意を実現していくために行われるということができる。そして，国民国家の在り方に責任をもつ主権者・形成者を育成することが，国民に次世代育成を負託された教員の社会的な使命であり，学校の存在意義であることを自覚しておく必要がある。

(3) 学校教育の存在意義と 教師の役割

◎国家崩壊のなかの学校教育―「文明としての教育」の序章から―

現代社会に生きる私たちは，高度に整備された学校制度の中で学ぶことができている。当然のように学校に通い，多少の矛盾は見え隠れしながらも安全に通学し，笑顔のあふれる学校生活を送っている子どもたちがほとんどだ。こうした現代の学校について，その存在意義と役割を問い直すために，国家が崩壊し，国民個々の幸福や生存が奪い去られてしまう事態という全く状況の異なる視点から考察を深めていく。

この項の標題「文明としての教育」(註3) は，第4期中央教育審議会会長（平成19年2月～平成21年1月）を務められた山崎正和氏の著書名である。その序章には，国家が崩壊するという混乱のなか，生存の危険を伴う厳しい環境下で行われた学校教育について体験的に語られている。その記述は学校教育の存在意義と教師の役割について問い直す有用な機会を与えている。

山崎氏は，昭和20年8月15日の日本の終戦を中国大陸の都市瀋陽（旧満州の奉天）で迎えられている。小学校6年生だったそうである。日本の敗戦によって満州国という国家は消滅した。この国家の消滅について，同氏は「国家が消滅すれば，水道や電気といったインフラストラクチャーが崩壊するのはもちろんのこと，役所も警察もなくなり，法の秩序や制度の規制も失われます。それはまだしも，本土とは違って，昨日まであった『日本語の通じる世界』というものが忽然として目の前から消えてしまいました」と述べている。そして，驚くべきことに，こうした国家崩壊の混乱のなかで，昭和20年の秋から昭和22年5月の本土引き揚げまでの約1年8ヶ月の間，親や日本人の大人たちによって学校教育が維持され，そうした「学校」に通っていたと述べておられる。同氏は，ここで受けた教育こそが「教育の原風景」と呼びうるものであったとしている。

そうした日々について同氏は次のように述べられている。

「私たち家族はアパートのなかで暮らしていたのですが，ソ連占領軍の暴力から身を守るため，切り出した電柱で建物の外側を防御し，母親を含めて女たちは顔に炭を塗って身を隠していました。また，夏から秋にかけてはともかく，冬になると，ときには零下20度という厳しい寒さの季節になります。そんな状態にもかかわらず，今からすれば不思議な話ですが，子供たちは学校に送り出されていたのです」

「私たち小学生は粗末な画板と三脚椅子を持って学校に通いました。学校といっても，まともな校舎があるわけではありません。すでに床や天井はもちろんのこと，窓枠を含めて木材部分のすべてが，冬の燃料にするため，中国人に奪い去られていました。教室には机もなければ，椅子もない。ただレンガの壁があるだけの空間です。寒い季節になると，画板と三脚椅子に加えて，まるで布団のような綿入れのコートを着て学校に通いました。小学生たちは数人ずつまとまって学校へ通っていたのですが，その途中にはロシア軍の兵士たちが立っていて，ときどき面白がって子供たちの足元に自動小銃を撃つ。そんなことが当たり前の通学だったのです」

「いたるところに死骸が転がっていました。飢えて死んだ人もいれば，凍えて死んだ人もいる。そこには死骸を狙う野犬が群れ，カラスも集まってくる。特殊な光景ではありません。これが日常茶飯の光景なのです。今でも覚えています。たまたま一人で学校に向かっていたある朝のことです。道筋の向こうから大きな野犬がやってきて，すれ違う瞬間に恐る恐るちらりと見ると，その野犬は人間の赤ん坊を横ぐわえにしていました。もし，その犬が赤ん坊をくわえていなければ，私はその場で犬の餌になっていたに違いありません」

「さらにこんな話になると，はたして信じてもらえるかどうか。真冬のあるとき，学校に行ってみると，教室で，といってもすでに触れたようにレンガの壁しかない空間で，梁から首吊り死体がぶら下がっていました。私たちと先生の間に死骸が一つ吊るされている。カチカチに凍っていますから，悪臭もしないし，病気の危険もない。私たち小学生はその死骸を無視して授業に聞き入っていました。それにしても，今から見れば，すさまじい光景の連続であったというほかはありません」

こうした記述から，言葉にできないようなすさまじい当時の様子が伝わってくる。まさに生命の危険にさらされる危機的な状況においても，当時の日本人たちはなぜ学校教育を維持し，子どもたちに学びを提供し続けたのだろうか。このことについて，同氏は「親も先生も含めて，日本人は子供に教育を与えるという点で，（中略）宗教的とさえいえるほどの熱意を持っていました」と述べている。

当初は正規の教員たちが残っていたものの，次第に引き上げが進み，在留日本人の保護者たちが代用教員となって教育は継続され，子どもたちは「先生の言葉を文字通り一語一句聞き落とすまいと緊張していました」と記されている。そして，同氏は昭和21年4月，居留民団立の瀋陽中学に進学している。そこでの代用教員たちは熱心に教育を行い，その授業の姿勢は中学生に「強く訴えるものがありました」と記されている。授業の内容は，英語は戦前の教科書「キングス・クラウン・リーダー」4巻，数学は三角関数と中学の幾何学のほぼ全部，理科と国語などで，中学の1年生の終わりには信じられないほどの勉強量をこなすことになったとのことである。

また，同氏は，当時の先生たちはいずれも素人なので授業の進め方が破天荒だったと振り返られている。世界史の名目で半日もかけてマルティン・ルターの伝記を話してくれた先生，明治・大正・昭和にかけての文豪たちの文章を丸暗記するという授業を行った先生など，記憶に残る授業だったそうである。ある日，古いSPレコードと手回しの蓄音機を持って先生が現れて，ドヴォルザークの交響曲「新世界より」とラヴェルのピアノ作品「水の戯れ」を聴かせてくれ，同氏によれば，幼児の頃に聴いたピアノ曲以来，はじめて聴く西洋音楽は中学1年生の心に深く沁みたそうだ。

このことについて同氏は，「それはすべて遠い遠い世界から聞こえてくる文明の声であったからでしょう。遥か彼方には何か普遍的な文明という世界がある。このときから六十年を経た現在の私の感想ということになりますが，荒廃のなかに閉じ込められていたからこそ，そういうことが強く実感できたに違いありません」と述べている（下線は筆者による）。英語を習うことによってイギリスやアメリカという国に触れることができ，数学を習うことで文明，人類そのものの知恵を知ることができると述べている。そして，この学校での国語の学習を通して「明治維新によって誕生した近代日本の新しい日本語，つまり普遍性を有する標準語」に触れていたことに，後になって気付いたとされている。そして，「いっさいの強制的な権力」を失なって国家は消滅していたが，「しかし普遍的な文明の装置として，純粋な制度として残った国家の教育を受けていたといえる」と述べている。

権力を奪われた日本という国家が，「日本語という国語とともに，義務教育の考え方，学年編成や学科目と学習方法，教科書と学習順序といった，教育の基礎体制を与えつづけていてくれたのです。それはかつて日本が近代国家の形成期に，近代化という世界文明を取り次いでつくり上げ，さまざまな過ちとともに私たちに残してくれたものでした」とされ，戦後満州に在留していた子どもたちが「あたうかぎりもっとも純粋な姿をとった近代文明を学んでいたといえそうです」と結ばれている。後述するが同氏は，学校教育と国家，そして普遍的な文明の関連について，「教育もまた国家を媒介としながら，普遍的な文明の権威を背負って，人類共通の価値を教える時代になってきている」と述べ，学校教育の普遍的な根拠について提言されている。

同書の序章を概説したが，国家が崩壊し，環境が破壊されたなかで学校教育が行われ続けたという事実，そこに見られる人々（国民）の熱意と意志，それに応えて学ぶ子どもたちの姿勢について，読者はどのように感じられただろうか。現代社会における学校教育の存在意義と教師の役割について考察を深める貴重な視点となるはずだ。

●生存の基盤である国家と次世代育成

前項の序章の概説を読んで，国力が衰えて社会が混乱し，争いのなかで分断が生じて国家が崩壊したときに，国民個々の生存や幸福がいとも簡単に奪い去られていく事態が理解されたことと思う。

我が国の場合，まさに文明と国家に導かれるように明治期以降の学校教育のシステムと教育内容が整備されていった。その後の歴史経過のなかで，学校教育のシステムは「満州国」にも整備され，そして，「満州国」という国家が崩壊する事態を迎える。そうしたなか生存の危険を伴う厳しい環境下で子どもたちへの授業が続けられ，国家の崩壊後も学校教育が人々によって継続された。弾丸が飛び交うこともあり，死体のつり下がることもある戦時下とも言える劣悪な環境にあって，なぜ，人々は子どもの教育を続けようとしたのだろうか。このことは現代社会における学校教育の存在意義と教師の役割について考える上で大きな示唆を与えている。

こうした生存の危ぶまれる状況において，子どもたちへの教育を継続しようとする動きは，今日でも世界各地の紛争地においてみられる。例えば，内戦ともいえる紛争が8年にも及ぶ中東の国家シリアにおいては，死者は37万人を

写真3－1　シリア・ダラア市の仮設学校で勉強する子どもたち（2016年11月撮影）
出典：https://www.unicef.or.jp/news/2017/0062.html

超え（AFP通信2019年3月15日），一般市民の犠牲者は11万2,000人，うち子どもは2万1,000人以上に及んでいると報道されている（NGOシリア人権監視団発表2019年3月15日発表）。難民となったシリア国民は1,300万人（国外に630万人，国内に760万人）を超えたと国連難民高等弁務官事務所が公表している（2015年7月9日および2017年3月30日）。学校は破壊され，あるいは軍事利用されていて，280万人の子どもたちが教育の機会を奪われたとユニセフも伝えている（2018年）。しかし，こうしたシリアにおいても子どもたちへの学校教育は，写真3－1の示すとおり人々の努力によって継続して行われている事実を知っておく必要がある。これらはユニセフや報道機関から多く公表されている事実である。そして，そこには必ず教師が共に存在しているのだ。

写真3－2　青空教室
（1946年6月幟町　提供／幟町小学校）
出典：http://www.pcf.city.hiroshima.jp/virtual/VirtualMuseum_j/exhibit/exh1102/exh110206.html

また，写真3－2は，1946（昭和21）年6月の写真である。原爆で焼け野原になった広島市内の「幟町国民学校」で授業が再開された様子が撮影されている。敗戦後の日本においても，焦土と化した全国各地で校庭のガレキを片付けて「青空教室」が造られ，早々に学習が再開されていった経過がある。道路や水道などインフラはもとより，食料や住居すらままならない状況下で学校教育が再開されていったことは，先の「満州国」やシリアでの状況と重なるものである。なぜ，人々はこれほどのことまでして学校教育を行おうとしたのだろうか。この点から学校教育の存在意義と教師の役割について考察することは，多くの課題を抱え，その克服を目指す現代の学校と教師にとって，重要な視座を与えてくれる。

一ついえることは，戦時下であろうと，敗戦後であろうと，そうした国家存亡の危機において，その未来を拓いていくことができるのは，次世代に生きる子どもたちだということだ。先に述べたとおり，多様な国力が衰えて混乱や対立から分離・分裂の事態に至ることは，国民国家の崩壊につながり，そうなっては国民個々の幸福はもちろん，その生存さえも奪い去られてしまう事態になる。自らの国家の国力の増進を図り，外国との友好関係を築きながら，国民の安全と生存を図っていくことが，主権者であり，形成者である国民一人ひとりに求められている。このためには，生存の基盤である国家の「形成者」の育成が求められ，その役割を担う学校教育がなくてはならないものとなる。自らが構成する国民国家の行く末と，次世代を担う子どもたちの幸福を祈る必死な思いが，国家存亡の危機において学校教育の再開を進めた人々にあったものと考える。教職を探求する皆さんには，こうした人々の思いを受け止めて，自らの教師としての在り方を追求していってほしい。

この点に関連して元アメリカ大統領バラク・オバマ氏の一般教書演説の一部を紹介する。ここでオバマ氏は，教師について「韓国では，教師を『国家を築く者たち（Nation Builders)』と呼んでいる（In South Korea, teachers are known as “nation builders.”)」と述べて，国家を支える教師の役割の大きさを指摘している。先述の「文明としての教育」の概説，シリアや広島での状況を合わせて，国民国家の在り方を視野に教師の使命と学校の存在意義について考える糧として欲しい。

2011年1月25日一般教書演説　アメリカ大統領バラク・オバマ（註4）

（前略）児童の成功に対して親に次いで大きな影響を与えるのは，教壇に立つ人々であるということを思い出そう。韓国では，教師は「国家の建設者」として知られている。ここ米国でも，教育者らに同様の敬意を払うべき時が来た。（中略）今後10年に亙って，多くのベイビー・ブーマーが教職を退く中にあって，科学，技術，工学，数学の分野で10万人の新たな教師を準備したい。更に，今夜（一般教書演説を）聞いている若者のうち，職業選択を考えている人たちに言いたい。我が国の生活を良くしたいのなら，そして子らの生活を良くしたいのなら――，教師になって欲しい。国家は諸君を必要としている。

2　近代国家の成立と義務教育

教育の機会均等が図られ義務教育が国民全体にいきわたることによって，主権者である国民がそれぞれの幸福を追求するとともに，国家を形成・増進させていくことについて述べた。では，義務教育はいつ頃から，どのような状況の中で生まれたのだろうか，義務教育の源流を探っていく。

(1) 義務教育の源流を探る

●「私は一人の人間である」という意識の意味するもの

日本国憲法には「すべての国民が生命，自由及び幸福追求に対する権利を最大に尊重される」とされていて，私たちは，国民の一人として個人の意思をもって行動し，誰しもが幸福を追求する主体者であると認識している。「私は一人の人間である」，「私は国民の一人である」という意識を私たちは当然のようにもっている。こうした意識は，国家や社会，あるいは人類社会を構成する主体者としての認識ともいえる。この主体者としての意識がなくては，義務教育の理念は成立し得ない。

では，いったい人々はいつ頃から「私は一人の人間である」という意識をもち，「私は国家や社会の形成者の一人である」という意識をもつことができるようになったのだろうか。ここで洋の東西の歴史を見返す余裕はないため，全

表3-2　古代から近代

古代	～5世紀～	中世
		キリスト教の世界　封建制・農奴制の社会
～ローマ帝国～ 395 年東西分裂		～ビザンツ帝国滅亡 1453 年
～西ローマ帝国滅亡 476 年		十字軍 1096 ～ 1272 年　地中海貿易の隆盛
		英仏百年戦争 1339 ～ 1453 年
キリスト教が		フランク王国 481 ～ 843 年→フランス・イタリア・ドイ
ローマ帝国の国教に 392 年		都市国家（ヴェネツィア・フィレンツェ等）商工業の発達
ゲルマン人の大移動 4 世紀～		カノッサの屈辱 1077 年
		ペスト大流行による人口減少（14 世紀）

体を大づかみにしながらこれらの意識の成立を探っていくことにする。

例えば，古代エジプト文明の時代はどうであろうか。強大な王によって巨大なピラミッドが何十年もかけてつくられ，膨大な数の奴隷が使役されたことなどを見れば，人々が国家・社会の形成者として意識をもっていたとは考えられない。古代ギリシア，それに続くローマ帝国の時代も，一部に市民が政治に加わったり，選挙が行われたりしたことは見られるが，多くの奴隷も存在し，専制君主による政治も長く続いたことなどから見れば，域内に暮すすべての人に「国家の形成者としての意識」が確立していたとは言い難い。黄河文明以来，専制君主の王朝が盛衰を繰り返した中国や朝鮮，インダス文明以来，王朝の興亡が繰り返され，カースト制度などが確立していった南アジアにおいても，さらに日本に舞台を移しても，同様に「私は一人の人間である」「国家の形成者である」という意識が人々に広がっていたとはいえない。

「私は一人の人間である」という意識や「私は国家・社会の形成者である」という意識が芽生え，人々の中に根を張り始めるのは，人類の歴史上極めて新しい時代のできごとといえる。このことを中世から近代にいたるヨーロッパの歴史に例をとりながら解説していく。中世ヨーロッパの社会という場合の中世とは，一つの時代区分を指し，おおよそは，ローマ帝国分裂の 4 世紀末から，

～15・16 世紀～	近世	～17 世紀～	近代
	近代を切り拓く時代		国民国家の時代
ツ成立	ルネサンス 大航海時代 宗教改革 ルター他 絶対王政と重商主義 啓蒙主義 科学革命 　ガリレイ，ニュートン		清教徒革命 1642 年 名誉革命 1688 年 権利の章典 フランス革命 1789 年 アメリカ独立宣言 1776 年 産業革命～ 　資本主義　　帝国主義

※本項の記述は「世界史図録ヒストリカ」山川出版社（2005 年）等を参照した。

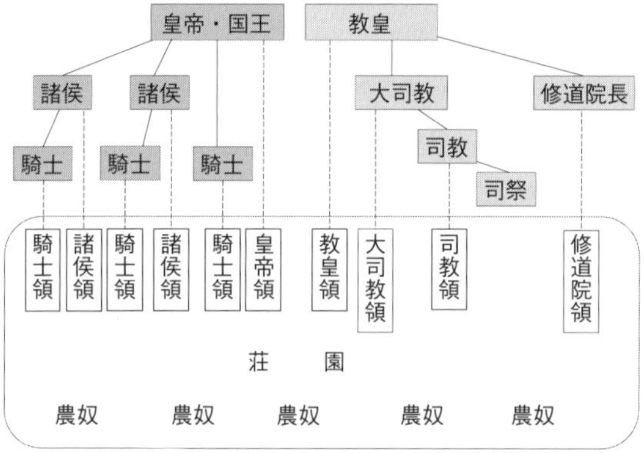

図3－2　中世ヨーロッパの封建制度と荘園支配

15世紀の東ローマ帝国の滅亡および16世紀にかけてのルネサンスおよび宗教改革に至る時代をさすとされている[註5]。

この中世の社会は封建制度が9世紀頃までには確立していき，支配する領主の階級と支配・収奪される農奴という階級から構成される社会システムができあがっていった。領主層には，上層には皇帝・王が存在し，そのほか大小の諸侯，下層には多くの騎士がいて，彼らの間には土地（荘園）を媒介とした契約的な主従関係が成立する封建制度が確立した。

領主は領地である荘園を支配し，農奴に耕作させて収入を得ていた。農奴は半ば奴隷のような立場にあり，領地に附属し，領主に賦役・貢納その他の義務を負う農民で，転住や転業の許されない「持ち物」に等しいものであった。ほかに，農具などをつくる鍛冶屋，武具製造や革細工，機織りなどを手がける職人，建築に携わる大工や絵などの装飾を行う職人たちも荘園や村に存在し，領主に従属していた。

そして，この中世ヨーロッパ社会は，その中心に「神」が存在し，すべての人間がキリスト教の教義によって位置づけられ，秩序立てられる世界であった。このキリスト教の教会もローマ教皇・総司教・大司教・司教・司祭，あるいは修道院長・修道院長・修道士という階級に区分され，そのすべてが支配階級として教皇領・修道院領などの荘園と農民を支配していた。当時の農民は王や諸侯など世俗の領主にも，教皇や司教など聖職者にも献納の義務を負う二重の支配を受けていたのである。

さて，こうした中世の世界にあって，「私は一人の人間である」，あるいは「私は国家や社会の形成者の一人である」という意識を人々がもつことが不可能であることは容易に想像ができる。領主の財産とされた農民や職人たちは小さな村落や荘園を自分の世界として生活していた。彼らは個人として名前と個性をもつ「一人の人間」としてではなく，我が領地の「農夫」，我が荘園の「鍛治屋」「大工」として扱われ，その認識に疑問をもつこともなかったと考えられる。

さらにこうした認識を二重の意味で定着させたのは，領主として税を徴収し物的に人々を支配しながら，信仰という精神世界をも支配していた教会の存在であった。人々の多くは教会の示す教義の中に位置づけられることによって自己を認識し，その範囲の中で生涯を終えていく存在だった。こうした時代の「領主に附属する職能の民」，さらに「神の審判を受ける信徒」という認識が覆い尽くす世界には，個人の自立と自己実現を目標とする義務教育が成立していく素地を見つけ出すことは困難である。そうした素地が見え始めるのは次の近世という時代に入ってからのことである。

●近代社会を切り拓く近世—中世封建社会の崩壊—

近代国家の成立と学校教育の始まりを理解するには，近代社会を拓いていった近世と呼ばれる16世紀から17世紀のヨーロッパ社会の激しい変動期を理解しておく必要がある。

この時代は，皇帝や国王・諸侯たちの間の領地や覇権を巡る戦争，農民の大規模な反乱，皇帝・国王等と教皇・司教など教会との争い，十字軍の遠征による消耗などを通して，諸侯・騎士は没落し，皇帝や国王は淘汰の時期を迎えていった。十字軍の失敗は教皇の権威を失墜させ，国王らによる教会への批判・反抗はもとより，教会間での争いや教皇への批判，さらには分派・分裂の状況を生んでいく。長く固定されていた中世ヨーロッパ社会はひび割れていった。

領主層の没落によって，有力農民への土地の集約が進むなど農民の地位が向上する一方，浮浪となる農民も出て貧民が増加していった。十字軍を契機にイスラムとの交易を行う地中海貿易が盛んになり，香辛料や絹織物，宝石や陶磁器など魅力的な品々が伝わり，商工業が著しく発展していく。農業技術も向上しており，余剰生産物の交易や手工業が行われるようになっていった。この時期，東方からは魅力ある物品だけでなく，哲学や芸術，科学や数学など，優れた文化ももたらされている。こうしたなか有力な商工業者や金融業者も富を蓄えるようになって発言力を増し，フィレンツェなどイタリア各地に自治権を獲得した豊かな都市国家が生まれ，華やかな文化・芸術活動も花咲いていった。北海沿岸やバルト沿岸をつなぐ貿易も活発になり，各種手工業者や商業・金融業者が力をもつようになり，都市が発達した。

●ルネサンスと人文主義の思想

中世社会に構造的な変化が生じ，商工業者や金融業者，都市の市民や有力農民が発言力を強め，活発な経済活動から富を蓄えるなど，次第に政治力をもつように成長していった。彼らは，荘園や領地によって交通が分断されている状況や通行・交易をはじめあらゆる物に課税しようとする封建制社会とは相容れず，広い範囲で自由に経済活動ができる社会の出現を願った。やがて，交通の要衝などに大規模な都市が形成されるようになり，フィレンツェ，ミラノ，ローマ，ヴェネツィア，ナポリなどの都市が繁栄した。それらの都市では，中世的な支配をはねのけ，自ら都市を運営する自治権を獲得して，商工業や金融業などに従事する市民たちが自由に経済活動を行って財をなし，自由で闊達な文化を花開かせていく。これが資本主義の芽生えである。

教会に支配されていた中世ヨーロッパ社会においては，自らの才覚で産業を興し，富を手にし，幸福を追求していった商工業者等はどのように位置づけられたのか。この様子を述べた文献「ルネッサンス夜話」[註6]から一部を引用する。

> （前略）中世の人びとを強く支配していたキリスト教の倫理においては，富は決して尊敬されるべきものではなかった（中略）。尊敬されないどころか，むしろ否定さるべきものであった。（中略）富者が天国にはいるのは駱駝が針の穴を通るよりも難しいとか，財産を地上に積まないで天国に積めとか，天国にはいりたいと思えば持っているものをすべて貧しい

人びとに分け与えよなどという教えは，決して単なる比喩ではなく，もっとなまなましいものとして当時の人びとの耳には響いた筈である。つまり，富は，（中略）つねに後ろめたいものであった。多くの財産を持っている者はそれだけ強い不安に悩まなければならなかった。

この文献の示すとおり，市民たちが自由に経済活動を行って幸福を追求することは，「死後地獄に堕ちる」行為と規定され，教会から神の名の下に全面的に貶められ，収奪され続けた状況があった。個人の精神や生き方に及ぶまで中世社会の教会による支配が及んでいた様子がうかがえる。

しかし，先述の都市の発展のなかで「富なら，それほど後ろめたいものではない，いやそれどころか，（中略）尊敬に値するものだ(註6)」という考えが広がる。市民や商工業者は，教会の圧迫や規定をはね除け，富や幸福の追求，美しさや真実の追求は，後ろめたいことではなく，むしろ人間として当然のことであるとする倫理観を芽生えさせる。これらが普遍的な教養を身につけて人間の尊厳の確立を目ざす人文主義の思潮となり，ルネサンスが勃興してヨーロッパ全体に広がり，やがてルターやカルヴァンらの宗教改革にもつながっていく。

14 世紀，イタリアの都市から新しい文化・芸術の息吹が興り，ルネサンスとなって 16 世紀までにヨーロッパに展開した。ルネサンスとは，フランス語の「再生・復興」を意味し，学問・文学・美術・音楽などの文化・芸術上の革新運動をいう。ギリシャ・ローマの古典文化を復興し，教会中心の中世的世界観や精神的な支配から人間性を開放し，現世を生きる人間の生命の尊さを重視した。人間の中に美しさや価値を見出し，真善美の理想を体現する普遍的・理想的な人間像を追究していった。そして，現実における人間の諸活動を肯定し，様々な活動を通して発揮される個性の尊重を主張する。こうした考え方は政治・社会・文化・宗教など多方面に及び，ヨーロッパの近代文化の基礎となった。その根本には，人間そのものの尊厳と人間性への信頼がある。この人間の尊厳を確立しようとする思想を人文主義という。

こうした中で人々は，言語・文学・芸術の研究を通じて教養を身につけ，科学的で合理的な考え方や価値判断を重視するようになっていった。この人文主義の考え方が基調となって，その延長線上に宗教改革や啓蒙主義の思想，科学革命や大航海時代が生み出され，やがて近代の扉を拓いて，近代国家や資本主義を現出させていった。

◉人文主義と義務教育

ルネサンスや人文主義について，キーワードを次に挙げてみる。

普遍的な教養　人間の尊厳の確立　人間性への信頼　生命の尊さ　真善美の理想 普遍的な人間像　個性の尊重　科学的で合理的な考え方　幸福の追求

これらの意味を考えると，まさに現代の人々の考え方につながっていることに気付く。そして，教育基本法の「教育の目標」の表記と重なっていることがわかる。この人文主義のなかに，「私は一人の人間である」という意識が明確に芽生えている。個として存在する人間の価値への自覚は，人間の尊厳や人間性への信頼を基調としており，生命，自由及び幸福追求に対する権利（人権）がそこから生まれる。そして，人間の尊厳を守り，それらの権利を保障していくための方法の一つとして教育が求められる。義務教育の源流は，ここルネサンス及び人文主義の思想の中にたどることができる。

さらに，個として存在する人間の価値の自覚と生命・自由及び幸福追求への権利（人権）意識は，市民革命などを通して，近代国家の民主主義の思想や制度を創り出す。やがて，そのなかで国民一人ひとりが主権者となって運営していく国民国家が生まれる。国民国家を構成するのは「私は国家や社会の形成者の一人である」という意識であり，こうした意識は義務教育に支えられる。国民国家は教育によって成り立つのだ。

義務教育につながる15世紀以降のヨーロッパおよびアメリカにおける様々な教育思想をたどってみると，随所に人間の尊厳や人間性への信頼を基調とする人文主義の理想がちりばめられている。これらの詳説は避けるが，思想家とそのキーワードを挙げるので義務教育につながることを確認するとともに，教職を探究する学びの材料にして欲しい。

①エラスムス（1466～1536） 「幼児教育論」＝近代的教育観　発達段階に応じた教育　子どもの遊戯の意義重視 ②ルター（1483～1546）　カルヴァン（1509～1564）

自国語で聖書を読むこと　一人ひとりを神と直接結ぶ　商業や利殖，蓄財の肯定
読む力育成　公立学校構想

③コメニウス（1592 ～ 1670）
近代教育学の創始者　「大教授学」＝万人への普通教育の実施を説く

④ルソー（1712 ～ 1778）
「社会契約論」「エミール」 子どもの立場からの教育　子どもの発見
人間の内なる自然　自発性・発達を重視　生まれたままの純真無垢の人間性 → 育てれば完全性と幸福に向かう

⑤ペスタロッチ（1746 ～ 1827）
「隠者の夕暮」 人間の内側に潜んでいる本性　内なる能力の開発 → 「人間性の完成が目標」

⑥フレーベル（1782 ～ 1852）
「人間の教育」 内在的汎神論＝万物の中に宿っている神性　教育の目的は人間のうちに潜む「神性の実現」
幼児期の遊びの重視　内在している神性の現れ

⑦デューイ（1859 ～ 1952）
「民主主義と教育」「学校と社会」 児童中心主義の教育　子どもの４つの本能
コミュニケーション・談話の本能　製作的・構成的本能（物を作ろうとする）　探求の本能　芸術的・表現的本能

(2) 近代国家の成立と学校制度

●近代国家を巡る用語の整理―「近代化」「近代国家」「国民国家」―

この項のはじめに用語の整理をしておく。

「近代化」について定義すると，人間存在や社会の在り方に対する中世的な因習や不合理な価値観が克服され，新しい国家構造（近代国家）と資本主義経済のシステムが確立していく時代の変動といえる。その人間観や政治・経済・社会・産業の在り方には民主主義，資本主義，合理性，科学性，産業化等多様な特質がある。この近代化の過程で政治・経済・社会・思想・文化・科学等多分野に及ぶ価値基盤が創出され，現代社会を規定している。

次に「近代国家」は，「近代化」のなかで産業発展とともに成長した市民が絶対主義王権を乗り越えて，自由や権利が保障された社会を創ろうとする市民革命によって成立する国家体制といえる。自らの団結と力によって新たな国家体制を創出した市民たちは，やがて「国民」という形成者の意識をもつに至る。これらから「近代国家」とは，「国民主権をその領土に及ぼし，国民の中

から選ばれた代表者を通じてこれを行使し，代表者からなる議会の定めた法律によって統治運営される国家」といえる。そして，それは三権の分立，代議制や法の支配によって運営され，経済活動の自由等の国民の諸権利と平等が守られ，国民の幸福追求の権利が保障される国家ともいえる。

「国民国家」という国家の捉え方は，「近代国家」の体制が世界に普遍化していく過程で成立する。市民革命によって市民自らが新たな社会体制・国家体制を創りあげることで「国民」という意識をもつ基盤ができていった。「人民の人民による人民のための政治」というリンカーンの言葉やアメリカの独立宣言を読めばこのことがよくわかる。「国民国家」の定義としては，「主権者である国民によって形成された近代国家であり，確定した領土にあって，共通の言語・文化・伝統もつ，基本的に同一の民族，ないしは同質化できる人々によって構成される国家」といえ，国民とは「主権者としての権利を行使するとともに，国家に責任をもち，納税，教育等の義務を負う者」といえる。そこには，国旗・国歌など，国民統合のシンボルが成立し，国民としてのアイデンティティーが醸成されるようになっていく。

ただし，「国民国家」の捉え方も歴史のなかで変転してきたことを知っておく必要がある。19 世紀に入ると，「近代国家」の間で植民地の獲得競争と多くの戦争が行われるようになる。「帝国主義」の時代の到来である。そのなかで，国民の統合性を一層強く求め，他国への敵愾心をあおって，排他的な国家主義の傾向を強めるファシズムや国粋主義の国家も出現する。ドイツにおいては 1933 年の総選挙でナチスが勝利し，国民はヒトラーにその後の独裁権獲得の足場を与えている。日本においても，1938 年「国民政府（中華民国政府）を相手とせず」として和平交渉を打ち切り，戦争拡大に舵を切った近衛文麿首相に国民は熱狂的な拍手を送った事実がある。反面，こうしたファシズムや国粋主義国家と敢然と対決した「国民国家」も存在した。私たちは，こうした事実をしっかりと受け止め，国民自身が国民国家の主権者である自らの責任を強く自覚する必要がある。

筆者は，「国民国家」は主権者たる国民が責任をもって成り立たせる民主主義の国家形態を示すものであり，国粋主義やファシズムの国家はもちろん，単一思想の独裁国家とは明確に区別すべきだと考える。グローバル化が進み，そして昨今の「脱グローバル化」の動きもあり，国民自身が国家のありように責任をもつという姿勢が一層重要性を増している。現代においてこそ，人類普遍の文明と民主主義を支える「国民国家」の意義は強まっている。

義務教育制度を生み出す近代国家

ルネサンス以降の人文主義の基調にある「人間の尊厳の自覚」が，現代の義務教育の源流であることを述べてきた。この近代化への経過のなかで，義務教育制度を生み出すもう一つの大きな動きが生まれてくる。それは18世紀半ば過ぎのイギリスに生じ全世界に広がっていく産業革命と，その後の近代資本主義経済の発達である。

産業革命によって，効率的で大規模な工場での大量生産が可能となり，製品が大量に消費される資本主義経済のシステムが確立する。このシステムが成り立つためには，まず，自由な経済活動と資本の投下（投資）を行うことのできる社会的な保障が必要となる。そのためには国内秩序が安定し，政治や社会が円滑に運営されていく必要がある。そして，人々が農地や領地に縛られることがなく，自由に移動でき，工場や商店などで働くことのできる保障も必要となる。つまり，労働者の確保である。この保障が，後にいう「移動・移転の自由」や「職業選択の自由」となる。これによって近代国家では，人口の集中する多くの都市が出現することになる。

しかし，これだけでは十分ではない。問題は働く人々の質である。工場や商店などでの業務を行ううえで，従事者が業務内容や作業工程を理解し，商店や工場の経営方針を理解して，生産性を上げていく必要があるが，そのためには様々な能力が求められる。文字が読め，計算ができ，必要な会話ができるという必要最小限の能力から，作業や組織の問題を解決できたり，技術革新やアイディアを創造できたりする能力や専門性の確保が必要となる。また，業務従事者が所属する組織や社会に適応するためには，道徳性や公正な職務態度を身に付けているなど，倫理性も欠かせない。これらのことを実現するために学校が求められ，全国民が学ぶことのできる義務教育が確立していったのである。

◉国民国家と教員

教育基本法第十六条には「教育は，不当な支配に服することなく，この法律及び他の法律の定めるところにより行われるべきもの」とある。同法において「法律」という語句が使われている場所は，７カ所に及んでいる。このことは主権者である国民が正当な手続きによって定めた法律によって教育が行われることを示し，「国民国家」の意思として教育を行っていくことを明確にしている。

そして，教育基本法前文で「民主的で文化的な国家を更に発展させる」ことと，「世界の平和と人類の福祉の向上に貢献すること」の実現のために，国民の意思，つまりは「国民国家」の意思として教育を行うことを私たちは世界に宣言している。私たち国民，そして，次世代育成を負託されている教員は，これらの誓いの実現のために学校教育を十分に機能させるという自覚が求められる。同時に，私たちは世界の中で果たすべき役割を自覚し，国内に限らず，世界が直面する数々の深刻な問題に取り組むことが，憲法や教育基本法で誓った人類普遍の目標や価値を実現する手立てであり，未来を担う子どもたちへの大人としての責任の履行であるといえる。

このように現代における国家の重要性は少しも失われていない。先に挙げたシリアの紛争や部族抗争を繰り返したルワンダやソマリア等の状況を見るとき，国力の低下と国家なき社会がもたらす国民の悲劇は十分に自覚できるはずだ。国内的には「国民国家」を共同体として国民がしっかりまとまり，多様な国力を充実させて，国民の共同体である「国民国家」の安全と生存環境を増進させていく必要がある。同時に，諸外国と友好関係を増進させ，ともに連携しながら人類が直面する諸課題の克服に取り組んでいく段階に来ている。本章で引用した著書のなかで山崎氏は「個人は社会にたいして，あるいは国家にたいして帰属するメンバーであると同時に，世界文明の全体に直接所属して，自己を実現していく独立した存在である」「教育もまた国家を媒介としながら，普遍的な文明の権威を背負って，人類共通の価値を教える時代になってきている」と述べている[(註3)]。

私たち国民が，教育基本法の民主的で文化的な国家を更に発展させ，「世界の平和と人類の福祉の向上に貢献する」という宣言に基づいて，自らの役割を自覚し，国内に限らず，世界が直面する数々の深刻な問題に取り組むことが求められる。そうした課題に向き合い，その克服を目指して取り組む大人たちの生き方のなかから，次世代を担う子どもたちは生きる目標やモデルを見出し，一人ひとりがたくましく自己実現を目指していくはずだ。子どもたちが「国民国家」のたくましい形成者として成長していけるように，学校教育は主権者である国民とともに大きな役割を担っている。次世代育成を担う教師は，こうした視点から義務教育・学校教育の存在意義を捉え直し，現代社会に生きる教師としてその使命を見つめ直し，自らの教師像を追求し，さらなる成長を目指して欲しい。

第4章
社会が求め続ける学校教育と教育制度

1　近代化以前の教育事情―江戸時代の教育―

明治期に急速な近代化を図ろうとした日本は，学校制度をいち早く全国に整備し，産業革命を約30年間で達成していった。これを達成できた背景には，江戸時代にすでに教育が普及し高いレベルの知識・教養と技術力があったことが指摘されている。本節では，日本の近代化に大きな役割を果たした江戸時代の教育事情について概要を把握する。

(1) ペリー来航以前に蒸気機関を作っていた日本人

丁髷《ちょんまげ》を切って侍の時代をやめ，近代国家への道を歩もうと大きく舵を切った明治維新は，1867（慶応3）年の王政復古の大号令による新政府発足の直後から様々な軋轢や混乱を生みながら，版籍奉還（1869年），廃藩置県（1871年）などの諸改革を行っていった。欧米列強の植民地化の圧力を跳ね返すべく殖産興業・富国強兵の近代国家づくりが出発した。驚くことは，この出発と同時期の1870（明治3）年に「大学規則・中小学規則」を定めて学校教育の方針を打ち出し，翌1871（明治4）年に文部省が設置されていることだ。1872（明治5）年の学制頒布以前に，すでに地域有力者による学校設立が相次ぎ，1869（明治2）年に京都で64校が設置されたという記録がある。政治・財政の基礎固めも整わないうちから性急とも思われる学校設置への動きの速さは，当時のリーダー層の教育への意識の高さと，すでに日本人に学校教育の価値が理解されていたことを示している。

当時の日本人の識字率の高さは世界に類を見ない高さであり，地域差も見られるが，おおよそ江戸・大阪の近郊等では7割ほど，全国でも5割ほどの識字率があったと指摘する文献もある(註1)。つまり，江戸期においてあらゆる階層に多様な教育が行われていたからこそ，新時代の学校づくりとその後の普及が急速になされていったとみることができる。日本人には江戸期以来の“学問好き”“学校好き”があったように思えてくる。

さて，アメリカのペリー提督が蒸気機関の自走軍艦「黒船」で日本に開国を迫ったのが1953（嘉永6）年だが，それ以前に日本国内で蒸気機関が試作されていたことはあまり知られていない。薩摩藩主・島津斉彬はペリー来航の2年前の1851年には蒸気機関の試作をさせており，同藩はペリー来航の2年後の55年にほぼ独力で蒸気船「雲行丸」を造り，海上航行を行っている(註2)。また，宇和島藩主伊達宗城から黒船造りを命じられたのは，城下の提灯職人の嘉蔵（後の前原巧山）だった（1854年)。嘉蔵は命を削るような苦難を乗り越えて研究に没頭し，長崎で黒船の蒸気タービンの構造を見抜き，蘭学者大村益次郎からオランダ船の図面をもらって，蒸気機関を独力で作ってしまう。1858（安政5）年には藩主を乗せて宇和海を国産黒船で航行している(註3)。当時の職人の技術力の高さがうかがえる。希代の名君鍋島閑叟率いる佐賀藩も国産の外輪式蒸気船「凌風丸」(1863年完成，全長18.2 m）を建造し実用するなどして，当時としては圧倒的に質の高い陸海に及ぶ西洋式軍備を整えている(註4)。当時の日本にはアヘン戦争とその後の清国の惨状が伝わっており，幕末四賢侯に見られるように国際情勢の分析と課題解決のための戦略や指導力をもつリーダーが存在し，それを支える学術研究の蓄積と技術力があったといえる。また，先の嘉蔵に見られるとおり，脇目も振らず研究に没頭して成果を導き出す集中力や誠実な姿勢など，単なる“学問好き”では片付けられない実力が蓄えられていた。

これらのことが，明治期の日本において学校制度が急速に普及し，産業革命を30年間という短期間で達成できた背景にある。近代の扉を拓く，いわば基礎体力の強さを支えた江戸時代の教育事情について概略を見ていこう。

(2) 江戸時代の教育事情

●武士の学校

◆昌平坂学問所

江戸幕府が三代将軍家光の時に武家の最高学府として創設した学校で，儒学者（朱子学）林羅山が塾頭を務め，幕政を預かるエリート官僚の育成を行った。1790年の「寛政異学の禁」によって朱子学のみを学ぶようになり，その頃には「昌平坂学問所」と呼ばれるようになった[註5]。朱子学は南宋の時代の朱熹（1200年頃没）を開祖とする学問体系で，封建制の秩序に適合しており官学とされた。ここの出身者が藩校の教官を務めることが多く，各藩校のモデルとされた。

◆藩　校

藩校は各藩が設立し，藩士の子弟が学んだ。全国に300カ所ほどあり，文武両道が重んじられ，儒学を中心に，書学・礼式・天文・自然科学・武道・馬術・弓道・水練等を学び，算術・算盤も教えるなど，各藩で様々な教育がなされた[註5]。

長州藩の明倫館は1719年に創設，聖廟・講堂・演武場などの文武の施設を整え，儒学・歴史・制度・兵学・博学・文学等が講じられた。会津藩の日新館は1788年に創設され，朱子学・武術・和学・神道・算法・習字・天文・医学・洋学の学科が設けられた。薩摩藩の造士館は1773年に創設され，聖堂・講堂・学寮・文庫・演武場を設置し，翌年に医学院，79年に薬園，天文研究の明時館を増設している。幕末に製鉄技術や兵器製造，蒸気機関研究などを行った集成館，軍事技術と英学を学ぶ開成所なども附属する施設だった。藩校の開設の時期は多くが18世紀の後半から19世紀幕末にかけて創設されている[註5]。他に明倫養賢堂（仙台藩1736年），興譲館（米沢藩1776年），明倫堂（金沢藩1792年），弘道館（彦根藩1799年），時習館（熊本藩1755年），弘道館（水戸藩1841年）などがある。以下に2例を紹介しておく。

①長州藩—明倫館のこと—

長州藩の明倫館では吉田松陰が9歳で兵学師範を務めたとされ，跡地に建つ萩市立明倫小学校には吉田松陰の座像があり，現在も松陰の書き残した文章

「松陰先生のことば」を朗唱する教育が行われている[註6]。

「松陰先生のことば」から

・「朋友相交わるは善導をもって忠告すること」
（友達と交わるには，真心をもって，善に導くようにすすめることは，言うまでもないことである。）

・「一己の労を軽んずるにあらざるよりは　いずくんぞ兆民の安きをいたすをえん」
（自分一己の事も骨身を惜しまず働くようでなければ，どうして多くの人のために尽すような立派な人間になれようか。）

・「冊子を披繙すれば　嘉言林の如く躍々として人に迫る　顧うに人読まず　即し読むとも行わず　苟に読みて之れを行わば　則ち千万世と雖も得て　尽くすべからず」
（本には，よいことがたくさん書いてある。よいことを知るだけではだめた。知ったことは，実行することが大事である。）

②会津藩―日新館のこと―

会津藩の日新館では，子どもたちの教科書として「日新館童子訓」「什《じゅう》の掟《おきて》」「幼年者心得之廉書」「六《りっ》科《か》糾《きゅう》則《そく》」などがあり，10歳で入学して学んだ。また，6歳から9歳の年少者を家柄や地位にかかわらず10人程の班に編制して，集団教育も行われていた。班では集団生活や仲間意識の醸成が重視され，自治的な学びが行われていた。子どもたちは「什の掟」を朗唱して心構えを学んでいたとされる。「六科糾則」のなかから，幼い子どもたちが復唱して学んでいた「六行（りっこう）」と「什の掟」を紹介する[註7]。

「六行《りっこう》」―模範となる六つの行い―（一部抜粋）

「親類縁者の人たちや友達が災難や病気にかかり，あるいはお金がなくて困っている時に自分のことのように心配して，お金や品物を差し出すことができるもの」
「友人から信頼され，自分が仕事を任され，しかもその仕事を長いこと担当できるもの」

「什《じゅう》の掟《おきて》」（一部抜粋）

「年長者にはお辞儀をしなければなりません」「嘘言を言うことはなりませぬ」「卑怯な振舞をしてはなりませぬ」「弱い者をいじめてはなりませぬ」「戸外でものを食ってはなりませぬ」「戸外で婦人と言葉を交えてはなりませぬ[注]」「ならぬものはならぬものです」

注：儒教倫理「男女七歳にして席を同じゅうせず」の現れといえる。

「友達と交わるには，真心をもって，善に導くようにすすめること」「弱い者をいじめてはなりませぬ」「嘘言を言うことはなりませぬ」「卑怯な振舞をしてはなりませぬ」など，これらの教えを実践しようとしていたという子どもたちの様子が伝わってくる。こうした当時の子どもたちの様子と，いじめやネット依存等の課題を抱える現代の子どもたちの状況を比べるとき，全く異なる人間関係や育成環境にあることに気付く。「公共を意識できないお客様意識の蔓延」「孤独死などソーシャルキャピタルの減衰」など，現代の大人社会の世相や社会文化のありようが，子どもたちの成長に影響を与えているのは確かだ。大人たちは子どもたちに「卑怯な振舞をしてはなりませぬ」と胸を張って言えるのだろうか。

●庶民の学校　「寺子屋」

江戸時代には武士階級だけでなく，農民や商人・職人などの町人の間でも学ぶことは大切にされた。子どもたちは「寺子屋」で学び，その数は2万軒から5万軒あったと推定されている(註5)。「寺子屋」という言葉も寺にある粗末な小屋を連想させるが，正しくは，子どもたちである「寺子」のための学び舎の「屋」を意味している。

そこでは，「手習塾」「手習所」というように習字（手習）が行われ，そのほか「いろは」から始まる読み・書きや計算・算盤ができるようになることが重要な学びであった。教科書には手紙文の読み書きを習う「往来物」，人名の漢字を習う「名《な》頭《がしら》字《じ》」，東海道の宿駅を文章で綴った「東海道往来」等があり，実生活に役立つ内容を楽しく学べるように工夫されていた。また，商人の子ども用には商売の用語や貨幣の種類，商品名などを学ぶ「商売往来」，農民の子ども用には作物や家畜，農具や肥料など，農業の知識に関わる「百姓往来」などが用いられた。

さらに，寺子屋でも挨拶や清潔に身なりを整えることなどの生活指導も行われた。親孝行や謙譲など，人としての心得や，百姓としての誠実さや信頼の大切さ，商人として高利をむさぼることを戒める道徳なども学習した。

読み・書き・算盤を学べなければ，子どもは将来の生活力が低くなることから，そうした子どもの存在は村落共同体としても見過ごせないことだった。子どもたちを集め，僧侶や武士，神官や医者など教養ある人が教師となって教え

写真４－１　筆小塚
「筆子中」の文字が見える。
（大乗寺（了専寺）。千葉県富津市新井。筆者撮影）

写真４－２　広大な敷地に建つ閑谷学校（筆者撮影）

た。教師たちは金銭づくというよりは，共同体を支える次世代育成のために奉仕の心で取り組んでいたといわれる。師弟の関わりは今も昔も重要なことで，教師が亡くなると，教え子（寺子）たちが教師の墓石を刻んで建てた「筆小塚」が全国に多数残されている(註5)。昭和60年当時，神奈川県内の寺社や墓地を調査したとする文献(註8)には660基ほどの筆小塚が確認されている。

◆郷　学

「寺子屋」と「藩校」の中間に位置する性格をもった学校が「郷学」である。読み書き算盤を教える寺子屋のような学び舎もあれば，四書五経の漢籍，あるいは和算などの数学までを教える藩校の分校のような性格のものまで，その学風は多様であった(註5)。対象は下級武士，郷士，町民，農民の幅広い層の子弟を対象に教え，19世紀に入ってからさかんに設立された。藩と町農民の合同立，町農民の設立，村落立など種々あった。藩が設立したものでは岡山藩の閑谷学校（1670年）が名高く，庶民の子弟のための寄宿制と通学制の両方をもつ学校で(註9)，立派に整えられた施設・設備にから当時の人々の教育への熱意が感じられる。

◈私　塾

「私塾」はその名のとおり学識の高い学者個人が設立し，その人徳や学問を求めて多くの門人が入塾した。こうした塾が全国に1,493軒もあったというから驚きである（明治政府が1883年に調査）。講義された学問は「漢学（儒学）」「洋学」「蘭学」「兵学」「国学」「和算」「天文学」「西洋医学」「東洋医学」「書道塾」「画塾」など，広範囲に及んだ。

著名な私塾としては，緒方洪庵の適塾ないしは適々斎塾（大阪），広瀬淡窓の咸宜園（日田），中江藤樹の藤樹書院（近江），伊藤仁斎の古義堂（京都），大槻玄白の芝蘭堂（江戸），シーボルトの鳴滝塾（長崎），本居宣長の鈴屋（松坂），吉田松陰の松下村塾（萩）などが挙げられる。松陰が創始した松下村塾には身分・家柄を問わず塾生が集い，身近に迫った列強による侵略という国家存亡の危機を乗り越えるための有為の人材が多数巣立っている。

大阪の適塾（1838～1862年）も身分や年齢・学歴を問わない実力主義の学び舎で，蘭学・洋学を極めようと入門した者は3,000人に及んだという[註5]。塾生には福沢諭吉，長与専斎，大村益次郎，佐野常民，橋本左内などがおり，病院経営，公衆衛生，化学，工業，軍事，学校教育，地方行政など，近代日本を支えることになる俊英が育っている[註5]。

◈遊　学

藩の要請や各自の希望により藩外各地の私塾で学ぶ「遊学」もさかんに行われていた。若き日の吉田松陰も学びへの情熱は藩内に留まらず，「遊学」を願い出て許されている。1850年，松陰は21歳の時から九州に「遊学」し，長崎ではオランダ船に乗って観察するなど，列強の文明を肌で感じている。平戸では兵学者・陽明学者の葉山左内から海防論や異国事情，行動思想などを学んでいる[註10]。さらに，清国人の魏源から「聖武記附録」を講じられアヘン戦争の詳しい事情を学ぶなど，海防や海外事情について多くを学んでいる。熊本では尊皇攘夷の活動家宮部鼎蔵と交流し，熊本から青森まで踏査して日本の国土の全体像をつかみ，ロシア船来航の動向なども探っている。1851年からは江戸で儒学者や医学者，洋学者などを訪ね歩いているが，松陰が終生の師と慕ったのが朱子学者・蘭学者である佐久間象山であった。象山は，外国人を殺傷し，黒船など打ち払おうとする狭隘な神国思想による攘夷運動が熱を帯びていた当時，「西洋の知識や技術を導入し，列強に相対すべきだ」と敢然と開国論を唱えた学者で，後に攘夷派の侍に暗殺されている。この他，松蔭は陽明学者・兵学者で海防論を唱えていた安積艮斎の私塾「見山楼」にも学んでいる。また，水戸学の大家・会沢正志斎からも直接教えを受けている(註11)。

その果てに，吉田松陰はペリー艦隊の船に乗り込み，米国密航を強く要請した。欧米列強の強さの元である産業や技術，学問や国家の仕組みなどを学ぼうとしたのだ。この要請はペリーに断られ失敗に終わる。国禁を破ったこの行為から松陰は獄につながれ，1859年に死罪となった。松蔭のこの学びへの熱意は特殊なものと理解されがちだが，当時，多くの人々が学ぶことに熱心であり，教養ある人々が多かったのも江戸時代の教育事情の事実である。

ペリーは松陰らの行動について明確に考えを示している。「日本の厳重な法律を破り，知識を得るために命を賭けた二人の教養ある日本人の烈しい知識欲を示すもので，興味深いことである。日本人の志向がこのようなものであるとすれば，この興味ある国の前途は何と実のあるものであるか，その前途は何と有望であることか。（中略）哀れな二人の運命がその後どうなったかはまったく確かめることができなかったが，当局が寛大であり，二人の首をはねるというような極刑を与えないことを望む。なぜなら，それは過激にして残忍な日本の法律によれば大きな罪であっても，我々にとってはただ自由にして大いに讃えるべき好奇心の発露にすぎないように見えるからである」と「ペリー提督日本遠征記」の中で述べている(註12)。学ぶことへの熱意は当事者であるペリーには強く印象づけられていたのだ。

●学校制度普及の基盤となった江戸期の教育

全国約300カ所の「藩校」と5万軒に及ぶとされる「寺子屋」，あるいは「郷学」，1,500件近く設立された「私塾」の存在を見るとき，江戸時代には家を離れて学ぶ“学校”のような場所が全国に普及していたことがわかる。さらには，その学びが倫理・道徳に及んでいたことを考え合わせると，先に見た蒸気船を自作した職人の誠実さや技術力の高さは一朝一夕にできたのではなく，平和な江戸時代の中での多様な学びの蓄積があったと考えられる。

このことについて先の「ペリー提督日本遠征記」には，寄港地の街が良く整備されて清潔なことを指摘し，さらに，各街の店先には書物が置かれ，「おおいに需要されるものであった」と書いている。人々の読書習慣について「人民が一般に読み方を教えられていて，見聞を得ることに熱心だからである。教育は同帝国いたるところに普及しており，また日本の婦人は中国の婦人とは異なって男と同じく知識が進歩しているし，女性独特の芸事にも熟達しているばかりでなく，日本固有の文字によく通じていることもしばしばである。アメリカ人の接触した日本の上流階級は，自国のことをよく知っていたばかりでなく，他の国々の地理，物質的進歩および当代の歴史についても何事かを知っていた」と述べ，江戸期における教育の普及と知識・教養の豊かさを指摘している[註12]。また，技術力の高さについても「彼らの完璧な手工技術は驚くべきものである。日本の職人の熟達の技は世界のどの職人にも劣らず，人々の発明力をもっと自由にのばせば，最も成功している工業国民にもいつまでも遅れることはないだろう（中略）日本人は将来の機械技術上の成功をめざす競争において，強力な相手になるだろう」と，当時の日本人の技術力の高さを賞賛している[註12]。このペリーの予想が的中することを現代に生きる私たちは知っている。明治維新後の急速な近代化には，江戸期の教育普及と知識・教養・技術力の高さが基盤となったとする見解は，多くの外国人の日本研究においても指摘されている。

2　日本の近代化と教育制度

日本が近代化を果たす激しい社会変動のなかで，学校教育はどのように成立・変転し，その役割を果たしていったかについて概観する。

(1) 明治時代の学校教育

明治新政府は，様々な軋轢や混乱が渦巻くなか様々な施策を実施し，紆余曲折を経て近代化を進めていく。表4-1の経過を見るだけでも，明治新政府が諸矛盾にあえぎ苦しみながら，「殖産興業」「富国強兵」という資本主義経済による国力増進を図りながら，中央集権の強力な近代国家をつくろうとしている

表4－1　明治時代初期の主なできごと

・明治2（1869）年に「版籍奉還」，明治4（1871）年に「廃藩置県」が発令されている。
・明治3（1870）年平民の苗字許可，明治4（1871）年の華族・士族・平民の通婚の許可，同年の「解放令」による封建制下の穢多非人等の称や身分の廃止，華族，士族，平民に職業選択や移転の自由も認められて，「四民平等」が進められている。身分制度の廃止と職業選択と移転の自由は近代化（資本主義確立）に欠かすことのできない重要な政策であった。
・明治4（1871）年には「郵便制度」，翌年には「太陽暦」の採用など，資本主義確立への社会整備が進められた。
・明治6（1873）年に「地租改正条例」と「徴兵令」を行い，国家財政を固めて，国民軍をもつという近代中央集権国家としての国家制度の整備を急ぎ行っている。
・「廃刀令」は遅れに遅れて明治9（1876）年に出された。この翌年の明治10年に士族階級最大の反乱，西南戦争が起こっている。

ことがわかる。これらの歩みの中でも極めて早い時期から，教育政策，学校制度整備の政策が打ち出されていく。

●「大学規則・中小学規則」

明治政府が行った義務教育・学校制度の整備経過をみていく。1870（明治3）年の「大学規則・中小学規則」によって，日本の学校教育システムは欧米の教育制度にならう方針がとられ，大学と中学・小学の課程という三段階の構成となることが打ち出された。これらの規則によって明治初期から「大学校」（後に「大学」改称）が整備され，その下に中学，そして国民が最初に通う学校を小学とする方針が確認され，各地に小学校が開設されていくことになる。

新政府軍と旧幕府勢力・敵対諸藩が戦った戊辰戦争は1868（明治元）年1月の鳥羽・伏見の戦いに始まり，1869（明治2）年5月の箱館戦争での榎本武揚軍の降伏をもって終了した。戦後処理も終わらない翌年の1870（明治3）年に明治新政府は早くも「大学規則・中小学規則」を打ち出し，学校制度設立の方針を定めている。「四民平等」も「廃刀令」「地租改正」も行われない早々の時期に，国民全員に教育を受けさせる義務教育を含む教育の方針を新政府が打ち出したことは，学校教育が近代化に欠かせぬ重要基盤であることを認識していたからであった。

●「学制」の頒布と「学事奨励に関する被仰出書」

1871（明治4）年には文部省が設立されている。翌1872（明治5）年8月，文部省は「文部省布達第十三号および第十四号」を発して「太政官布告（第二百十四号）」をそえて「学制」を全国に頒布した。従来，府県で設立している学校はひとまず廃止して，「学制」に従って改めて学校を設立すべき旨通達し，近代日本の学校教育制度の根幹となる規定を示した。以下，文部科学省の「学制百年史」[註13]を参照しながら概観する。

「学制」は109章からなり，「大中小学区ノ事」，「学校ノ事」，「教員ノ事」，「生徒及試業ノ事」，「海外留学生規則ノ事」，「学費ノ事」の六項目で構成されている。乏しい財政のなか，「邑（ムラ）に不学の戸なく 家に不学の人なからしめんことを期す」の方針で，身分・貧富・男女を問わない8年間の義務教育の実施に踏み出していく。学校教育と義務教育の制度が確定した意義は大きい。

さて，「学制」頒布の際に添えられた「学事奨励に関する被仰出書」は，「学制」の基本精神を宣言している。そこには欧米の近代思想に基づく個人主義・実学主義の教育観，学問観がうかがえる。学校教育の目標は国民一人ひとりの立身・治産・昌業であるとし，学校は身を修め，智を開き，才芸を長ずることを学ばせるところであって，国民はその才能・資質に応じて勉励して，しっかりと学問を身に付けるべきと述べている。そして，学問は世に出て認められ，自己実現を図るためには欠くことのできない資本・財であって，すべての国民が学ぶべきものであるとしている。こうして近代化に向けた国家・社会の形成者を育成する学校制度がスタートした。

実際の展開は大蔵省の反対で経費未決定のままだったから順調とはいえなかった。全国を8大学区に分け，各大学区に32の中学校を設置し，各中学校区に210の小学校を設置することとしていた[註13]。しかし，経費負担は保護者にのしかかり，授業料，教科書代を負担した。貧しい家庭が多く，ましてや，農家などにとって子どもは働き手でもあるから，1870年代の就学率は40％程度であった。「学制」頒布の5年後には，25,459校の小学校が誕生している。就学率の向上は，近代化によって殖産興業・富国強兵が進み，経済発展が果たされていくなかで向上していく。

「学制」から「教育令」「改正教育令」へ

その後，「学制」の改正が進められ，1879（明治12）年「教育令」が布告される。小学校の最低就学期間の短縮が行われ，科目編成の簡略化や学校設立資金対策が盛り込まれた。学区制は廃止され，学校の設置や就学義務についても統制を緩和して地方に委ねる方針となった(註13)。次いで，「改正教育令」が1880（明治13）年公布され，小学校の最低就学期間が16か月を改めて3か年とされ，就学の強化が図られた。初等教育の衰退を防ごうとする改正だった。

翌1881（明治14）年には，教育課程について規定した「小学校教則綱領」が制定された。小学校の科目について「修身」を首位に置き，以下，「読書」「習字」「算術」「唱歌」「体操」を置いている。この「修身」（今日の道徳）を重視する方針は，学制頒布以来の論争であった日本伝統の道徳観・倫理観による教育を行うか，欧米諸国の個人主義・功利主義による教育観によるべきかの一つの結論ともいえる。

初代文部大臣 森有礼による「小学校令」「中学校令」「帝国大学令」「師範学校令」

1885（明治18）年には内閣制度が発足し，翌年に開明派の森有礼が初代文部大臣に就任する。この時期は帝国憲法発布（1889）や国会開設（1890）を間近に控え，近代諸制度の整備が進んだ時期であった。森有礼は，1865年18歳でイギリスに留学（密航）し，その後ロシア旅行を経て，アメリカで学んで1868年に帰国している。開明・急進の官僚であり，保守派に疎まれたが，駐米・駐英公使などを務めたほか，福沢諭吉らと欧米思想の啓蒙活動を行っている(註5)。

文部大臣森有礼が近代教育制度の体系を完成させる。1886（明治19）年に教育令を改め，校種ごとに学校令を勅令として公布している(註12)。「小学校令」「中学校令」「帝国大学令」「師範学校令」がそれで，これにより小学校，中学校，大学と師範学校（教員養成）の四つの学校制度が確定した。以後，義務教育年限の延長も図られ，1894（明治27）年には「高等学校令」が公布された。明治30年代には中等学校も改善が図られ，専門学校の制度も確定し，高等学校は帝国大学入学のための予科として位置づけられた(註13)。教員養成の機関で

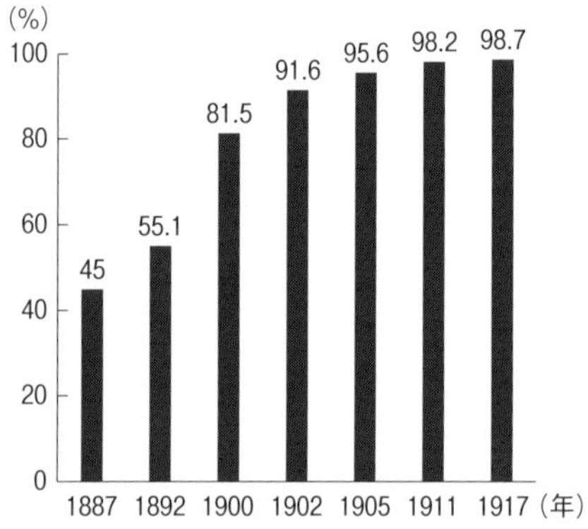

図4－1　明治・大正期の小学校就学率の推移

ある「師範学校」では「順良 信愛 威重」の気質を重視し，「良き人物をもって第一とし，学力をもって第二とすべし」とされた(註5)。

森有礼の教育思想は国家の繁栄に向けてどのように教育を行うかを趣旨とし，その近代教育制度の体系整備は，日本の国力の増進とも相まって確実に成果を生んでいく。小学校就学率は図4－1のとおり明確に向上していった(註13)。

こうした就学率の上昇の背景には，国力の増進によって1900（明治33）年以降「義務教育の無償化」が進められたことがあり，1907（明治40）年には小学校の就業年限が6年に延長されている。近代化を目指した明治維新から40年，学校教育の有用性は多くの国民の認めるところとなり，日本は確固たる義務教育制度を有する近代国家となった。こうした近代日本の学校制度の基礎をつくった森有礼は，1889（明治22）年帝国憲法発布の式典の日，偏狭・独善の国粋主義者に刺殺されている。

当時の子どもたちの進路を概観するために，文部科学省「学制百年史」から，1908（明治41）年当時の学校系統図を図4－2に示しておく。小学校である尋常小学校6年を終えると5年制の旧制中学校に進学して，その後は3年制の旧制高校から3年制の帝国大学という高等教育を受ける進路があり，そのほかは尋常小学校卒業後，高等小学校あるいは実業学校等に進む進路があり，女子は高等女学校に進学することができた。

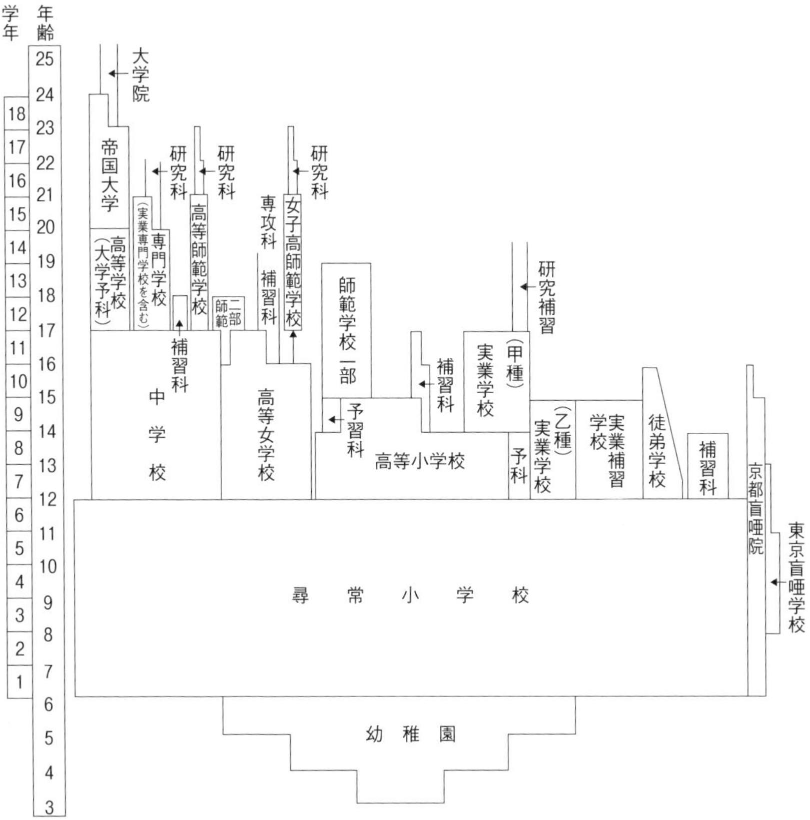

図4－2　明治41年当時の学校系統図

出典：文部科学省学制百年史。

女子の高等教育

女子の高等教育実現に向けては，欧米での婦人解放運動が動き出していたことを受けて，先の森有礼が早々に女性の地位向上を訴える等の動きがあり，官立の東京女学校が1872（明治5）年に設立された。女子の高等教育は教員養成から始められ，1874（明治7）年に女子師範学校が設けられ，1890（明治23）年には女子高等師範学校が設置された。女子教育の重要性は次第に理解されていき，1891（明治24）年の中学校令改正の際に新たに女子中等教育の規程が加えられ，高等女学校を中等学校として位置づけた。1899（明治32）年，学校令として「高等女学校令」を公布した。これにより女子中等教育機関として内容も整備され，高等女学校が振興をみせるようになる[註14]。しかし，女子の高等教育は女子高等師範学校などにより行われるしかなく，帝国大学で学ぶ道筋はほとんど絶たれた状況であった。その後の，津田塾大学の前身である「女子英学塾」のように，現在の女子大の前身となる私学・専門学校などで女子の高等教育がなされるようになった。

●教育勅語

今日の日本社会に生きる私たちは，憲法の定めのもと国民国家に責任をもつ主権者として存在している。そして，教育基本法前文にある「民主的で文化的な国家」の発展と「世界の平和と人類の福祉の向上」への貢献のために教育を行うことを国民国家の意思として宣言し，これを教育の理念の基本としている。この教育基本法が1947（昭和22）年に公布・施行されるまでの長い間，我が国の教育の理念・方針とされてきたのが，次の「教育勅語」であった。

> 朕惟フニ我カ皇祖皇宗國ヲ肇ムルコト宏遠ニ徳ヲ樹ツルコト深厚ナリ　我カ臣民　克ク忠ニ　克ク孝ニ　億兆心ヲ一ニシテ　世々厥ノ美ヲ済セルハ此レ我カ國體ノ精華ニシテ　教育ノ淵源亦實ニ此ニ存ス　爾臣民　父母ニ孝ニ　兄弟ニ友ニ夫婦相和シ　朋友相信シ　恭倹己レヲ持シ　博愛衆ニ及ホシ　学ヲ修メ　業ヲ習ヒ　以テ智能ヲ啓發シ　徳器ヲ成就シ　進テ公益ヲ廣メ　世務ヲ開キ　常ニ國憲ヲ重シ　國法ニ遵ヒ　一旦緩急アレハ　義勇公ニ奉シ以テ　天壌無窮ノ皇運ヲ扶翼スヘシ　是ノ如キハ獨り朕カ忠良ノ臣民タルノミナラス　又以テ爾祖先遺風ヲ顯彰スルニ足ラン
>
> 　斯ノ道ハ實ニ我カ皇祖皇宗ノ遺訓ニシテ　子孫臣民ノ倶ニ遵守スヘキ所之ヲ古今ニ通シテ謬ラス　之ヲ中外ニ施シテ悖ラス朕爾臣民ト倶ニ拳々服膺シテ咸其徳ヲ一ニセンコトヲ庶幾フ[註13]

1890（明治23）年10月30日，明治天皇から時の総理大臣と文部大臣に「教育に関する勅語」が下賜される形で，国民の道徳と教育の方針が発布された。この勅語を「教育勅語」といい，長い間，国家の精神的支柱として重要な役割

表 4－2　「教育勅語」に示された国民の道徳と教育の方針

①日本は建国以来国民の「忠」と「孝」の心で努力してきたことによって発展してきた。教育の根本はこの「忠」「孝」にある（忠とは忠義のことで，主君や家，社会に真心をもって尽くすこと。孝とは孝行のことで，子が親を大切にして敬うこと）。

②国民の守る徳目として

「父母に孝（であること）」「兄弟に　友に　夫婦相和し」「朋友を相信じ」「恭倹己を持し（自分を慎み深く保ち）」「博愛を衆（人々）に及ぼし」「学を修め」「業を習い」「知能を啓発し」「徳器を成就し（人徳や才能を完成させる）」「公益を広め」「国憲を重んじ」「国法に遵い」「一旦緩急あれば義勇公に報じ　皇運国運を扶翼すべし（非常の場合は，国の平和と安全に力を尽し，国を支えるべきである。）」

③これらのことは伝統であり，真理でありあり，天皇も臣民（国民）と共に徳[注]を一にせんことを願う（天皇も国民も，共々，道徳をわきまえた立派な行為をしよう）。

注：「徳」とは，「道をさとった立派な行為」「善い行いをする性格」「身についた品性」をいう(註15)。

を果たすこととなった。この前年，1889（明治 22）年に「大日本帝国憲法」が発布され，日本が「万世一系の天皇」の統治する国家であることが定められたが，そうした国家の教育方針として「教育勅語」は定められたのである。

国民の教育方針が法律ではなく，天皇の言葉「勅語」とされたのは，明治憲法に法律の執行，公共の安寧秩序の保持，臣民の幸福の増進のために必要な命令を発することを天皇の大権事項として定めてあり，これよったものと考えられる(註13)。草案等の執筆には内閣法制局長官の井上毅，宮中顧問官の元田永孚らが関わり検討がなされた。「学制」頒布以来の議論である欧米の科学・技術導入の前提となる啓蒙主義的な教育観と日本伝統の儒教主義的な倫理観との間の相克も一定の終結を見た形になったように見える。「教育勅語」に示された国民の道徳と教育の方針について，意訳・補足をしながら述べると表 4－2 のとおり大きく三つに区分できる。

教育勅語の意味合いや歴史上の役割については，種々の議論がある。そこに普遍性を見出して価値を見直そうとする考え方や軍国主義と不可分のものとして現代的な価値はなく議論の余地もないとする見方などである。

筆者には，この「教育勅語」に関して次のような経験がある。関東地方で大きな企業グループの代表取締役をされ，他にもいくつもの企業の取締役を兼任されている現役の 80 歳代（当時）の男性の方が，叙勲の祝賀会の挨拶で教育について語られ，「教育勅語」が今日の自分の生き方の基盤になっているという意味のことを話され，人間は「親孝行と恩返し」ということを忘れてはならず，このことを大切にする日本人でありつづけようと語りかけておられるのを聞いた。「教育勅語」が個人の生き方の中に，平易でわかりやすい響きながら「親孝行と恩返し」という確かな人生の指針となって息づいていることが感じられた。おそらく，「教育勅語」に現代的な意義を見出そうとする考えの中にはこうした生活や生き方のレベルでの価値を見ておられる方も多いのでないかと考える。

確かに，「教育勅語」には軍国主義に直接結びつける言葉や偏狭な国粋主義・超国家主義の文言は見当たらない。東洋の素朴で順良な「道徳国家」としての意志を表明したものと見ることもできる。しかし，昭和の戦時体制が強化されるなかで，自由主義や民主主義を否定し，軍国主義強化のために「教育勅語」を解釈して，「神国思想」「国体」の思想に結びつけて国粋主義・超国家主義を助長する材料にされた経過も指摘できる。戦時下で「思想指導」という名の思想統制を担った文部省が刊行し，国民の思想形成や教員の研修資料として広く流布された「国体の本義」「臣民の道」と「教育勅語」を見比べると，明らかな違いと解釈・援用の多さが見えてくる。この点について近現代史家の辻田真佐憲氏は「『教育勅語』はどのような内容だったのか。実はこれがむずかしい。というのも，井上毅が『王言の体』をめざした結果，言葉づかいが曖昧になり，様々な解釈を受け入れるものになったからだ。「教育勅語」の注釈書は，戦前だけで300種類以上も刊行された」「『教育勅語』の歴史は，解釈，追加，修正，補完などで覆われていた。『教育勅語』はつねに動揺していたのである。これが偽らざるこの文書の姿であった」と指摘している(註16)。

(2) 大正時代の学校教育

●大正自由教育

19世紀末から20世紀にかけて，欧米の資本主義経済が一層の進展をみせ，余剰資本の活用先として帝国主義による植民地獲得や貿易の国際競争が激化していく。これらの国々では，富が蓄積されて豊かさが広がるなか，産業化・都市化・大衆化など，社会は大きく進展する。こうした社会に適応する人材を育成する新しい教育運動が勃興する。

全寮制学校における労作による教育や現代語の学習を進めたセシル・レディ（イギリス），自由と個性の教育を説いた「児童の世紀」のエレン・ケイ（スウェーデン），「子どもは生まれながらに，発達する可能性をもつ」と述べ「クインシー運動」を進めたF. M. パーカー（アメリカ），公立学校における労作教育や生活密着型の新しい教科学修を実践したケルシェンシュタイナー（ドイツ），「学校と社会」「民主主義と教育」で知られ，シカゴの実験校での実践が世界的な影響をもたらしたジョン・デューイ（アメリカ）など，教育変革のリーダーによる教育プランが次々と発表された。これまでの知識注入の教え込み型の教育から，児童の自主的な学びと個性の開花を目指す「児童中心主義」や児童自らが活動し，体験し，話し合いながら学んでいく「活動主義」，全人的な成長を目指す「全人教育」，日常的な生活経験を元に生きた学びに導く「生活中心主義」を軸とする「新教育運動」の動きである。

こうした教育の変革は日本にも移入され，児童の主体性や自立性を尊び，個性の伸長を目指す教育改革運動が推し進められ，日本社会に応じた教育実践が行われるようになっていった。1921（大正10）年の大日本学術協会主催の「八大教育主張講演会」は2,000人以上が参加して盛況を極めた(註14)。樋口長市の「自学教育論」，河野清丸の「自動教育論」，手塚岸衛の「自由教育論」，千葉命吉の「一切衝動皆満足論」，稲毛金七の「創造教育論」，及川平治の「動的教育論」，小原国芳の「全人教育論」，片上伸の「文芸教育論」の主張が『八大教育主張』として刊行されている(註14)。このほか「生活綴り方教育」なども行われた。このように子どもの興味関心を元に，個性豊かに学ばせようとする教育運動が「大正自由教育」と呼ばれ，1920年代から30年代にかけて活発に展開された。これらの運動の背景には，「大正デモクラシー」と呼ばれる1910年代から20年代にかけて高揚した民主主義・自由主義思想，それに基づく護憲運動や民衆運動の活発化という社会事情があった。1925（大正14）年には普通選挙法が成立している。

●義務教育費国庫負担の確立と中等・高等教育の充実

1917（大正6）年，内閣に「臨時教育会議」が設けられ，教育制度拡充の方策が明確にされた。この拡充方針の背景には，義務教育終了後の高等小学校進

表4－3　中等教育の拡大（明治20年から昭和11年）

		中学校	高等女学校	実業学校	実業補習学校
明治20年 （1887）	学校数 生徒数	48校 約1万人			
大正5年 （1916）	学校数 生徒数	325校 14万7千人	478校 10万2千人	568校 10万人	9,697校 56万8千人
昭和11年 （1936）	学校数 生徒数	559校 35万2千人	985校 43万3千人	1,304校 16万6千人	14,879校 100万8千人

出典：「我が国の学校教育制度の歴史について」（国立教育政策研究所　平成24年）

学や中学校・高等女学校・実業学校，さらには高等学校への進学者の増加がある。また，6年間の義務教育を8年間とする義務教育年限の延長が提案され，その後も議論されたが実現には至らなかった。1941（昭和16）年，「国民学校令」の公布により国民学校初等科は6年，高等科2年と定められ，義務教育8年制が規定されたが，戦時の非常措置として実施は延期になってしまった[註13]。

1918（大正7）年には「市町村義務教育費国庫負担法」が公布され，小学校教員の給与の一部が国庫負担なり，1940（昭和15）年には「義務教育国庫負担法」が成立して，教員給与を国と県が2分の1ずつ負担する仕組が整った。

中等教育の中学校，高等女学校，実業学校等についても拡充の方針がとられ，それらの学校数・就学生徒数は，表4－3のとおり大きく拡大している。これは我が国が近代資本主義国家として発展し，産業化・都市化・国際化・情報化・大衆化などの社会変容が進んだことによる事象である。特に実業学校の拡充は，近代工業の著しい発達に伴って，産業界の要請を受けた技術者養成を図ったものだ。大正期から昭和11年にかけて，これらの諸学校はさらに拡充されていく。

さらに，高等教育の拡充方針を受けて，高等学校と専門学校においても学校数と生徒数が増加している。公・私立の高等学校の設置も認められ，学校数は増加し，以前8校であった高等学校が1916（大正5）年には32校となっている[註13]。大学制度も拡充され，1918（大正7）年の「大学令」によって，官立の大学だけでなく，公私立の大学や単科大学も認められて学校数・学生数も著しく増加した。帝国大学も拡充され，札幌農学校を源流とする北海道帝国大学

(1918)，現韓国のソウルには京城帝国大学（1924)，現台湾（中華民国）の台北に台北帝国大学（1928)，大坂には江戸期の私塾「適塾」を源流にもつ(註17)大阪帝国大学（1931）が創設された。これで帝国大学は，東京帝国大学(1886)，京都帝国大学（1897)，東北帝国大学（1907)，九州帝国大学（1911）に，1939（昭和14）年創設の名古屋帝国大学を加え，全部で9大学となる。また，専門学校から昇格した慶應義塾大学（1920)，早稲田大学（1920）等，大学の数は増えていった(註13)。

現在の特別支援教育に関わる学校としては，明治10年代から盲教育・聾教育のための学校が作られてきていたが，近代学校制度に加えて運営することは遅れていた。1923（大正12）年「盲学校及聾唖学校令」を制定し，その細則も規程として公布し，この分野の特殊教育がようやく独立の学校として学校体系に中に位置づけられた(註13)。

(3) 戦時体制下の学校教育―戦前の昭和期―

●戦時下の学校教育と文部省

戦前の昭和期の日本にとっての国際的な脅威の一つに，ロシア革命後成立したソビエト連邦の軍事大国化があった。この脅威への防波堤として，一方には増加してきた人口を生かす生産拠点として，今一つは市場の確保という点から，中国大陸・満州への膨張路線は指向されていく。そうしたなか，1929（昭和4）年のニューヨークに端を発する世界恐慌は，不況にあえぐ日本経済をさらなる苦境に陥れる。欧米列国によるブロック経済体制によって世界市場は狭くなり，苦境打開・権益確保を旗印にした大陸への膨張策は，軍部の独断先行による満州事変（1931年）によって現実のものとなる。こうした膨張策によって日本は国際社会で孤立し，国際連盟を脱退する（1933年)。やがて，日華事変（1937年）から日中全面戦争に展開し，1941（昭和16）年から太平洋戦争に突入していき，1945（昭和20）年8月の敗戦による終戦を迎える。

戦時下においては学校教育も大きく変容してしまう。1938（昭和13）年「国家総動員法」が成立し，戦争勝利への総力戦を遂行するため政府の統制運用が最優先事項となり，学校教育も，社会教育においても戦時教育を行い，戦争の勝利を支える「皇国民の錬成」という内容になっていく。1925（大正14）年にはすでに，師範学校，中学校，実業学校，高等学校，大学予科，専門学校，高等師範学校などの男子生徒の軍事教練を行うために，陸軍現役将校の学校配属が定められていた。1926（大正15）年には「青年訓練所」が設置され，勤労青少年を対象として徴兵以前の軍事訓練を行うようになった。義務制ではなかったが約100万人の青少年が訓練を受けた。1941（昭和16）年からは大学，高等学校，専門学校において在学年限の短縮が実施され，1943（昭和18）年から学徒動員によって多くの学生が戦地へ向かった。

1941（昭和16）年には「国民学校令」が公布されて小学校は「国民学校」となり，主知的な教養の学びは否定され，軍事色の強い「皇国民の錬成」が行われることになった。錬成とは「錬磨育成」の意味で「皇国の道に則り，（中略）児童の全能力を正しい目標に集中せしめて錬磨し，国民的性格を育成することである」と定義された。自由主義・個人主義に関連する言葉は，非国民的用語として排撃された。幼稚園児から，朝の宮城遙《よう》拝につぐ団体行進や，かけあし訓練が強いられ，「勝つまでは」という制約のもと「必勝の信念」と「堅忍持久」の精神が教え込まれた[註13]。1945（昭和20）年4月からは国民学校高等科以上の学校では授業を中止して軍需工場等への全面的動員体制となった。

この時期の文部省は「教学の刷新振興」を目途として思想対策，教員再教育，文化講義，印刷物刊行などを行い，国民の思想指導の役割を果たしていった。文部省が刊行し，広く国民の思想錬成の読み物となったのが「国体の本義」（1937年）「臣民の道」（1941年）等で，これらは教師の研修資料にも使われた[註13]。これらの述べるところは，日本の伝統的な社会のありようや歴史，価値観や道徳性を世界に希少な誇るべき特質として強調したもので，日本を「神国」として国粋主義を高揚させる内容といえる。また当時，脅威となっていた共産主義思想の広がりや民衆運動に対処するため，国民の思想指導の一環として策定された経緯があり，民主主義や自由主義，個人主義までも否定するようになっていく。これでは偏狭・狭隘のそしりを受け，日本が国際社会の中で孤立の道を歩むのは当然なことだといえる。「孤立」を翻って考えれば，我こそが世界の中心の盟主国であるとする独善を生んでいく。この独善からすればアメリカやイギリスは不法な存在となり，これと戦うことは正義であり，「進め一億　火の玉だ　屠《ほふ》れ米英　われらの敵だ」という大政翼賛会スローガンになってくる。先述の「教育勅語」には，こうした独善の文言はなく，「天皇も臣民（国民）と共に徳を一にせん（道徳をわきまえた立派な行為をしよう）」との精神はどこにいってしまったのだろうか。

◎「無知」の許されぬ教師

明治維新以後，近代化を目指す我が国は産業革命を達成し，義務教育制度も整えて小学校の就学率は98%を超え，多様な学びを多くの国民が得ることができるようになった。そして，大正デモクラシーの時代を迎え，子どもの自由で生き生きとした教育体験を創造する大正自由教育運動が展開する程，教育や社会は発展したのではなかったのか。

こうした多様な学びにもかかわらず，なぜ，この昭和期において，これ程の独善がはびこり，偏狭・狭隘の超国家主義が日本全体を覆うようになってしまったのか。江戸期以来の教養と道徳性をもとに，欧米の産業や科学，啓蒙思想を学び，民主主義や自由主義の価値を知って，国づくりに生かす知恵を培ってきたのではなかったのか。

第３章で引用した「文明としての教育」で山崎氏は「現代人には，無知である自由，無知である権利はない」と述べている。昭和のその時期，すべての国民が義務教育を受け，その上に中等教育，大学等の高等教育も普及していたわけで，「無知」ではなかったはずだ。しかし，なぜこのような偏狭・狭隘な独善に日本国民は陥ってしまったのだろうか。

そこで問われるべきは，「この独善の暴走に対して学校教育はなぜ無力だったのか」という問いだ。本書では，学校教育が社会・文化のありようや政治・経済・軍事等の諸事情，さらには国際情勢から離れて存在することはできないことを指摘している。こうした諸事情，諸情勢の交錯するなかにあって，学校は教育としての責任ある機能を果たしていく存在なのである。その意味で，教師は決して「無知」であることは許されない。教師は，教育基本法にいう教員の「崇高な使命」をふまえ，この問いへの解を構築しておく必要がある。

(4) 占領期の教育と復興する日本

●連合国軍最高司令官総司令部（GHQ）の統治方針と教育の四大指令

1945（昭和20）年8月，日本のポツダム宣言受諾によって大戦は終結に向かう。以後，1952（昭和27）年のサンフランシスコ講和条約の発効まで日本は連合国軍に占領され，連合国軍最高司令官総司令部（GHQ）の統治下に置かれた。アメリカ軍の元帥ダグラス・マッカーサーが総司令官を務めるGHQの下，日本国民は政府を形成して戦後の改革を進めていく。

1945（昭和20）年9月公表の「アメリカ政府の初期の対日方針」には，「究極の目的」が次のように示されている。

> 第一目的　「日本国が再び米国の脅威となりまたは世界の平和及び安全の脅威とならざることを確実にすること」
> 第二目的　「他国家の権利を尊重し国際連合憲章の理想と原則に示されたる米国の目的を支持すべき平和的かつ責任ある政府を究極において樹立すること」

この目的が日本の民主化と非軍事化を意図するとともに，アメリカ合衆国の安全保障と東アジア地域の平和を考えた方針であったことがうかがえる(註18)。これを受けて新しい国家体制を規定した「日本国憲法」が1946（昭和21）年11月3日に公布され，国民主権，平和主義，基本的人権の尊重等が定められた。新憲法は学問の自由，および教育を受ける権利の保障と無償の義務教育について定めている。

GHQは，憲法策定に先立つ1945（昭和20）年10月以降，次のとおり教育改革に関する四大改革指令を発した(註13)。

> **・第一の指令，10月22日「日本教育制度ニ対スル管理政策」**
> 　学校の教育内容から軍国主義，超国家主義を廃し，基本的人権の思想に関する教育を行うための教育内容，教職員，及び教科目・教材の検討・改訂についての包括的な指示　（以下，記載内容の一部抜粋）
> 「軍国主義的及び極端ナル国家主義的イデオロギーノ普及ヲ禁止スルコト，軍事教育ノ学科及ビ教練ハ凡テ廃止スルコト」
> **・第二の指令，10月30日「教員及教育関係官ノ調査，除外，認可ニ関スル件」**
> 　軍国主義的，極端な国家主義思想を持つ者の教職からの排除について具体的に指示　（いわゆる「教職追放」の施行）

「軍国主義的思想，過激ナル国家主義的思想ヲ持ツ者トシテ明カニ知ラレテヰル者，（中略）ニシテ現在日本ノ教育機構中ニ職ヲ奉ズル者ハ　凡テ直ニ之ヲ解職シ今後日本ノ教育機構ノ中如何ナル職ニモ就カシメザルコト」

- **第三の指令，12 月 15 日「国家神道，神社神道ニ対スル政府ノ保証，支援，保全，監督並ニ弘布ノ廃止ニ関スル件」**

　信教の自由の確保と，極端な国家主義と軍国主義の思想的基盤をなしたとされる国家神道の解体により，国家と宗教との分離と宗教の政治的目的による利用の禁止という原則を実現

- **第四の指令 12 月 31 日「修身，日本歴史及ビ地理停止ニ関スル件」**

　軍国主義的及び極端な国家主義的思想の排除を教育内容において徹底しようとするもので，修身・日本歴史・地理の授業停止とそれらの教科書・教師用参考書の回収とを命じたもの　（出典：文部科学省「学制百年史 資料編」）

　これらの指令は，戦争に導いた軍国主義，極端な国家主義を教育界から排除することを目指すものであり，軍事教練廃止，教員再審査，軍事教材排除，軍事教育関係者の排除，修身・地理・歴史の授業の停止，国家神道と教育の切り離しなどが行われた。文部省は，同年 8 月以降，学校教練・戦時体錬・学校防空関係の諸法令を廃止し，9 月 15 日には「新日本建設ノ教育方針」を発表している。そこには「世界平和ト人類ノ福祉ニ貢献スベキ新日本ノ建設ニ資スルガ為メ（中略）戦争遂行ノ要請ニ基ク教育施策ヲ一掃シテ文化国家，道義国家建設ノ根基ニ培フ」との記述が見られる(註 13)。

●アメリカ教育使節団による勧告と新しい教育制度の出発

　1946（昭和 21）年 3 月 5 日，ニューヨーク州教育長官・イリノイ大学名誉総長のジョージ・D・ストッダードを団長に全 27 人の「教育使節団」が来日した。日本でもこれに協力する「日本側教育家委員会」が発足し，視察や協議を行った。使節団は同年 3 月 30 日には早くも報告書を GHQ に提出し，翌 4 月 7 日に公表されている。報告書の日本語翻訳文は 6 万字に及ぶもので，「基本的人権を軸とした教育における民主主義と自由主義の理念を強調し，教育制度では個人の能力と適性とを十分に発揮させる教育機会の均等化，教育の内容や方法では画一化の排除，及び子供たちや教員の自主性の尊重などを重視(註 19)」し，表 4－3 のような具体的改革を提示した。

表4－3　教育使節団による具体的改革

①国家主義的な中央集権による教育行政を否定，公選制の教育委員会制度に基づく地方分権的システム構築
②国語のローマ字化・漢字の制限・仮名文字の汎用による文化の民主化
③六・三・三制の新しい学校制度　小中学校９年間の無償の義務教育と男女共学
④四年制を主体とする開放的な大学制度と大学での教員養成
⑤高等教育の大衆化　学問の自由確立
⑥成人教育・社会教育の重視と図書館・研究施設の拡充

出典：文部科学省「学制百二十年史」から作成。

国語のローマ字化の他は，教育委員会制度や六・三・三制など，いずれも日本社会に定着していくことになる。「公選制の教育委員会制度」とは市町村などの住民が選挙で教育委員を選び地方の教育行政を進めていく制度であるが，後に公選制度は廃止される。また，「大学による教員養成」の方針は，師範学校に独占されていた教員養成を広く一般大学に開放することを意味し，教職課程や教育学部を置く現在の国立・私立大学による教員養成を可能にするものであった。これによって師範学校の制度は廃止された。

基本的人権を軸とした民主主義の理念に基づく教育制度の確立には，アメリカ教育使節団の考えだけでなく，「日本側教育家委員会」の意見も反映された。日本側教育家委員の考え方は，GIE（GHQの「民間情報教育局」）の指揮下で新しい教育の普及に向けて文部省が作成・刊行した「新教育の指針」（1946年5月～）にも反映されている。

この「新教育の指針」については，「共同学習や討議法など民主主義的な理念や方法について革新的な提案が随所に盛り込まれていた。当時教育改革をけん引したリーダーたちのなかに，大正デモクラシーの経験値が残されていたことによるものともいわれている(註20)。」との指摘もあり，大正デモクラシー時代に花咲いた「大正自由教育」の諸活動が息を吹き返したとも見ることができる。こうしたリーダーたちが活動した「日本側教育家委員会」を母体として，内閣に「教育刷新委員会（後に教育刷新審議会に改称）」が設置され，GIEと連絡を取りながら，学校教育，社会教育，国語改革，教育行財政など教育文化に関する重要問題について自主的な審議が進められた。「教育刷新審議会」は「中央教育審議会」に引き継がれるが，新しい学制や「教育基本法」の建議など，戦後教育改革に果たした役割は大きい[註20]。

●教育基本法の制定と新しい学制の発足

「日本国憲法」の教育条項をふまえた新しい教育の理念と原則を示す「教育基本法」が，「教育刷新会議」の検討を経て帝国議会で審議され，1947（昭和22）年3月公布された。「教育基本法」は教育の理念を宣言した異例の前文を有し，他の教育関係法の上位に立つ基本法という性格をもった。その第一条に「教育は，人格の完成を目指し，平和で民主的な国家及び社会の形成者として

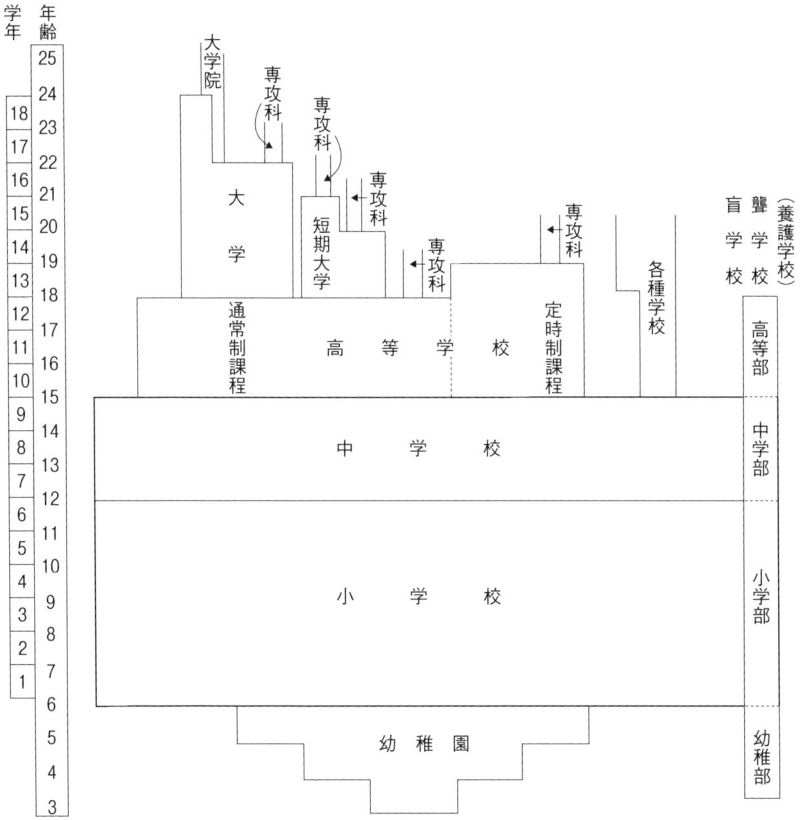

図4－3 昭和24年当時の学校系統図

出典：文部科学省学制百年史。

必要な資質を備えた心身ともに健康な国民の育成を期して行われなければならない」と定めている。そのほか，「教育の機会均等」「義務教育」「男女共学」「学校教育」「社会教育」「政治教育」「宗教教育」「教育行政」について原則を定めている。この法律の制定を受けて，「教育勅語」についても議論され，1948（昭和23）年6月，国会で失効が確認され，文部省は全国の学校から謄本類の回収を指示した。

「学校教育法」も制定され，幼稚園から大学までの新しい学校制度づくりと教育改革が進められていった。六・三・三・四の明確な単線型の学校制度が成立し，義務教育九年制が小学校・中学校において実施されることになった(註19)。1949（昭和24）年当時の学校系統図を図4-3に示しておく。

焼け野原となった国土において，学校制度を実施するには多くの困難があった。その実態は「1947年度の中学校生徒数約319万人のうち，約150万人分の教室が不足したといわれる。（中略）なかには，馬小屋や電車の中に仮教室を設置する学校や青空教室と称して野外で授業する学校も決して珍しくなかった(註5)」といわれる状況だった。

校舎や教室は徐々に改善されていくが，次に求められるのが教育内容で，新しい教育課程と教科書の整備が急務となる。教育課程の基準は文部大臣の定める学習指導要領とし，「学習指導要領一般編，試案」を1947（昭和22）年春に発表し，次いで各教科別の学習指導要領も発表された。小学校の教科は，国語，社会，算数，理科，音楽，図画工作，家庭，体育および自由研究と定められ，従来の修身，国史，地理がなくなり，社会，家庭，自由研究が新設された。教科書は新たに検定制度となったが1947（昭和22）年度分は間に合わず暫定的に文部省による著作を使用した(註19)。

(5) 55年体制下の政治対立と学校教育―戦後の昭和期―

●米ソの冷戦構造

第二次世界大戦が終結し，国際連合憲章の理想のとおりに世界の平和と安全が創造されるように見えたのは，ほんのわずかな時間であった。アメリカ合衆国とソビエト連邦を巡る国際情勢は大きく変化し，両者は対立していく。それはすでにソ連軍の北海道占領の意図が示された頃から早くも動きつつあった。

1945（昭和20）年8月16日，ソ連の最高指導者である独裁者スターリンはアメリカのトルーマン大統領に，千島列島だけでなく北海道の半分をソ連の占領地にすることを要求している。8月18日，トルーマン大統領はスターリンの要求を拒否し，日本をアメリカ主導で占領する方針をとった(註21)。この方針は，アメリカがソ連を中心とする共産主義勢力への対抗者であることを明示するものであった。拒否されたスターリンは，8月23日に日本軍捕虜約50万人をポツダム宣言の条項に違反してシベリアに抑留する方針をとる。これは日本の国力を削いでおこうとする意図があったとされる。さらに，スターリンはアメリカの日本占領における優位的な立場と一元管理を認める見返りに，東欧，特にルーマニアとブルガリアにおける排他的な影響力を確保する交渉を進め，この地方での勢力拡大を実現する。この背景には，ソ連がアメリカの核兵器（原爆）に対抗していく必要から，高品質のウラン鉱が採れるブルガリアなどを確保するねらいがあったとされている(註18)。この動きはやがてソ連による東欧諸国の衛星国化につながり，東欧諸国との個別の軍事同盟を発展させたワルシャワ条約機構（1955年）という鉄壁の共産主義陣営の構築となっていく。

こうしたなかの1946（昭和21）年2月，スターリンが衝撃的な演説を行う。ソ連政府が資本主義諸国と協力することは不可能であって敵対する運命にあり，国民に「第3次世界大戦」に備えるように説いたのである(註22)。同年3月，東西対立を見越していたイギリスの前首相チャーチルは，ヨーロッパ大陸が分断されたとする「鉄のカーテン」演説を行う。この演説の示すとおり，東側といわれる共産主義体制と西側の資本主義体制とが激しく対立する東西冷戦の時代が，大戦終結直後からすでに始まっていた。欧米の資本主義国はアメリカを中心に北大西洋条約機構（NATO。現在も30か国で構成する軍事同盟）を締結して軍事的に対抗していく（1949年）。こうした東西冷戦のなかで，世界情勢はまた戦争への危機をはらむ状況へと不安定化していく。

ソ連やその共産主義諸国の勢力拡大を阻止しようとするアメリカの政治・経済・軍事にわたる世界戦略を「封じ込め政策」と呼ぶ。これに対して，スターリンが強化していったのが「コミンフォルム（共産党・労働者党情報局）」による世界の共産化戦略であった。これはソ連を中心とした共産主義イデオロギーの統一を図る国際組織で，1947（昭和22）年に創設された。ソ連と東欧8

カ国で構成され，東欧諸国はソ連の強い指導力のもとその勢力圏を構成する衛星国となった。ソ連は中国共産党をはじめ世界中の国々の共産党にも指導力・影響力を発揮していった。こうしたソ連・中国の後ろ盾を得た北朝鮮は1950（昭和25）年6月，武力統一を目指して南朝鮮への武力侵攻を開始している（1952年7月までの朝鮮戦争は数百万人の死傷者を出し，膨大な数の離散家族を生んだとされる）。同年1950（昭和25）年の1月「コミンフォルム」から批判を受けた日本共産党は以後の分裂を余儀なくされ，また，火焔瓶による襲撃など武装闘争路線をとるようになった。このことについて「日本共産党は米ソ冷戦のなかで，ソ連・中国両共産党指導下での後方攪乱部隊としての役割を求められ，それを実行することによって，戦後占領下で築いた多くの陣地を失った」との指摘もある[註23]。

このように戦後世界は米ソの対立を基軸に，多くの国々を巻き込む東西両陣営の世界戦略がぶつかり合う状況となっていった。米ソが戦端を開くことがなかったことから「冷戦」といわれるが，その対立軸によって各地では多くの紛争や戦闘が行われていったのである。1949（昭和24）年8月，ソ連は長崎型と同じプルトニウム爆弾の実験に成功した。アメリカは直ちに水素爆弾の開発に乗り出していく。その後も「核戦争」や「第3次世界大戦」の不安は解消されることなく，現在も続いている。

●対日統治の方針変更と日本の独立

終戦直後のアメリカ，そしてGHQの対日統治の方針は，先に述べた「日本国が再び米国の脅威とならないこと」であり，日本の国力を政治・経済・軍事において戦前の状況に戻すことは極めて危険なこととととらえ，国力の弱小化を図るものであった。しかし，この統治方針を維持することは，前項で述べた世界情勢の変動と東西対立の激化という状況において，不可能なものと認識されるようになっていく。

日本は，アメリカによる「封じ込め政策」とソ連による「コミンフォルム」という二つの世界戦略の近接点に立っていた。その地政学的な位置について，アメリカの外交官ジョージ・ケナンは当時の日本について「日本は全く武装解除され，非軍事化されてしまっていた。樺太の南部と千島列島はソビエトに割譲され，北朝鮮はソビエト軍に占領されており，日本はソビエトの軍事拠点に半ば包囲されていたのだ。にもかかわらず，日本の防衛についてはいかなる種類の対策もまだ占領軍当局によって講じられていなかった(註22)」と述べている。「封じ込め政策」は，ロシアの専門家であったジョージ・ケナンの世界情勢分析と勢力均衡による安定という考え方から生まれ，トルーマン大統領に理解されてアメリカの国家戦略となる。ケナンの回顧録には次のような一節がある。

「世界の情勢を見渡してみると，この時点におけるわれわれの最大の危険，最大の責任，最大の可能性をはらんだ舞台は，日本と西ドイツという二つの占領地である」
「この両地域は，それぞれが東と西における最大の工業基地群の中核であった。両国の復興こそ，ヨーロッパ及び東アジアの安定回復のためにはどうしても欠くべからざるものであった」
「この両国を共産主義の圏外に確保し，その巨大な資力を，建設的な目標のためにフルに活用できるようにすることが是非とも必要であった」(註22)

こうした分析をもとにケナンは「対日政策に関する勧告」という文書をまとめ，アメリカ政府に提出した。これによって日本の統治方針は変更されていく。日本が独立した場合，世界中に広がっている東西対立の空白地帯になることは許されなかった。アメリカが手を引いたとしても，それは日本がソ連の共産主義勢力に組み込まれることを意味し，日本国内でもそうした共産党など革命指向の勢力の動きは高まっていた。こうした情勢下において，日本の国力を削ぐ方針を転換し，アメリカの友好国として自立させ，経済的・政治的に安定した国家として，国際社会に復帰させる政策に切り替えられた。それはアメリカによる共産圏への「封じ込め政策」の一環であった。

このようにして，朝鮮戦争の激戦の続くさなかの1951（昭和26）年に日本と連合国48ヶ国の間でサンフランシスコ平和条約が締結され，翌年，この条約の発効によって日本はGHQの統治を離れ独立を果たした。同時に日米安全保障条約を締結し，アメリカの世界戦略の一端を担うことになった。このときの日本政府は，戦前からの外交官で自由主義者であった吉田茂率いる第３次吉田内閣であり，第５次の 1954（昭和 29）年まで続く，長期保守政権下にあった。日本は，アメリカの友好国として資本主義・自由主義陣営の一角に位置を占めながら経済発展と国際協調への道を歩き始めた。

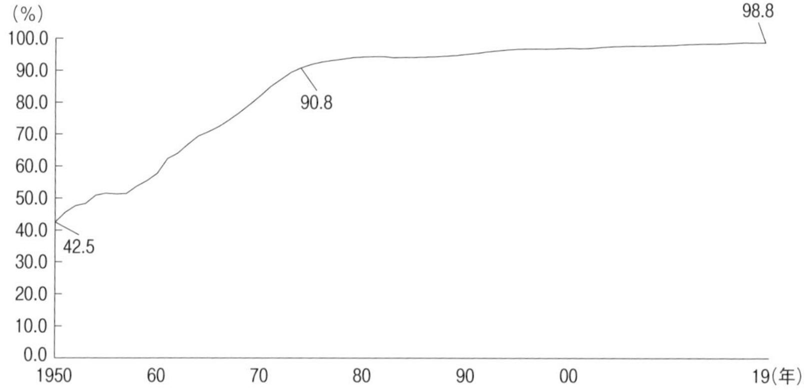

図４－４　高校進学率の推移（%）

注：学校基本調査／年次統計による。1983 年以前は通信制課程への進学を含まず。2019 年度は速報値。

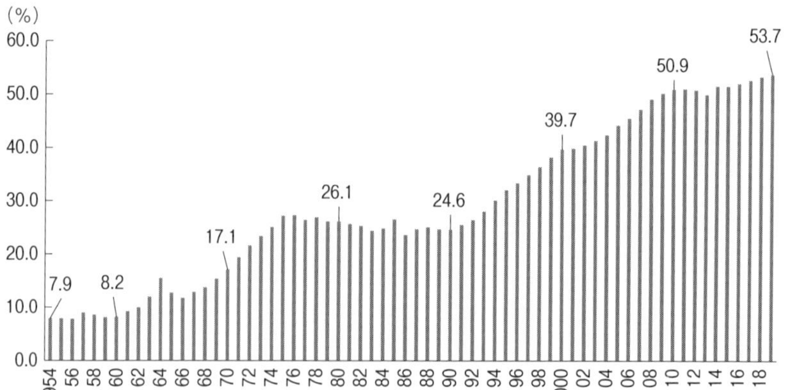

図４－５　大学（学部）への進学率の推移（%）

注：学校基本調査／年次統計による。
　2019 年度は速報値。過年度高卒者含む。

◉高度経済成長と進学率の上昇

吉田内閣退陣後も保守系の政権が続き，1955（昭和30）年には保守政党の合同が図られて，自由民主党が結成された。この自由民主党による保守系の長期政権下で，「経済的発展」「政治的安定」「国際社会での信頼回復と地位構築」「アメリカの友好国」という資本主義・自由主義陣営の一国としての国家の在り方が確立していく。この間，池田内閣の「所得倍増計画」など，日本は高度経済成長を遂げ，様々な矛盾をはらみながらも1964（昭和39）年の東海道新幹線の開通や東京オリンピックの開催など，安定した政情が続き，経済大国への歩みをたどっていく。

経済の高度成長のなかで，高校進学率と高校生の大学進学率は，図4-4，5のグラフのとおり大きく上昇している。高校への進学率の男女平均値については，1950（昭和25）年42.5%であったものが，1974（昭和49）年に90%を超え，2019（令和元）年の速報値では98.8%に達している。大学への進学率も大きく上昇している。1954（昭和29）年には7.9%であったものが，2005（平成17）年に5割を超え，2019年は53.7%となっている。まさに驚異的に進学率が向上してきたことがわかる。

こうした進学率上昇の背景には，諸矛盾はありながらも，高度経済成長と呼ばれる国家全体としての経済状況の向上，それに伴う国情の安定があったと考えられる。しかし，そこにはまた，現代社会ならではの新たな課題が生まれてくることになる。次章以降，現代の社会と学校教育にかかわる課題を明らかにしながら，さらに学びを深めていく。

◉55年体制下の政治対立と教育問題

1955（昭和30）年以降は自由民主党による保守系の長期政権が続いた。1993（平成5）年の細川連立内閣誕生までの38年間は，与党である自由民主党が政権を継続し，日本社会党が野党第一党として均衡を図る構図となる。この与野党2党を中心に政局が展開していく政治体制を「55年体制」という。初期における両者の対立点は次の通りである。与党自民党は日米安全保障条約や自衛隊による国家防衛を推進し，憲法改正を指向する方針も見られた。これに対し野党社会党は日米安全保障条約の廃棄や非武装中立を指向し，一部には社会主義憲法を制定して，ソ連よりのマルクス・レーニン主義を標榜する向きもあった。この政治上の対立は国内の「冷戦」と諷された。

この55年体制下で，教育問題も「対立」の構図を呈していく。それは，文部省が打ち出す施策に対して，日本教職員組合（日教組）の反対・闘争という形で「対立」は現れる。その背景には，与党である自由民主党と日教組の支持政党であった日本社会党や日本共産党のとの政治的対立があった。

日本教職員組合は1947（昭和22）年に結成された都道府県単位の教職員組合の全国連合体であり，1954（昭和29）年の教育二法反対闘争，56年の任命制教育委員会反対闘争，57・58年の勤務評定反対闘争，58年の教育課程反対闘争，61・62年の全国一斉学力調査反対闘争，84～88年臨教審路線反対闘争，89～95年の新学習指導要領（国旗・国歌等）反対闘争など，90年代までの約40年にわたる長期間，政府の文教政策との対立構造は続いた[註20]。以下に主な対立事項を挙げておく。日教組の1958（昭和33）年当時の組織率は86%以上を誇っていたが，現在は30%を切っている。日教組が1952（昭和27）年に政治組織として設立した関連団体「日本民主政治連盟」には最大30人以上の国会議員が所属するなど強い政治力を有する時期もあった[註24]。2020年現在は8人の国会議員が名を連ねている[註25]。

◈文部大臣による「新しい修身科の特設」構想の公表と国旗掲揚・「君が代斉唱」の徹底の通達

1950（昭和25）年，天野貞祐文相がこれらを提唱した。これまでの教育改革がアメリカの指導方針に偏重し過ぎたとの批判から，日本の伝統文化に即した修正を加えようとするものであった。これに対しては「軍国主義の復活につながる」「教育勅語の復活だ」などとする批判がマスコミや国会などでもなされ，日教組も対決の姿勢を強めていった。文部省は道徳の特設をあきらめ，1951（昭和26）年に「道徳教育の手引き」を公表している。現代でも見られる教員の「君が代」の不斉唱・不起立の問題は，この時代からの系譜ということができる。

◈「教育二法」の国会審議と「偏向教育」問題

1953（昭和 28）年から 1954（昭和 29）年にかけて，教職員の政治活動の制限について，「義務教育諸学校における教育の政治的中立の確保に関する臨時措置法」と「教育公務員特例法の一部を改正する法律」（公立学校の教育公務員の政治的行為の制限）の国会審議に向けて議論されていく。この過程で野党や日教組は「教育二法」と呼んで激しい反対闘争を展開していく。この二つの法律は 1954（昭和 29）年公布された。現行の法律の関連部分の記載は次のとおりである。

「義務教育諸学校における教育の政治的中立の確保に関する臨時措置法」
第三条　何人も，教育を利用し，特定の政党その他の政治的団体（以下「特定の政党等」という。）の政治的勢力の伸長又は減退に資する目的をもつて，学校教育法に規定する学校の職員を主たる構成員とする団体（その団体を主たる構成員とする団体を含む。）の組織又は活動を利用し，義務教育諸学校に勤務する教育職員に対し，これらの者が，義務教育諸学校の児童又は生徒に対して，特定の政党等を支持させ，又はこれに反対させる教育を行うことを教唆し，又はせん動してはならない。
「教育公務員特例法」
第十八条　公立学校の教育公務員の政治的行為の制限については，当分の間，地方公務員法第三十六条の規定にかかわらず，国家公務員の例による。
2　前項の規定は，政治的行為の制限に違反した者の処罰につき国家公務員法（昭和二十二年法律第百二十号）第百十条第一項の例による趣旨を含むものと解してはならない。

これらの法律の審議過程において与党側から問題提起されたのが，政治的な「偏向教育」を日教組が行っているとの指摘だった。その具体例として「山口日記事件（1953 年）」や「京都市立旭丘中学校事件」があった。「山口日記事件」については問題となった自主教材の一部を紹介しておく。「山口日記事件」とは，山口県教職員組合が編集・発行した平和教育の自主教材「小学生日記」「中学生日記」の記述の一部に偏向が指摘されて問題となり，岩国市教育委員会が回収し，教職員組合側と対立した事件。以下はその教材の一部(註 24)。

ソ連とはどんな国か
「ソ連とはどんな国か　『ソ連』というのは『ソビエト社会主義共和国連邦』の中から二字をとったので『ソビエト』と言う。意味は，『会議』ということで，いっさいの政治は『会議』によってきめるということです。『社会主義』というのは，労働者と農民の幸福を第一とする主義なのです。工場を持っている資本家が，安いお金で労働者を使って自分のふところをこやしたり，安い米のねだんにして農民を苦しめたりしている『資本主義』とは反対です。（ソ連では）土地・鉱山・工場・森林などをすべて人民ぜんたいのものとして，産業はすべて国営です。個人が自由に土地や工場をもって利益をわがものにすることは許されません。アメリカや日本の『資本主義国』とどこがちがうか，どこがよいかしらべてみて下さい」

◈「うれうべき教科書の問題」の発刊

1955（昭和30）年，自民党の前身である日本民主党がこれを刊行し，教科書の内容や採択方法の不透明性について問題提起している。教科書の内容がソ連寄りのマルクス・レーニン主義に偏っていて，日教組が関わっているという批判を含んだもので，日教組は強く反発した。このことから教科書問題は社会問題となり，採択の透明性確保や低価格化へ動きが始まり，教科書検定制度の検討も行われるようになっていく。

◈任命制教育委員会制度の発足

1956（昭和31）年，「地方教育行政の組織及び運営に関する法律」が制定され，戦後の教育改革で成立した教育委員公選制度が廃止された。教育委員は，地方公共団体の長が議会の同意を得て任命する制度となった。日教組はこれらの動きに反対する闘争を行っていった。

◈教職員の勤務評定と勤務評定反対闘争

1957（昭和32）年頃から，前年制定の「地方教育行政の組織及び運営に関する法律」による教職員の勤務評定の実施が計画された。教職員の勤務実態の把握と昇任・昇級の資料収集のための勤務評定に対し，日教組は各地での職場集会や座り込み，ストライキといった戦術の勤務評定反対闘争（勤評闘争）を全国に展開した。公務員のストライキは法律（地方公務員法等）で禁止されており，懲戒処分等を受けた教員たちは，日教組とともに裁判に訴えて司法の場で争っていった。裁判の結果は，多くの場合，組合側の敗訴で決着した[註14]。

◈文部省による学習指導要領の告示

文部省はこれまで「試案」としていた学習指導要領を 1958（昭和 33）年に改訂して告示として公表し，法的な拘束力をもつものとして全国の学校にその実施を求めた。これに対して日教組は教育課程反対闘争を展開するなどして，反発した。小学校では各教科，道徳，特別教育活動，学校行事の 4 領域が設けられ，道徳は週 1 時間の道徳の時間を特設するとされた。道徳の特設にも，軍国主義復活につながるものとして日教組は反対し，対立が深まった。

◈全国一斉学力調査と反対闘争

1961（昭和 36）年から 4 年間，文部省は小学校 6 年生と中学 3 年生の全児童生徒を対象とした悉皆の学力調査を行うことを発表し，これを実施した。学力・学習環境について調査し，その改善や教育課程に生かすことを目的に調査するとされたが，日教組は反対闘争を展開した。学校を挙げたテストのボイコットや中学生を巻き込んだ白紙答案提出戦術などが行われた。一方，地方によっては，平均点を上げるために成績不良の子どもを休ませたり，カンニングを黙認したりするなど非教育的な対応をした事例があり，これらが連続してマスコミに報道された。こうした経過を経て，学力調査は縮小されて，69 年には完全に中止された（註 24）。学力調査反対闘争の事情について森口朗氏は著書の中で「（前略）（学力テストは）六九年には中止されました。まさに日教組の完勝，文部省の完敗です。ただし，六一年に旭川で起きた事件については，さすがに政府も折れるわけにはいかず裁判は続行しました。これは，日教組本部から特別指令を受けた北海道の教員が，学力テストを阻止するためにテスト中の旭川市立永山中学校に日教組シンパの保護者を伴って侵入し，校長に暴行を加えた事件です。日教組は，学力テストはそもそも違法なのだから，それを暴力で阻止した教員や保護者は無罪だと主張しましたが，最終的に七六年の最高裁判決により公務執行妨害罪が認められ政府勝訴で終わりました」と述べている。保護者や子どもを巻き込んだ騒然とした教育事情がわかる記述として掲載しておく。

◈教科書検定を巡る訴訟

1955（昭和30）年の「うれうべき教科書の問題」の発刊以降，教科書検定の審査が行われてきていたが，1965（昭和40）年に東京教育大学の家永三郎教授が自身の執筆した高校の歴史教科書を検定不合格とした措置について憲法違反だとして，国に損害賠償を請求する訴訟を起こした（第1次訴訟)。1967（昭和42）年には検定不合格の処分取り消しを求める訴訟も起こしている（第二次訴訟)。さらに，1984（昭和59）年に教科書の検定の具体的な内容（南京大虐殺，中国戦線における日本軍の残虐行為等）に関する修正意見が検閲に当たり，修正の指示に耐えがたいとして違法性を訴えた（第3次訴訟)。これらの訴訟については，中国外交部からの抗議や韓国からの教科書是正要望39項目が伝達されるなど，内政干渉ともいえる異様な国際問題となった。これらの裁判で最高裁判所は「南京大虐殺」「七三一部隊」等の一部記述に関する検定意見を違憲（1997年）としたが，教科書検定制度は憲法違反には当たらないとの判断をくだしている（1993年）[註20]。

以上，1955（昭和30）年以降の55年体制下の教育事情を見てきた。その間，教育政策や教育内容に関して，「文部省 対 日教組」「都道県市町村教委 対 都道府市町村教組」「校長 対 分会（組合員)」という対立構造が続き，様々な問題や矛盾が噴出してきた。これらの対立の経過を概観するなかで，教育が国家のありようや政治・経済の情勢，国際社会の動向などと密接につながっていることが理解されるだろう。戦後の政治対立や国際情勢の緊迫に連動するように教育問題でも対立が長期間続いたことについて，一体何のための対立であったのかについて省察する必要がある。そして，こうした対立が，学校教育の成果を享受すべき国民に対して，また，何よりも子どもたちの成長と自己実現に対して，どのような意味をもち，どのような影響を与えたのかについて，別途厳しく総括される必要がある。筆者には，不幸で，実にもったいない時間であったという感慨が消えない。文部省と日教組の対立にかかる事件や争議行為について調べ，教育基本法の理念に基づいて評価したうえで，教員の使命について考察を深めることを勧める。

第5章
学校教育の課題と求められる教育の質の向上

各種の教育改革が連続するなか，学校教育の質の向上が求められている。本章では「グローバル化」「知識基盤社会化」「新自由主義」をキーワードに教育改革の概要と背景を捉え，現代社会の育成環境としての課題を明示し，求められる学校教育と教員の在り方について考察を深める。

1　地球規模の社会変動と教育改革

(1) 社会変動と教育改革の背景

●連続する教育改革とグローバル化する社会

文部科学省は，学校教育の質の向上に向けて種々の施策を打ち出している。中央教育審議会答申（2016年12月）は「子供たちに，情報化やグローバル化など急激な社会的変化の中でも，未来の創り手となるために必要な知識や力を確実に備えることのできる学校教育を実現」していく必要があるとして，学校教育を進化させ，教師の専門性や資質・能力の向上を図るとしている[註1]。さらに，文部科学省は「若い世代の『内向き志向』を克服し，国際的な産業競争力の向上や国と国の絆の強化の基盤として，グローバルな舞台に積極的に挑戦し活躍できるグローバル人材[註2]」の育成を目指すとしている。加えて，2015（平成27）年12月の中央教育審議会答申には，子どもたちに様々な力を身に付けさせるには「たゆまぬ教育水準の向上」が必要であり，教育課程の改善と学校の組織体制整備に向けた「チームとしての学校の在り方」を推進するとしている。この他にも小学校におけるプログラミング教育の必修化，特別の教科「道徳」の推進，「社会に開かれた教育課程」の実現など，まさに枚挙にいとまのない連続した教育改革が進められている。

このような教育改革や関連諸施策の背景には何があるかを理解しなくては，求められる学校や教員の資質・能力は見えてこない。私たちの社会には「情報化やグローバル化など急激な社会的変化」「予測困難な時代」などと表現される教育を取り巻く社会状況があり，そこから生み出される諸問題は学校教育の課題にも重なってきている。言葉を換えれば，予測困難な時代に身を置く現代の子どもたちは，多様で深刻な諸課題に向き合って解決していくように運命付けられており，たくましく成長することが求められているといえる。その子どもたちのたくましい成長を支え，導くに十分な能力をもつように学校には期待が集中し，学校教育の質的な向上と教員の資質・能力の向上が求められているのだ。

本書では，教育が国家の政治・経済等の諸事情，さらには国際情勢から離れて存在することはできないと繰り返し述べている。教師は，閉塞した学校の空間に閉じこもり，子どもとの関係の中に埋没することは許されない。教師は，子どもの育成環境として「グローバル化」「知識基盤社会化」などの社会の構造的な変容を見据える視座をもち，現代を生きる教師として，その資質・能力と使命感を高めていく必要がある。

●地球規模の社会変動への理解

地球規模の社会変動に伴う社会の変容とその課題について，主なものを選んで図5−1に示した。「未来の創り手」とされる子どもたちが身を置く「予測困

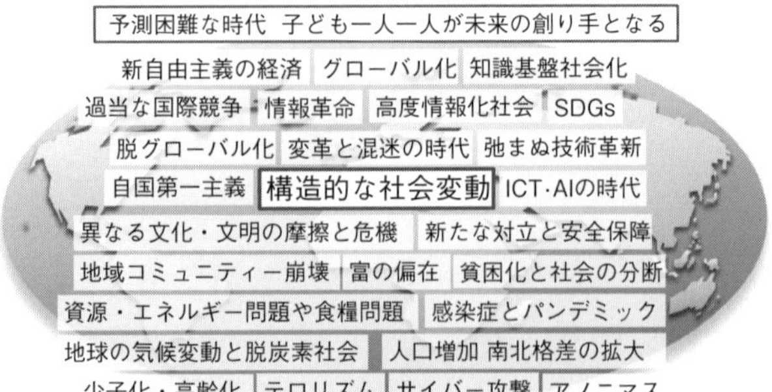

図5−1　地球規模の社会変動

難な時代」とは何かを教師は把握しておく必要がある。本書では「グローバル化」「知識基盤社会化」「新自由主義」の３点を中心に整理する。

◈グローバル化

「グルーバル」は「地球（globe)」からきた言葉で，「世界全体にわたるさま。世界的な。地球規模の[註3]」という意味をもつ。グローバル化は「経済，文化，政治，環境問題など人類の活動とその影響が，国家や地域の境界を超え，地球規模で一体化していく現象のこと」と定義される[註4]。また，情報通信技術の進展，交通手段の発達による移動の容易化，市場の国際的な開放等により，人，物材，情報の国際的移動が活性化して，国境の意義があいまいになるとともに，各国が相互に依存し，他国や国際社会の動向を無視できなくなる現象といわれる[註5]。この背景には，東西の冷戦終結（1989年）以降，世界の覇権を目指すアメリカが，アメリカ型の資本主義と自由主義，金融経済やIT革命を地球規模で推し進めようとする戦略があったとされる[註6]。

グローバル化の現象を，携帯電話を例に解説する。国内メーカーと大手の通信事業者が一体となって開発した携帯電話（フィーチャーフォン）は多様な機能が利用できたが，現在は“ガラパゴスケータイ”と呼ばれるほど，スマートフォンの世界的な普及の前に置き去りにされた感が強い。この現象は，国内企業の内向きの技術開発や生産・販売の姿勢がグローバル化の波に埋没してしまった例といえそうだ。また，通信速度が現行の100倍ともいわれる「5G（次世代通信規格)」は，遠隔医療や自動運転などを含むIoT時代の社会基盤になるとされ，既に2018年からアメリカ・韓国などで商用サービスが始まっている。「米中5G戦争」といわれる両国間の主導権争いが展開されているが，日本の通信業界の影は薄く，グローバル化のなかでの出遅れが指摘されている[註7]。このような波は，通信技術や製造・販売といった範囲に限ったことではなく，政治，産業，経済，金融，科学，文化，軍事，医療，芸術，環境問題など，あらゆる分野に及んでいる。

現代に生きる私たちは，人々の活動が国家や地域の境界を超え，地球規模で一体化していて，そうした動向を無視することができない状況にあり，学校教育もその渦中にあることを理解しておく必要がある。

◈知識基盤社会化

スマートフォンの開発や5G（次世代通信規格）に触れたが，そうした新たな価値を人類にもたらす新しい知識や技術・情報が，政治，経済，金融，文化，軍事，医療など，人類のあらゆる領域の活動において飛躍的に重要性を増す社会を「知識基盤社会」という。中央教育審議会答申「我が国の高等教育の将来像」（2005年1月）は「知識基盤社会」の特質として次の4点を挙げている(註8)。

①知識には国境がなく，グローバル化が一層進む
②知識は日進月歩であり，競争と技術革新が絶え間なく生まれる
③知識の進展は旧来のパラダイムの転換を伴うことが多く，幅広い知識と柔軟な思考力に基づく判断が一層重要になる
④性別や年齢を問わず参画することが促進される

答申は「『知識基盤社会』においては，（中略）先見性・創造性・独創性に富み卓越した指導的人材を幅広い様々な分野で養成・確保することが重要」と述べ，高等教育の重要性を説いている。さらに，「人々の知的活動・創造力が最大の資源である我が国にとって，優れた人材の養成と科学技術の振興」が不可欠とし，「高等教育の危機は社会の危機でもある」と述べている。グローバル化する現代社会においては，新しい知識や技術・情報は，人々のあらゆる領域と活動において重要な意味と作用力をもち，それらの獲得や活用は，人々の生活はもとより政治・経済・軍事等，さらには国家・社会の存続にも重大な影響力をもつ。こうした背景から，新しい知識や技術・情報の創造や獲得のために，高等教育とその基礎を培う学校教育の重要性が強調され，「未来の創り手」となる次世代育成が学校に強く求められている。

◈新自由主義

グローバル化が進む現代社会を解説する場合，「競争と絶え間ない技術革新」「規制緩和や制度改革」「製造業等の海外移転による国内雇用の変化」等の経済事情に関わる語句が使われる。これらの示す経済情勢や激しい競争の理念は新自由主義の経済思想によるもので，今世紀の世界は市場原理を万能とするこの思想が席巻している。

第二次世界大戦後，日本を含む欧米諸国の資本主義社会は，共産主義との対決もあって，政府の財政政策や雇用政策，累進課税制度などよって，安定的な経済成長と富の再配分による社会保障・社会福祉を進める経済政策を長く続けてきていた。しかし，1980年代以降，これらは，政府支出の肥大化と財政赤字の深刻な累積を招き，オイルショックや通貨危機を経て経済の低成長が顕在化してくるなかで，この新自由主義に基づく経済政策への転換が進んだ。

新自由主義は，経済活動を可能な限り市場原理に任せることによって経済活動の効率化と成長が可能になるとする「市場原理万能」の思想である。政府の経済活動への介入や管理を排除し，金融や経済活動のみならず，交通・通信から教育・医療・福祉・水道等に至るあらゆる公共事業の「民営化」や「規制緩和」を進めることになる。これによる各事業の効率化と政府支出の削減を目標としている。

新自由主義の考え方は，政府支出を縮小させ「小さな政府」を実現させる。法人税・所得税を大幅に減税し，累進課税を否定して「フラット税制」に切り替え，企業や富裕層を優遇してより豊かにし，彼らからの投資の活発化を呼び込んで経済成長を狙う。政府による財政支出による雇用創出や需要喚起を否定して，金融の大幅な緩和を進め，通貨量を増やして投資の活発化につなげようとする。これらによって社会保障は縮小され，富は一部の富裕層や企業に集中するようになり，貧富の格差は拡大する。ただし集中した富はやがて投資を通じて滴り落ちるように社会に還元される「トリクルダウン」の効果が出てくると新自由主義は主張する。一方，通貨量の増加と富の集中は「金融万能主義(マネタリズム)」を生み，マネーゲームやバブル経済を繰り返す矛盾をもたらすことになっていく。新自由主義によって国民の自由や権利の保護が弱まって公平性が崩れ，社会保障の低下・雇用の不安定化・生活の格差拡大などの問題を生み，世界規模で社会が不安定化するとの指摘もある[(註9)]。

新自由主義は，「グローバル化」「知識基盤社会化」の動きを必須の要件としながら世界的な潮流となって，地球規模の社会変動を巻き起こして現在に至っている。この状況が，子どもたちが身を置く「予測困難な時代」「変化の激しい社会」の本質であり，子どもの良好な育成環境を確保するために教師が見据えるべき現代社会の本質といえる。

日本においても新自由主義の政策がとられるが，どのような影響を社会や学校教育にもたらすかについて，そのモデルといえるイギリスでの教育改革と評価について述べる。日本の教育改革を吟味する視点にして欲しい。

イギリスの教育改革と新自由主義

「小さな政府」「民営化」などを進める「市場原理万能」の新自由主義は，1979～90年のイギリスのサッチャー政権，1981～89年のアメリカ合衆国のレーガン政権の政策に取り入れられ，世界的な影響力をもつようになる。

サッチャー首相の政策に見られる考え方をサッチャリズムというが，「小さな政府」を標榜するサッチャリズムによる教育改革は，大幅な教育予算の削減から行われた。そして削減をあがなうように「規制緩和」「民営化」を進め，公的な性格の強い教育の分野において民営化や私企業による営利事業を可能にして，効率的な事業運営を展開すべく事業者を招聘する政策をとっていく。

サッチャリズムは「市場原理万能」を学校教育でも展開していく。地方の教育行政を民営化させ，シティテクノロジーカレッジなど，私企業が経営する学校が出現していった。「学校が学力向上への努力を怠っているのであるから，学校の選択は保護者の選択の自由にまかせればいい」という考え方に基づき，義務教育段階での学校選択制度を導入していった。学校が教えるべき内容を定めたナショナルカリキュラムに基づき，ナショナルテストを行って結果を公表し，その結果などを見て保護者が学校を選択できる制度を創設した。そして，学校の取組を査察する制度を設け，目標達成度が低い学校には政府が介入し，校長・教員の入れ替えや，廃校措置をとるなど，まさに市場原理による学校教育が推進された。学校は，地域の違いや通ってくる生徒の特質もあり，学校間に格差が生まれ，次第に序列化されていくことになる（註9）。

現在，このサッチャリズム（新自由主義）による教育改革については実施されなくなった政策もあるように，次のような問題点が指摘されている。

・ナショナルカリキュラムの導入後，学力競争は激化し，1998年のイギリス政府統計 Truancy and School exclusion によれば100万人の生徒が無断で学校を休むなど怠学問題が社会問題化した（註10）
・子ども達の道徳心の低下が進んだ（註11）
・教師の関心がもっぱら成績を上げることになり学力競争が激化したため，教師に切り捨てられた問題児が現れ，不登校となる「怠学」問題が生じた（註11）
・新自由主義の政策が貧富の格差を拡大させ，貧困化が進行し，低収入の家庭はある特定の地域へと集中し，その結果公立の学校教育に格差が出るようになった（註12）
・国民が国家と社会への帰属意識を弱め，社会の連帯感の喪失と公衆道徳の失墜という問題が生じ，社会不安が高まった（註11）
・ナショナルテストの成績公表によって人気のある・なしが顕著となり，学校間格差が生じて，予算の削減や閉校の事態が行われる結果責任の原則は，教育内容への国家統制であり，専門職たる教師の教育の自由を侵害する(註13)

このようなサッチャー政権の改革については，後のキャメロン首相（2010年～2016年）が「国を救った偉大な指導者」としたが，一方には「改革がもたらした最大の弊害は，貧富の格差の大幅な拡大とそれに伴う低所得者層の一層の困窮である。」との指摘(註14)もあり，英タイムズ紙が2013年4月9日の1面で「ファーストレディーは死んだが，国は分断されたままだ」と述べたように評価は分かれている(註15)。

(2) 現代日本の教育改革―臨時教育審議会（1984年）以降の教育改革―

我が国において新自由主義による改革がなされるのは中曽根康弘内閣（1982～1987）からで，以降，各政権下において教育改革が進められていく。それらをサッチャリズムによる教育改革の評価を視点に考察し，社会と学校のあるべき姿を見つめていく。

●中曽根内閣と臨時教育審議会による教育改革（1984～1987年）

教育政策の方針決定については，従来から文部大臣の諮問機関「中央教育審議会」が大きな役割を果たしてきた。しかし，中曽根内閣では，首相の諮問機関として「臨時教育審議会」（臨教審）を設けて，「戦後教育の総決算」をスローガンに教育改革に取り組むことになる。

臨教審においては，第一部会が「二十一世紀を展望した教育の在り方」，第二部会が「社会の教育諸機能の活性化」，第三部会が「初等中等教育の改革」，第四部会が「高等教育の改革」を審議・検討した。その議論としては，新自由主義やサッチャリズムと軌を一にする「民営化」「規制緩和」「市場原理」に基づく「教育の自由化」を進める首相官邸や経済界の動きと，これに反発する文部省・自民党文教族議員等のこれまでの価値観を守ろうとする考えとが対立していく。やがて，議論は「個性重視の原則」に収斂されていった(註16)。臨教審創設の背景には，地域・家庭の教育力低下の指摘やいじめ・登校拒否（不登校）・校内暴力等の社会問題化などもあり，子どもたちの成長上の課題と育成環境の劣化が指摘されていたことも確認しておきたい。臨教審による教育改革の骨子は表5-1のようなものであった(註17)。

これらを見ると，「中高一貫の6年制中等教育学校」「高等学校総合学科の創

表5-1　臨教審による教育改革の骨子

①個性重視の原則

小学校低学年での生活科を新設　中学校での選択履修の拡大

高等学校での教育課程の一層の弾力化

自己教育力の育成を重視した「新しい学力観」の提唱

高等学校総合学科の創設 1994　普通科単位制高校創設 1993

中高一貫の6年制中等教育学校の制度化 1999

高等学校入学者選抜方法の一層の多様化と選抜尺度の多元化

通学区域制度及び学校選択の弾力化検討　大学入試センター試験の実施

推薦入学等大学入学者選抜方法の多様化　初任者研修制度の創設

社会人活用や大学院レベルの教員免許状の創設のための教育職員免許法の改正

②生涯学習体系への移行

生涯学習体系への移行を主軸とする教育体系の総合的再編成

「生涯学習の振興のための施策の推進体制等の整備に関する法律」施行 2002年4月

単位制高等学校の制度化 1993　夜間学部・大学院の増置

大学の学習課程の多様化 1991　短期大学等の卒業生に一定の要件で学位を認定

③国際化，情報化等変化への対応

国際理解教育の充実　高等学校における留学制度を設け高等学校段階の留学生交流の拡大

外国語教育の改善のため多数のネイティブ・スピーカーを招致

情報教育の充実（学習指導要領への位置付け等）

設」「普通科単位制高校創設」など，子どもや保護者の選択の自由を広く確保する「自由化」の流れが見える。特に「通学区域制度及び学校選択の弾力化検討」の提言は，後の「学校選択制度」に道を拓き，1997（平成9）年1月の文部省通知「通学区域制度の弾力的運用について」によって，学校選択制度は各教育委員会の判断で導入されることになる。

ここには「伝統的な平等主義」から「自由化」への移行という新自由主義の考え方が随所に見てとれる。その後の1996（平成8）年の行政改革委員会の「規制緩和の推進に関する意見（第2次）—創意で造る新たな日本—」では，これまでの学校教育の画一性，硬直性，閉鎖性を批判し，それらが子どもの自主的精神・個性の伸長を妨げていて，保護者等に子どもを通わせたいと思う学校を選択する機会は制度的にも実態的にも保障されていないとしている。さらに，各学校は特色ある学校づくりを進めて「個性ある教育課程の編成」に取り組むよう求め，教育を受ける側が何を求め，何を評価するかを重視していく」と述べている。学校選択制度による学校の序列化・学校間格差への懸念については，「学校間に多様性が存在することが『格差』であるならば，今後はこのような『格差』を義務教育制度の中でも積極的に肯定していく必要がある」と述べている(註18)。これらは教育における選択と競争という場面を義務教育段階から創り出そうとしていることがわかる。学校教育は横並びの画一性，硬直性，閉鎖性を打破して，子ども・保護者の学ぶ側の選択という「市場原理」に応え得る特色ある学校づくりを進めていく存在に変質を求められることになる。

臨教審以降の諸提言は日本の教育制度の再構築に大きな影響を与えていくが，その内容にはサッチャリズムの改革と多く重なるところある。サッチャリズムの教育改革が教育と社会にもたらした種々の問題点は，日本ではどのように展開していくのかを見つめておく必要がある。

●小泉内閣前後の教育改革（1990年代後半～2006年）

1993（平成5）年の細川護熙連立内閣の登場によって，「55年体制」が終焉を迎える。その後，自民党と社会党などの連立内閣を経て，1990年代後半からは自民党・公明党などの保守系の連立内閣に引き継がれていく。この時期は，ソビエト連邦解体（1991年）により東西冷戦が終結して“アメリカ一強”の時代に入り，東西ドイツの統一（1990年）など世界の情勢は大きく変化していった。日本ではバブル経済が崩壊し，この後日本経済は成長なき停滞の時代に入っていく。税収が伸び悩むなか，ふくれあがる福祉予算等社会維持のための諸支出の増大，行政組織の非効率性などが指摘され，財政赤字の削減や行政組織の効率化・経費削減を目指して行財政改革が推し進められていった。

2001（平成13）年から2006（平成18）年9月までの長期政権となる小泉純一郎内閣では，サッチャリズムの行政の効率化手法であるNPMで行財政改革を進めていく。NPMとは「New Public Management」の略で「新しい公共管理」と訳される効率化の手法をいう。「公共サービスの民営化，外部化，競争原理の導入，政策立案と実施の分離，成果の事後評価などを特徴とする。国民は有権者というより顧客・消費者・ユーザーとされ，サービスの向上と効率化が重視される(註19)」とされている。行政が市民・国民を社会の形成者とみるのではなく，サービスの受益者とみて行政運営にあたるもので，業績主義・市場原理・効率性・競争原理・説明責任・外部評価の公表など，民間企業の経営手法を行政運営に取り入れるものである。この手法は広く日本社会に浸透し，学校経営にも取り入れられるが，これについては「第9章　学校の管理と運営」以降で触れることにする。

構造改革を進める小泉内閣は，教育における国の関与を減らすとして，国庫補助負担金や地方交付税の見直し，税源移譲による「三位一体改革」を進め，2006年3月に改正義務教育国庫負担法を成立させて，公立小・中学校の教職員給与の国庫負担率は2分の1から3分の1に変更した(註16)。

また，中央教育審議会は2003（平成15）年3月「新しい時代にふさわしい教育基本法と教育振興基本計画の在り方について」を答申し，「21世紀を切り拓く心豊かでたくましい日本人の育成」を目指すために「教育基本法」改正の必要性を強調している。この動きは中曽根内閣の「戦後教育の総決算」に通じ，小渕恵三内閣（1998～2000年）と森喜朗内閣（2000～2001年）時の「教育改革国民会議」の提案にも重なり，長く意図され続けてきた経緯がある。一方では日教組や一部学会などが改正反対を表明するなど，厳しい議論が続いたが，次期政権の第一次安倍内閣のもと教育基本法の改正は2006（平成18）年12月成立の運びとなる。

義務教育改革に大きな意味をもつのが，2005（平成17）年10月の中教審答申「新しい時代の義務教育を創造する」である。それは，①教育目標の明確化と結果の検証による質の保証，②教師への信頼の確立，③地方・学校の主体性と創意工夫による教育の質向上，④教育条件の整備を柱とする「教育国家戦略」を提言している。これにより義務教育改革が進行する。また，2005（平成17）年12月中教審答申「特別支援教育を推進するための制度の在り方について」により特別な場所で行う「特殊教育」から一人ひとりのニーズに応じた支援を行う「特別支援教育」への転換が図られた(註16)。

●第一次安倍内閣の教育改革（2006～2007年）

第一次安倍晋三内閣において教育改革は急速に進展する。改正された教育基本法では，第2章で見た教育の目標が列挙され，学校，家庭及び地域住民の連携協力も重視され，学校は地域社会と一体となって役割を果たす機関であることが強調されている。教育行政では教育振興基本計画に基づく中長期的な政策遂行が規定された。先の中教審答申「新しい時代の義務教育を創造する（2005年)」の「教育国家戦略」に見られる教育目標の提示・検証・質保障などの方針が，2006（平成 18）年の改正義務教育国庫負担法の成立，2007（平成 19）年以降の「全国学力・学習状況調査」の実施，学校教育法改正，地方教育行政法の改正，教育職員免許法の改正などを通じて具体化されていく。

改正された学校教育法によって「学校評価」が法制化され，2006（平成 18）年 3 月文部科学省は「義務教育諸学校における学校評価ガイドライン」を策定している。自己評価や学校関係者評価など，学校評価の具体的な展開を示し，教育活動の結果を検証して，質の保証を実現していくシステムとして学校評価を位置づけている。2007（平成 19）年の教育職員免許法改正によって，教員免許状は 10 年の期限付きの免許状とされ，その更新のためには 30 時間の教員免許更新講習の受講が義務づけられた。また，同年の教育公務員特例法の改正によって，指導力不足の教員に指導改善研修を行い，改善されない場合は免職等の処分を行うことができるようになった。

2006（平成 18）年 10 月には首相官邸直下に「教育再生会議」が発足する。翌年「社会総がかりで教育再生を　公教育再生への第一歩」と題する第一次報告が出された。この報告は次のように学校教育の現状を批判している。

「学力の低下や未履修問題，いじめや不登校，校内暴力，学級崩壊，指導力不足の教員，『事なかれ主義』とも言われる学校や教育委員会の責任体制のあいまいさ，高等教育の国際競争力の低迷など，極めて深刻」と指摘し，「しっかりと学力を身につけて欲しい。いじめや校内暴力のない安心して勉強できる学校であって欲しい」という保護者の切実な願いに多くの公立学校は応えておらず，「公教育の機能不全」と断じている(註 20)。こうした認識の上で「ゆとり教育の見直し」，「魅力的で尊敬される先生を育てる」「保護者や地域の信頼に真に応える学校にする」「教育委員会の在り方を抜本的に見直す」など 7 つの提言をしている。2007（平成 19）年 6 月に「地方教育行政の組織及び運営に関する法律の一部を改正する法律」が公布され，教育委員会の責任体制の明確化や体制の充実が図られることになった(註 16)。

日本における教育改革を見ると，その基底にはサッチャリズムの行政効率化手法NPMが息づいていることがわかる。民間企業の経営手法に基づくこの手法がどこまで学校経営に有効なのか，学校は営利企業とは異なる公共としての特質をふまえた上で，先に挙げたサッチャリズムによる教育改革の問題点を十分に吟味し，子どもの育成を第一にして是々非々の判断を行い，学校の経営力と組織行動力強化に役立てることが望まれる。詳細は第10章で述べる。

2　教育改革が求める学校教育の質の向上

この節では，いじめ・暴力等の子どもの成長に関わる諸課題や家庭・地域の教育力低下など，学校現場が直面する深刻な課題について理解を深める。

(1) 現代の子どもの成長上の課題

●問題行動や不適応の実態から見た成長上の課題

子どもたちの問題行動や不適応は，いじめや暴力行為，不登校やネット依存，自死や引きこもりなど多岐に及び，その成長過程に横たわっている。これらの諸課題は学校教育の課題であるとともに，家庭や地域社会，大人社会のありようにかかる課題であり，経済発展のなかで変容してきた現代の社会病理と捉える必要もある。教員として問題の克服を図り，子どもの健全育成に取り組むとともに，これら生み出した現代社会の育成環境としてのありようを見据えなければならない。

◆暴力行為

児童生徒による暴力行為の発生件数は令和元年度は7万8,787件で，中高生において減少傾向にあるものの，小学生の暴力行為が近年顕著な増加傾向を示している[註21]。精神的には比較的安定期とされる児童期における暴力行為が，不安傾向の強い青年期の暴力行為の件数を超えていることは注目すべき現代の子どもの特質といえる（図5－2）。中学校において仲間間の諍いや集団抗争など，集団に依拠する暴力が多く発生していた昭和50年代の暴力行為の状況と比較して，そうした仲間や集団に起因するものが顕著に減少し，暴力行為1件

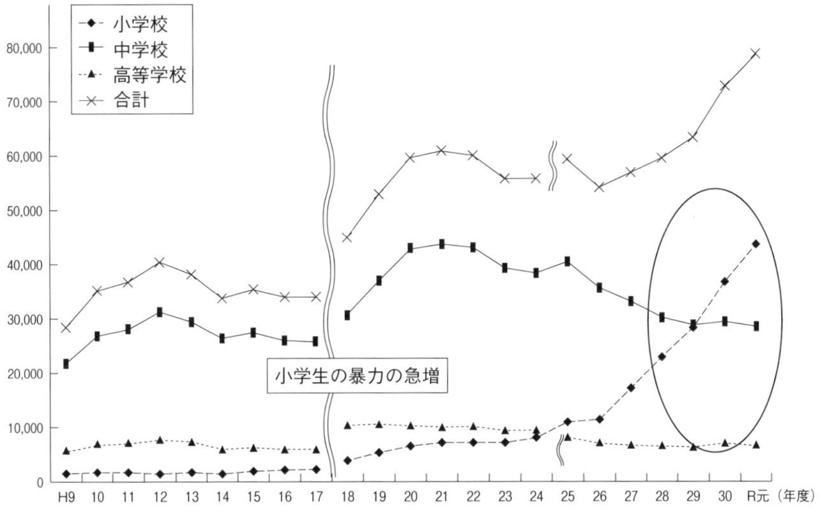

図５－２　暴力行為　発生件数の推移（令和元年度計７万 8,787 件）

出典：令和元年度 文部科学省「令和元年度 児童生徒の問題行動・不登校等生徒指導上の諸課題に関する調査」から作成。

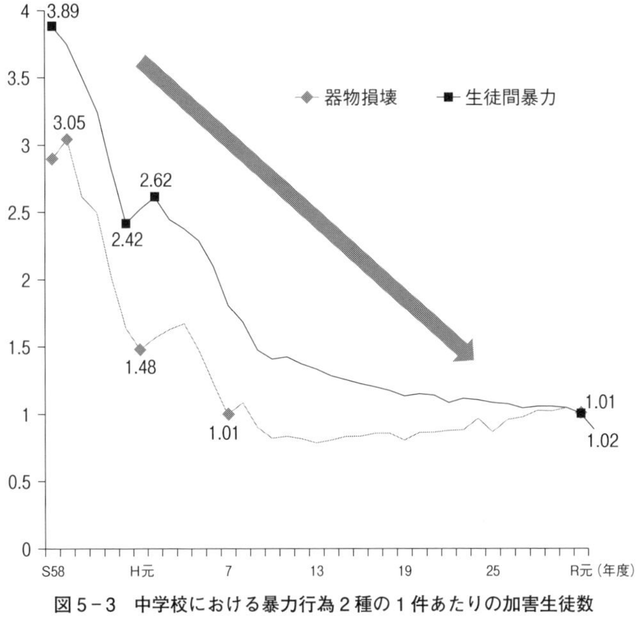

図５－３　中学校における暴力行為２種の１件あたりの加害生徒数

出典：文部科学省「児童生徒の問題行動等生徒指導の諸問題に関する調査」から作成。

あたりの加害者実人数は，１人あるいは１人以下となっている（図５－3）。このことは小学生に特に顕著で加害者の実人数は１件あたり 0.85 人となっている。そうした暴力行為の発生の様相は「衝動的，突発的に暴力行為」「感情がコントロールできない」「些細なことから激しい暴力に訴える」「特定の児童生徒が繰り返す」などの傾向が見られる。

これらの点から，現代の子どもたちの暴力行為が集団的な意味をもって行使されるのでなく，個人内のストレスや感情の爆発といういわゆる“キレる”現象が主流となっていて，暴力行為の「個別化・個人化」の傾向が強まっているといえる(註22)。この「個別化・個人化」傾向は，子どもの人間関係における集団性や共同性の低減を意味するものであり，その成長上の課題に深くかかわる問題といえる。

◈いじめ

1986（昭和 61）年の東京都中野富士見中学校のいじめ自殺事件以降，いじめは大きな社会問題として注目され，種々の対策がとられてきた。しかし，そ

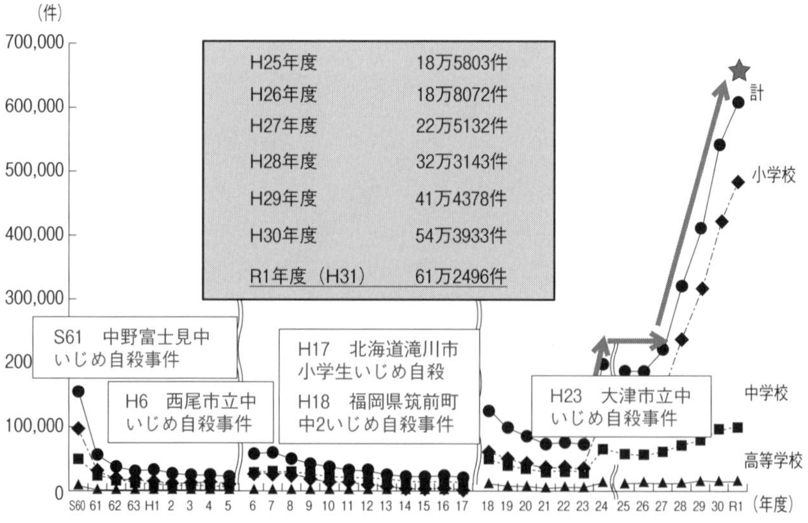

図５－４　いじめ認知件数の推移

出典：文部科学省「令和元年度 児童生徒の問題行動・不登校等生徒指導上の諸課題に関する調査」から作成。

の後もいじめ自殺事件は後を絶たず，2011（平成23）年10月に発生した大津市のいじめ自殺事件以降，深刻な社会問題として解決に国を挙げて取り組んでいる状況にある。2013（平成25）年に公布された「いじめ防止対策推進法」によって新たな定義が定められ，これに基づく文部科学省の問題行動調査において令和元年度は61万2,496件のいじめが認知されるところとなっている(註21)。この「いじめ防止対策推進法」については十分に理解しておく必要がある。以下に抜粋する。

いじめ防止対策推進法

（目的）

第一条　この法律は，いじめが，いじめを受けた児童等の教育を受ける権利を著しく侵害し，その心身の健全な成長及び人格の形成に重大な影響を与えるのみならず，その生命又は身体に重大な危険を生じさせるおそれがあるものであることに鑑み，児童等の尊厳を保持するため，いじめの防止等（いじめの防止，いじめの早期発見及びいじめへの対処をいう。以下同じ。）のための対策に関し，基本理念を定め，国及び地方公共団体等の責務を明らかにし，並びにいじめの防止等のための対策に関する基本的な方針の策定について定めるとともに，いじめの防止等のための対策の基本となる事項を定めることにより，いじめの防止等のための対策を総合的かつ効果的に推進することを目的とする。

（定義）

第二条　この法律において「いじめ」とは，児童等に対して，当該児童等が在籍する学校に在籍している等当該児童等と一定の人的関係にある他の児童等が行う心理的又は物理的な影響を与える行為（インターネットを通じて行われるものを含む。）であって，当該行為の対象となった児童等が心身の苦痛を感じているものをいう。（以下省略）

（基本理念）

第三条　（中略）3　いじめの防止等のための対策は，いじめを受けた児童等の生命及び心身を保護することが特に重要であることを認識しつつ，国，地方公共団体，学校，地域住民，家庭その他の関係者の連携の下，いじめの問題を克服することを目指して行われなければならない。

（保護者の責務等）

第九条　保護者は，子の教育について第一義的責任を有するものであって，その保護する児童等がいじめを行うことのないよう，当該児童等に対し，規範意識を養うための指導その他の必要な指導を行うよう努めるものとする。

2　保護者は，その保護する児童等がいじめを受けた場合には，適切に当該児童等をいじめから保護するものとする。

3　保護者は，国，地方公共団体，学校の設置者及び（中略）学校が講ずるいじめの

防止等のための措置に協力するよう努めるものとする。（以下省略）
（学校におけるいじめの防止）
第十五条　（中略）学校は，児童等の豊かな情操と道徳心を培い，心の通う対人交流の能力の素地を養うことがいじめ防止に資することを踏まえ，（中略）道徳教育及び体験活動等の充実を図らなければならない。（以下省略）
（学校におけるいじめの防止等の対策のための組織）
第二十二条　学校は，当該学校におけるいじめの防止等に関する措置を実効的に行うため当該学校の複数の教職員，心理，福祉等に関する専門的な知識を有する者その他の関係者により構成されるいじめの防止等の対策のための組織を置くものとする。
（いじめに対する措置）
第二十三条　（中略）6　学校は，いじめが犯罪行為として取り扱われるべきものであると認めるときは所轄警察署と連携してこれに対処するものとし，当該学校に在籍する児童等の生命，身体又は財産に重大な被害が生じるおそれがあるときは直ちに所轄警察署に通報し，適切に，援助を求めなければならない。
（学校評価における留意事項）
第三十四条　学校の評価を行う場合において（中略），いじめの早期発見，いじめの再発を防止するための取組等について適正に評価が行われるようにしなければならない。

いじめが，なぜこれほどまでに深刻化するのか，その背景・要因について，子どもの成長上の課題を視点にいくつかの傾向を整理しておく。一体どのくらいの子どもたちがいじめにかかわっているのか。国立教育政策研究所の調査研究によれば，図5－5，図5－6に示したとおり「仲間はずれ，無視，陰口のい

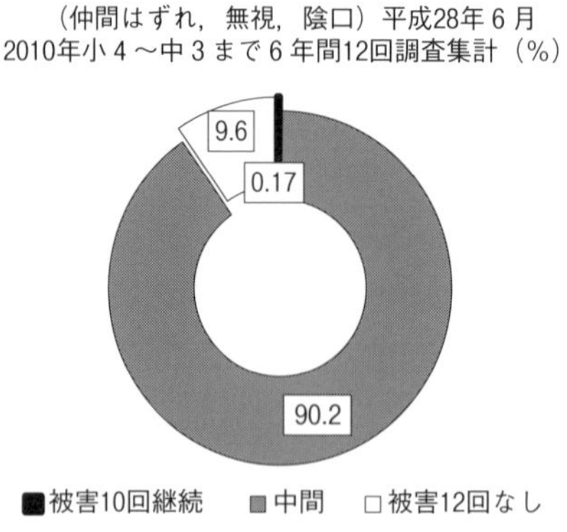

図5－5　小4から中3までのいじめ被害経験
出典：国立教育政策研究所「いじめ追跡調査 2013-2015」

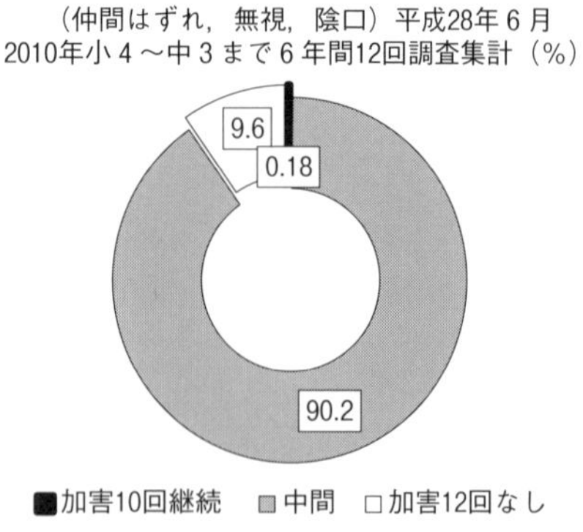

図5－6　小4から中3までのいじめ加害経験
出典：国立教育政策研究所「いじめ追跡調査 2013-2015」

じめの被害経験と加害経験」について，小学校4年生から中学3年まで6年間で合計12回の継続調査をした結果，6年間で1回～10回の被害経験のある者，1回～10回の加害経験のある者が，それぞれ9割に上り，同じ6年間で全くいじめに無関係であった者は1割弱に過ぎなかったという実態が明らかになっている(註23)。つまり，9割の子どもがいじめの加害者となり，被害者となって学校生活を送っていることになる。

さらに着目すべきことは，人間関係の当事者や周囲にいる子どもが，いじめを止めたり，注意したりする傾向が小さく，多くが関わることを避けて見て見ぬふりをする傾向が顕著なことである。それは，教師が周囲の子どもからの連絡や相談でいじめを探知する割合が1991（平成3）年当時12%程度あったものが，2006（平成18）年以降は5%程度にまで下がっていることでもうかがえる(註22)。こうしたことから，現代の子どもたちは，いつ，自分がいじめの被害者になるか，加害者になるかわからない状況下で過ごしていて，自分がいじめられても，そのことを先生に訴えてくれるクラスメイトは1～2人しかおらず，他の多くが見て見ぬふりをするという不安感・緊張感の漂う関係性のなかで暮らしていることになる。

さて，この「見て見ぬふりの傾向」は他の調査でも多く確認できる。その一例を示す。図5-7の国立青少年教育振興機構の高校生の意識に関する調査では，日本の高校生の多くは周囲で起こるいじめやけんかをやめさせるなど，仲間とのかかわりに極めて消極的で，リスクを超えて人とかかわることを避ける傾向が顕著なことが確認できる(註24)。諸外国の高校生がリスクを越えて友人のために不法なことを注意する傾向が5～6割見られるのに対して，日本の高校生のそれが3割に満たない。日本では人にかかわらないことが主流になっているといえる。これらから日本の子どもたちは人間として互いに向き合う「対峙できる人間関係」をもち得ず，相互の関係性が希薄なことがうかがえる。この傾向は他の多くの調査でも同様のことが継続的に確認されている。

このことと，暴力行為で見た個別化・個人化傾向や人間関係における集団性・共同性の低減，そして，先述の不安感・緊張感の漂う人間関係を考え合わせてみる必要がある。そこからは，現代の子どもたちの人間関係が希薄で，協働や役割，葛藤や共感などを備えた「集団」を形成しにくい状況がうかがえ

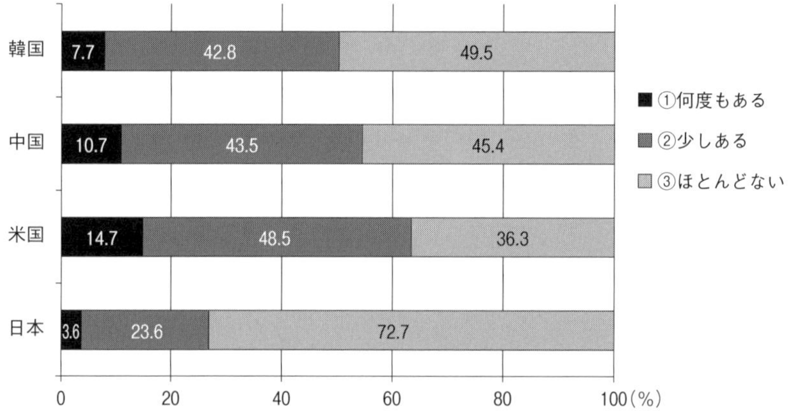

図5－7　弱い者いじめやけんかをやめさせたり，注意したこと

出典：国立青少年教育振興機構　高校生の生活と意識に関する調査（2015）。

る。その関係性は「集団」とは呼べず，むしろ「群衆」の状況であって，自他への不安や不信が渦巻く状況にある。その孤独感や自信のなさが，劣位の者をつくって標的とし安心しようとする「いじめ」を生み出し，自己中心的で感情がコントロールできない「キレる」暴力行為を増やす結果をもたらしている。そうした個別化・個人化傾向，集団性・共同性の低減，自他への不安・不信という関係性は，子どもの発達課題の克服を困難にさせ，成長の遅滞を招いているといえる。

教師が子どものいじめや暴力行為等の問題行動に向き合うとき，その成長過程に横たわる人間関係の希薄さとそれらが生み出す不安感や孤独感，さらには自信のなさを受け止めて，子どもが自己のありようを見つめ直し，より良い自己を見つけ出せるように導くことが求められる。

また同時に，子どもたちに見られる人間関係の希薄化や群衆化，不安感や孤独感，相互不信や自信のなさ等の傾向は保護者を含む大人社会にも多く見られ，そうした社会関係や生活文化のありようが，子どもたちの成長に大きく影響していることを理解しておく必要がある。このことは，次節「(2) 社会の変動と家庭・地域の教育力の低下」で詳説する。

◈不登校・引きこもり・ネット依存・自傷行為など

令和元年度の小中学校における不登校児童生徒数は18万1272人に上り，平成24年以降その人数は横ばいから上昇に転じ，全児童生徒数の1.9%にまで上昇してきている。1991（平成3）年度の割合が0.47%であったことを考えれば，児童生徒数が28年間で470万人以上も減少するなか，増え続けてきている[註21]。ここでも子どもの個別化・個人化と，それに伴う内向化の傾向を指摘できる。

内閣府が2010（平成22）年に実施した「若者の意識に関する調査（ひきこもりに関する実態調査）」[註25]では，約70万人の青年が広義の引きこもりの状況にある。そのきっかけを見ると，「職場や大学になじめなかった」「人間関係の不調」「不登校」「就職の不調」が50%を占め，自己への適応や他者・社会との適応上のつまずきが要因になっていることがわかる。

次に，インターネット依存だが，対人関係や日常生活の心身状態に弊害が生

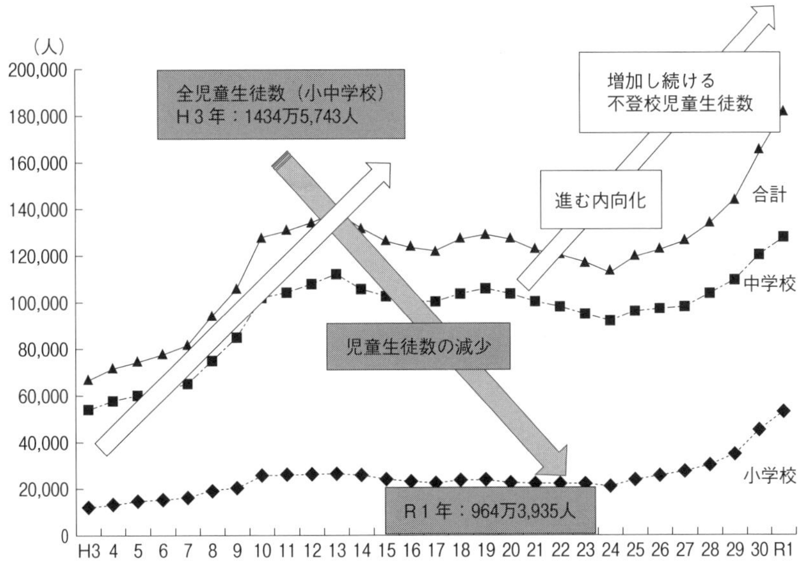

図5－8　不登校児童生徒数（18万1,272人）

出典：令和元年度 文部科学省「令和元年度 児童生徒の問題行動・不登校等生徒指導上の諸課題に関する調査」から作成。

じているにもかかわらず，インターネットに精神的に嗜癖（依存）してしまう状態とされる[註26]。2018（平成30）年10月，厚生労働省が公表した調査結果で，インターネット依存の傾向の中高生は93万人にのぼり，7人に1人が依存状態にあり，前回調査からの5年間で倍増する結果となった[註27]。その多くは「SNS依存」「LINE漬け」「ゲーム漬け」といわれる依存状況にあり，不健康な使い方をしている予備軍を含めると254万人の中高生が依存傾向にある。成人の依存状況の推計値は421万人に上り[註28]，我が国のインターネット依存の実態は急速かつ広範な増加を見せ，深刻な状況にあるといえる。

先に，「対峙できる人間関係」をもち得ず，「集団」を形成できない希薄な関係性は，「群衆」の状況と指摘した。そうした子どもたちに根付く心理は，孤独感・不安感・警戒心であり，こうした不安や孤独から逃れようとする子どもたちを包み込んでいるのがインターネットの世界といえる。匿名で気楽な交流で孤独感・不安感を癒やすことのできるネット世界に子どもたちは吸い込まれ，「SNS依存」などの状況に陥る道筋に立っている。

これらの現象のほかにも，いわゆる「リストカット」などの自傷行為の経験のある子どもが約12%以上にも達しているとする複数の調査の結果や，未成年者の自殺死亡率が近年顕著な上昇傾向にあることを指摘する調査データもある。こうした子どもたちの不適応や問題行動から読み取れる傾向は，先の暴力行為・いじめ等で指摘した傾向と重なる。現代の子どもたちは，相互の関係性が希薄で，協働や役割，葛藤や共感など，成長過程に必要な大切な場面を喪失してしまっている。そうした成長のための場面喪失は，大人社会のありようがもたらしたものといえるはずだ。

●「成長の矮小化」という重大な教育課題

図5-9，図5-10に示した2つの帯グラフでは，いずれも日本の高校生の自己肯定感が他の国々に比較して顕著に低いことが確認できる[註29]。先に指摘した子どもたちが他者と向き合う「対峙できる人間関係」が形成できない希薄な人間関係にあることが，子どもたちを自己肯定感や自己への満足を得ることができない状況に陥れているといえる。こうした傾向は他の多くの調査結果からも数多く確認できる。

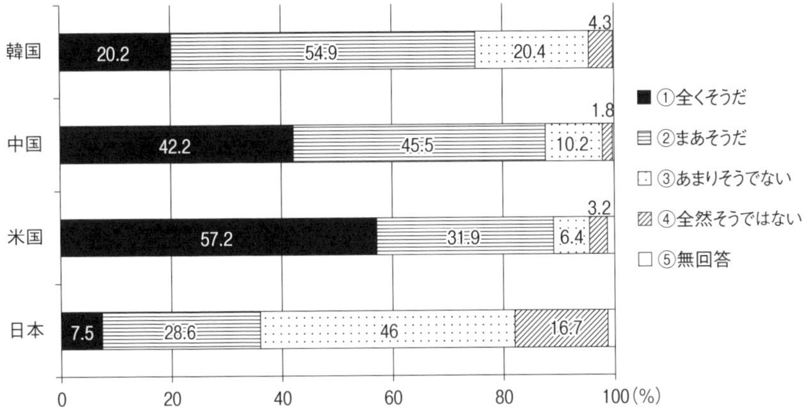

図 5－9　私は価値ある人間だと思う

出典：「高校生の心と体の健康に関する調査」2011 年，財団法人日本青少年研究所・一ツ橋文芸教育振興会。

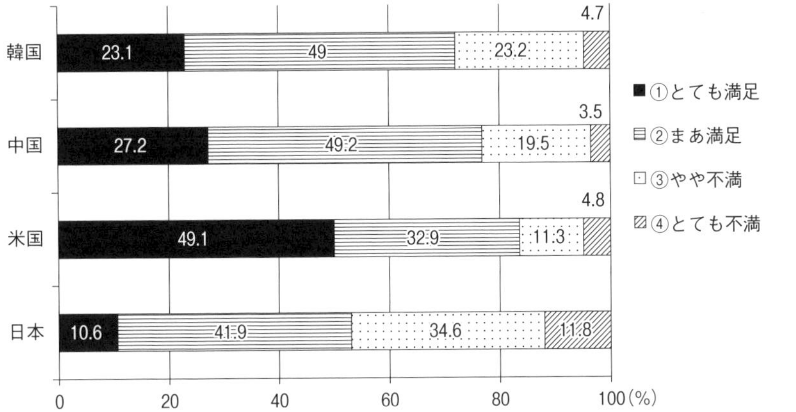

図 5－10　自分への満足度

出典：「高校生の生活と意識に関する調査」2015 年，国立青少年教育振興機構。

図 5－11 の 15 歳の子どもの孤独感に関するユニセフの調査でも，日本の子どもの孤独感が諸外国に比べて圧倒的に高いことがわかり，その関係性の希薄さがうかがえる(註 30)。これらのことから，子どもたちは，希薄な人間関係のなかで孤独感・不安感を強めて内向化し，自己理解や他者理解が進まず，自信や自己肯定感をもつことができないという成長基盤にかかわる問題に直面してい

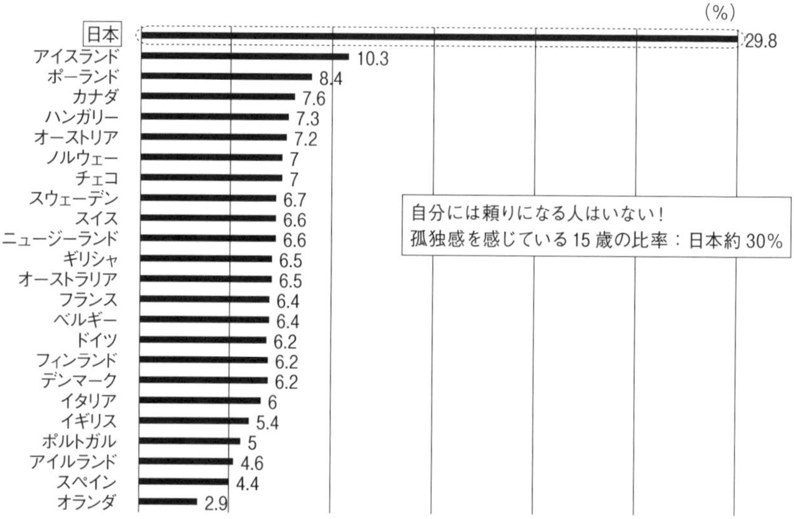

図５－11　国際比較　15歳の子どもたちの感じている孤独感

出典：UNICEF イノチェンティ研究所 Report Card7 研究報告書「先進国における子どもの幸せ」国立教育政策研究所翻訳，2010年から作成。

ることがわかる。子どもたちは成長の過程で克服するべき発達課題の達成が未消化のまま滞り，いじめや不登校などの諸課題として顕在化する一方，たくましい成長が阻まれて「自立遅滞」の状況に陥っていると考えられる。

子どもたちのこうした「成長の矮小化」といえる状況こそが最も重要な教育課題といえる。このことは，中央教育審議会等が教育改革を通して求めてきた「グローバル人材育成」や「未来の創り手」への子どもたちの成長が，遙か手前で停滞していることを示している。「成長の矮小化」は，学校教育の問題というよりも，現代の社会病理の問題と理解する必要がある。家庭生活や地域社会，さらには社会文化のありようなど，大きく変容してきた大人社会にこそ，希薄化・群衆化や不安感・孤独感，相互不信や自信のなさの傾向が見られ，様々な問題が顕在化している。こうした大人社会の投影として「成長の矮小化」を捉える必要があり，育成環境の改善に向けて国民全体で取り組む必要がある。こうした現代社会への視点をもって教師として地域社会や家庭に働きかける必要がある。

とはいえ，子どもたちの「成長の矮小化」という重要課題の克服には，学校の果たす役割は大きく，期待が寄せられている。新たな学習指導要領への改定も，いじめ防止対策推進法の施行に伴う種々の対策も，中央教育審議会答申の示す種々の改革も，この重要課題の克服にシフトされている。このことは学校の社会的な存在意義と教員の専門能力の真価が問われているのであって，課題克服と教育改革に教員として主体的に関わっていく必要がある。

(2) 社会の変動と家庭・地域の教育力の低下

本節では，子どもの「成長の矮小化」の背景にある育成環境の劣化について，主に家庭や地域の教育力の低下の問題を中心に考察していく。

●学校と家庭・地域のパートナーシップ

子どもたちが「未来の創り手」としてたくましく成長していくには，学校教育だけでなく，家庭および地域の教育力も欠かすことのできない役割を担っている。そうした家庭・地域と学校の連携，そして，保護者と教師のパートナーシップの構築は，子どもの「成長の矮小化」という課題の克服に重要な役割を果たす。このことは「教育基本法」や「いじめ防止対策推進法」も条文に示すとおり，課題克服に向けて，まさに国民全体の力で取り組む必要がある。

教育基本法

第十条　父母その他の保護者は，子の教育について第一義的責任を有するものであって，生活のために必要な習慣を身に付けさせるとともに，自立心を育成し，心身の調和のとれた発達を図るよう努めるものとする。

第十三条　学校，家庭及び地域住民その他の関係者は，教育におけるそれぞれの役割と責任を自覚するとともに，相互の連携及び協力に努めるものとする。

すでに，学校現場では，学校・家庭・地域が連携して教育上の成果を上げた活動事例も多く見られる。地域においても，生徒会・部活動などの子どもたちが企画段階から祭礼やイベントに協力したり，子どもたちのボランティア活動が地域貢献したりするなど，多様な活動が展開されている。サッカーや野球など，地域の育成団体の活動や「おやじの会」の活動，PTA や地域による学習支援活動やネットパトロールなど，学校・家庭・地域協働の育成活動が行われている。

これらの活動によって，子どもたちが多くの大人や仲間と知り合って地域に居場所を獲得し，共感や葛藤を経験しながら成長していくことは，その発達課題の達成を助け「成長の矮小化」の克服に大変有効である。学校は，家庭や地域の「子育てのパートナー」として積極的に協力していく必要があり，また，保護者や地域の住民はそのソーシャルキャピタルを豊かにして，信頼感のある多様なコミュニティーづくりを進めていく必要がある。

●地域の教育力低下と家庭の孤立

先に，子どもたちの人間関係の希薄化・個別化・群衆化等の傾向を指摘したが，それは家庭や地域社会にも見られ，大人社会のありようを反映したものといえる。近年の地球規模の社会変動を受けて，現代社会はさらに大きく変容してきた。これを受けて，家庭生活や地域社会も大きく変容し，その社会文化や生活文化も変化してきている。

「東京の自治の在り方研究会」最終報告書（平成27年）[註31]に掲載された都内の町会・自治会加入率の推移をみると，2003（平成15）年に約61%を示した加入率は2013（平成25）年には54%に低下している。東京都の他の資料では加入率が50%を下回る区部もあり，地域活動に全く参加しない人の比率が62.7%というデータもある[註32]。加入率の低下は，東京都に限ったことではなく，横浜市の加入率も1990（平成2）年以前は90%台だったものが近年は70%台に落ち込むなど，都市部で顕著な低下傾向を示している。地域社会に居を構えて生活するということは，防災や防犯，交通安全や保健・衛生，ゴミ処理や環境衛生，教育や福祉など，地域における協働と相互理解の恩恵を受けて暮らすことを意味しており，それらの実務は自治会や町内会等が担っている。こうした自治会・町内会に加入しない住民が増加していることは，大人たちが共に暮らす協働と役割を忘れ，個別化した生活を送っていることがわかる。これでは，子どもたちに指摘した希薄化・個別化・群衆化等の状況と同じであり，地域の次世代育成の力は弱まっているといわざるを得ない。

また，戦後長年にわたり子どもと学校を支え，教育環境の整備に大きな貢献をしてきたPTAについても，旧来から保護者の消極的な参加姿勢が懸念されてきていたが，近年はPTAそのものが「押しつけだ」「負担が大きい」「ブラックだ」等として“PTA不要論”が叫ばれるようになり，56.3%が不要だとする調査データの報道もある(註33)。

さらには，地域で異年齢集団での育成活動を担ってきた「子ども会」も入会者の減少などの悩みを抱えている。公益社団法人全国子ども会連合会の2013（平成25）年度運動方針には「会員数の減少傾向に歯止めをかけることを至上の課題」とする記載がある(註34)。全国の加入者数は1982（昭和57）年度約835万人だったものが，2015（平成27）年度では約280万人に減ったとする報道もある(註35)。入会拒否の理由には「役員をやらなくてはならない」「休日に仕事があるのは嫌だ」の回答のほか「近所付き合いが大変になる」「人付き合いがめんどうだ」など，かかわりを避ける回答も挙げられている(註36)。

こうした地域住民相互のかかわりを避ける生活文化のなかで，地域社会は共同性を失い様々なトラブルも起こっている。例えば，「園庭で遊んでいる園児の声がうるさい」と慰謝料等を要求して保育園を訴え，結果，最高裁までいって，敗訴した男性の例もある(註37)。また，買い物客が店員を些細なことで脅迫するなど，悪質なクレーマーの例が多く報告されている。UAゼンセン（全国繊維化学食品流通サービス一般労働組合同盟）調査では，「暴言」「威嚇・脅迫」「長時間拘束」「セクハラ」「暴力行為」「土下座の強要」「ネット上の誹謗中傷」等の悪質クレームの被害を，回答者の73.9%が業務中に受けた実態が明らかになっている(註38)。（従業員等の回答母数は50,878件）

私たちの社会にかつてあった地域共同体は崩壊し，お互いに理解し合い，助け合って暮らす生活文化は失われつつある。種々のコミュニティーや地域活動への参加など，家族以外の社会や地域における人々の信頼関係や結びつきを「ソーシャルキャピタル（社会関係資本）」というが，イギリスのレガタム研究所の2017年版のランキングで，日本のそれは全世界149カ国中で101位と，先進国で最低であるというデータもある(註39)。

今日の大人社会には，打算的で自己利益優先の生き方，消費優先の享楽的な生活文化，社会生活での顧客意識の蔓延，自己の価値を経済的優位で計り優越感や階層意識をもつ傾向などが見られる。こうした共同性を弱めた社会は，人間相互の信頼を希薄にさせて，自他の尊厳を実感できるような相互の関係性を

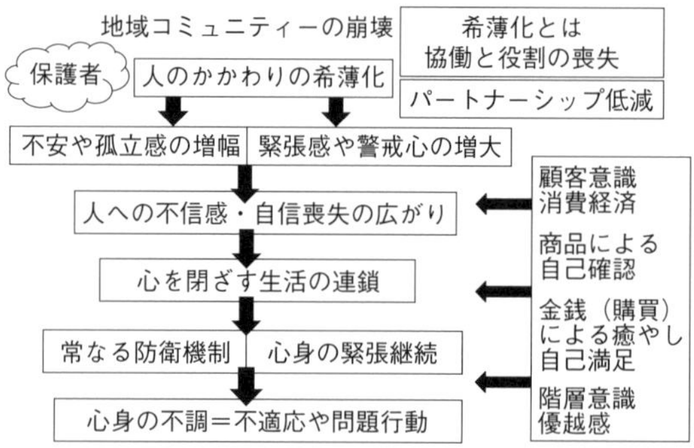

図５－12　孤立する家庭＝家庭・地域の教育力低下

喪失していく。その結果，子どもの暮らす地域社会は「人間性の涵養」をもたらす育成環境からは遠ざかり，子どもたちの「成長の矮小化」につながる。

まさに大人社会に希薄化が進行し，協働や役割を果たそうともしない個別化・群衆化が進んできている。現代の子どもの傾向として挙げた「希薄化」「個別化」「孤独」「不安」「自己肯定感の低さ」「自信のなさ」は，大人たちのありようの投影といえる。

図５－12は，こうした希薄化によって，地域など種々のコミュニティーから孤立した家庭が，その機能を劣化させていく過程を示した概念図である。関係の希薄化は，不安感や孤立感，緊張感や警戒心を増幅させ，不信感が日々のこととなって，自信喪失の状況に至る。周囲に心を閉ざす生活は心身を緊張させ，やがて，様々な不適応や問題行動を現出させていく。こうした心理環境にある家庭は，子どもに安心感や信頼感のある育成環境を提供しにくく，子ども自身も「孤独」や「不安」，「不信感」や「警戒心」，「心身の緊張」に追い込まれていく。

また，保護者の学校への理不尽な要求や悪質なクレームも，こうした背景から捉えることができる。横浜市教育委員会は2010（平成22）年に「保護者対応の手引き[註40]」を，同年，東京都教育委員会も同種のマニュアル「学校問題解決のために手引き[註41]」を作成し，教員向けに配布している。そこには保護者から学校へのクレーム事例等について，対応の方法が解説されている。

●子どもの貧困化のもたらす問題

前節で新自由主義の政策が貧富の格差を拡大させ，社会の連帯感の喪失と公衆道徳の失墜を招くとの指摘を示した。私たちの社会でも格差は拡大し，貧困化が進行して，次世代育成に深刻な影響をもたらしている。

我が国における貧困の問題は，飢餓など衣食住が欠乏し，直接生存に関わる「絶対的な貧困」とは異なる。国や地域のなかでの経済的な格差から生れる現代の貧困のことを「相対的貧困」と呼ぶ。次に挙げるOECDによる国際基準が「相対的貧困」の基準となっている。各世帯の収入のうち税や社会保障費等を除いた消費や貯蓄に使える所得額に数値処理した値（等価可処分所得[1]）をもとに，その全人口の中央値（平均値よりも低い値）の半分に満たない国民の比率を貧困率としている。この「相対的貧困」は，欧米や日本のような先進国でも深刻化している。

日本における貧困率について，厚労省の「平成28年国民生活基礎調査(註42)」で概要をつかんでおく。2015（平成27）年の基準所得中央値は245万円で，その半分の貧困ラインの金額は122万円である。それは月額101,666円と算出できる。これでは貯蓄などできるわけもなく，同調査によると全世帯の14.9%，児童のいる世帯の14.6%，母子家庭の37.6%が貯蓄のない状態にあることがわかる。

図5－13は貧困率の推移を見たものだが，日本の「相対的貧困率」は1985（昭和60）年の12.0%から16%台に上昇し，ここ30年間で顕著に国民の貧困化が進んだことがわかる。それに伴い，各世帯の子どもについて数値処理した値から算出した「こどもの貧困率」も16%台に上昇している。さらに，ひとり親家庭など，大人が一人の世帯の場合は，貧困率は50%台から60%台を推移し，そうした世帯の子どもたちはさらに厳しい状況にある。新自由主義の経済が社会保障の低下，雇用の不安定化，生活の格差拡大などの問題を生み，日本においても格差は広がり「子どもの貧困」という次世代に禍根をもたらす状況を生み出しているといえる。

---

1 「等価可処分所得」について：各世帯の収入のうち税や社会保障費等を除いた消費や貯蓄に使える所得額を「可処分所得」といい，これを世帯の人員数の平方根で割るという数値処理した値を「等価可処分所得」という。

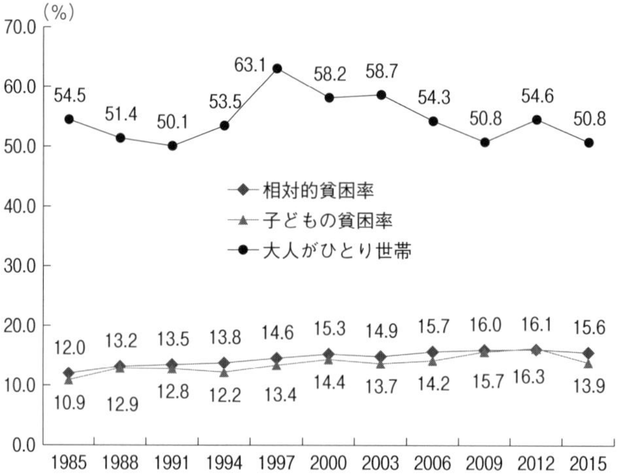

図5－13　貧困率の状況

出典：「平成28年 国民生活基礎調査」厚生労働省。

こうした格差の拡大や貧困の問題は，教育に何をもたらすのか。子どもの大学等への進学率の推移を示した内閣府作成のグラフ（図5－14）[註43]を見ると，貧困化の進む「ひとり親家庭」や「生活保護世帯」，「児童養護施設」で暮らす子どもたちが，大学進学を断念せざるを得ない状況に追い込まれていることがわかる。これは，我が国の学歴偏重の傾向や企業規模と賃金体系の相関から見て，貧困化が次世代に継続する“貧困の連鎖”の問題につながり，さらなる階層化や格差の拡大を促進する状況を生んでいく。また，貧困は子どもの成長に物質的にも，精神的にも，環境的にも，保健衛生面においても，様々な困難や不利な状況をもたらす。先述の成長上の課題につながり，問題行動や不適応状況に追い込むこともある。貧困によって志のある若者の学ぶ機会が奪われ，その意欲や個性の発揮，資質・能力の開発が十分に行えない状況になることは，憲法に保障する幸福追求の権利が侵されることにもなり，国家・社会にとっても，その形成者育成の観点から大きな損失であることも事実である。教師は，貧困状況にある子どもの相談・支援に努めるとともに，校内組織を基盤に保護者や関係機関との連携を図って，問題克服に取り組むことになる。

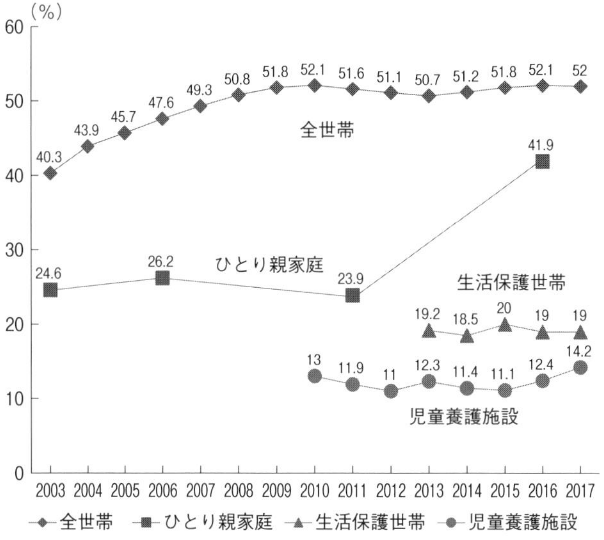

図 5－14　子どもの大学等進学率の推移（専修学校等を含まない）

出典：内閣府第 6 回子供の貧困対策に関する有識者会議配布資料（平成 30 年 5 月）。

●児童虐待への教員の対応

図 5－15 は全国の児童相談所の児童虐待相談対応件数の推移を示したものである[註44]。相談対応した件数は，1990（平成 2）年度の 1, 101 件から 2019（令和元）年度 193, 780 件と，176 倍の増加を示している。児童虐待は児童の生命にかかわる重大事であるとともに，健全な成長と自立の基盤を打ち砕く極めて深刻な事態であることを教師はもちろん国民全員が自覚する必要がある。

児童虐待に関して，教師に求められる最も重要なことは，子どもとの間に相互理解・相互信頼という関係性を築くことといえる。この関係性が十分でないと，事情を聴こうにも子どもは心を閉ざし，接触を避けてしまう。子どもの被害の兆候や悩みを見逃すことにもつながり，結果的に発見が遅れて，保護・救出が困難になることがある。

被害を受けている子どもは，そのことを他者に訴えることはできない状況にあり，むしろ，虐待を知られることを恐れたり，保護者を良い親だと主張したりすることも見られる。それほど子どもは追い込まれている。精神的に落ち込

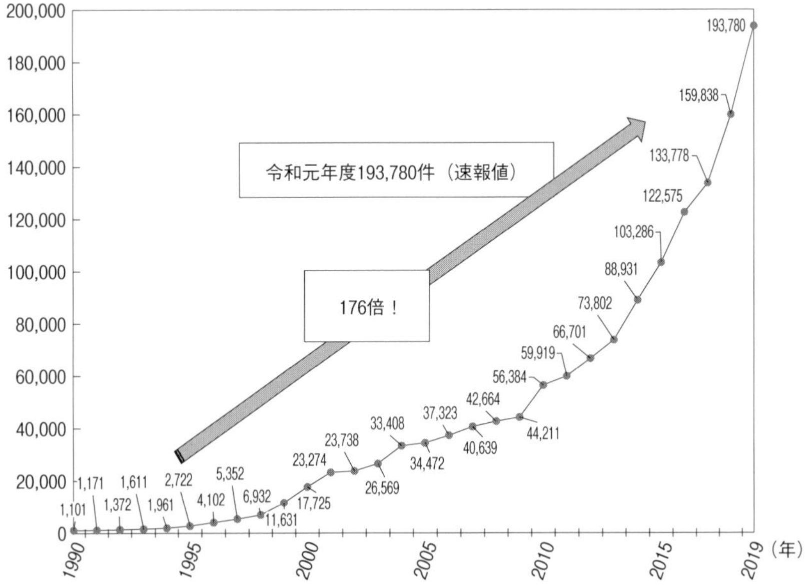

図5－15　児童相談所児童虐待対応件数の推移（件数）

出典：令和元年度 児童虐待相談対応件数（速報値）令和2年11月公表厚生労働省。

んだ様子が見られるだけでなく，急に反抗的になったり，粗暴な行動が増えたりすることもある。こうした子どもが長期に欠席するなど，直接接触ができない場合は重篤な虐待の可能性を想定する必要がある。

教師は対応において問題を抱え込むことはあってはならない。学校の対応方針に基づき，校内組織の一員として支援や対応をすることが重要である。教師たちには，児童虐待への対応と防止に次のような対応や支援が求められる。

①子どもたちとのかかわりや相談の機会を増やすとともに，観察や生活アンケート，声かけなどによる早期発見に努める。
②保護者の発言などよりも，子どもの反応や感情の動きを重視して臨み，観察記録等をつけながら，日々関係性を深めるよう工夫する。
③不審な状況を認知したら，校内組織に連絡・相談・報告を行い，ケースカンファレンスなど組織対応につなげる。
④関係性を生かして，虐待を受けたと思われる子どもに教育相談を行い，必要な情報収集や支援を行う。（学級担任等に限定するのではなく，その子どもが話しやすい教職員等が情報収集や相談に取り組む。）
⑤虐待が疑われる予兆の段階から，組織判断により児童相談所に通告するとともに医療・福祉・心理・司法等の機関連携を図る。

第６章

現代社会が求める教員の資質・能力と専門性

本章では，「未来の創り手」となる子どもの育成を担う教員に求められる資質・能力の内容と構造を明確にする。その構造から資質・能力の核心を理解して，自己変革とキャリア形成に生かし，実践力・指導力を身につける糧として欲しい。

1　教員が備えるべき資質・能力と専門性

(1) 教員の資質・能力における「人格性」

「資質」とは広辞苑によれば「生まれつきの性質や才能」とされ，元々個人に具有する素質に近い意味と整理できる。「能力」とは「物事をなし得る力。はたらき」とされ，後天的に開発可能な力と解される。教育活動において教師が子どもに向き合う場合，「資質」と「能力」は一体として作用することから，ここでは区分はせず資質・能力とする。

さて，ここで「子どもにとって教師とは何者なのか」を掘り下げた第２章を思い出して欲しい。現在の自己形成につながっている教師との出会いの振り返りから，人の変容は人格の相互作用のなかで，自他の尊厳が実感され，その実感によって導かれると述べた。そして，教師とは「子どもにとって『大切な人』『重要な他者』となりうるのか，子どもから関係性を問われている者」と規定した。この「大切な人」「重要な他者」となりうるのかが問われることは，教師の人格そのものが問われていることを意味する。したがって，子どもたちに向けて教師の「能力」が発揮される場合，そのスキルや技量も重要だが，教師の「資質」を包摂している「人格」が機能しているのであって，「能力」は「人格的なはたらき」として子どもの人格に作用するといえる。

では，教師のこうした資質・能力について文部科学省の審議会等はどのように捉えているのだろうか。文部科学省の教育職員養成審議会・第1次答申「新たな時代に向けた教員養成の改善方策について（平成9年）」には，「教師の資質能力とは，専門的職業である『教職』に対する愛着，誇り，一体感に支えられた知識，技能等の総体」とある。知識・技能を支える「愛着，誇り，一体感」という一見不思議な言い回しでイメージしにくいが，これは教師の資質・能力のなかで人格そのものが重要な地位を占めることを意味している。教師の資質・能力が人格と切り離せず，その「人格性」が資質・能力の核心であることを示している。教師が子どもの人格の形成に携わることが職務であることから，第2章の指摘どおり，教師には「自他の尊厳を実感できる関係性を築ける人間」であるのかという「人格性」が求められ，資質・能力は「人格的なはたらき」として機能する構造になっているといえる。

(2) 教員に求められる資質・能力とその社会背景

子どもたちの育成には，教員の資質・能力が十分に発揮されることが望まれる。その資質・能力は個として発揮されるだけでなく，学校組織のなかで有機的に絡み合って相互に機能強化を図りながら発揮される必要がある。

では，現代社会が求める教師の資質・能力とはどのようなものか，次に挙げた答申等の記載から整理する。

- 「これからの学校教育を担う教員の資質能力の向上について～学び合い，高め合う教員育成コミュニティの構築に向けて～」（中央教育審議会（答申） 平成27年12月21日）
- 「今後の教員養成・免許制度の在り方について」（中央教育審議会（答申） 平成18年7月11日）
- 「新しい時代の義務教育を創造する」（中央教育審議会（答申） 平成17年10月26日）
- 「養成と採用・研修との連携の円滑化について」（教育職員養成審議会（第3次答申） 平成11年12月10日）
- 「新たな時代に向けた教員養成の改善方策について」（教育職員養成審議会（第1次答申） 平成9年7月28日）
- 「教員の資質能力の向上方策等について」（教育職員養成審議会 昭和62年12月18日）

これらの答申それぞれを詳説することはしないが，そこには多種多様な資質・能力が様々な表現で記載されている。それらを，原文に従って次の4項目

【教員として最小限必要な資質・能力】【いつの時代も教員に求められる資質・能力】【今後特に教員に求められる具体的資質・能力】【これからの時代の教員に求められる資質・能力】に区分して抜粋する。これらの区分は，時代や社会の変容という時間軸に沿って，求められる資質・能力が検討されてきた経過がわかる。

【教員として最小限必要な資質・能力】
「教職課程の個々の科目の履修により修得した専門的な知識・技能を基に，教員としての使命感や責任感，教育的愛情等を持って，学級や教科を担任しつつ，教科指導，生徒指導等の職務を著しい支障が生じることなく実践できる資質能力」
【いつの時代も教員に求められる資質・能力】
「教育者としての使命感」「人間の成長・発達についての深い理解」「幼児・児童・生徒に対する教育的愛情」「教科等に関する専門的知識」「広く豊かな教養」「実践的指導力」
【今後特に教員に求められる具体的資質・能力】
「地球観」「国家観」「人間観」「個人と地球や国家の関係への適切な理解」「社会・集団における規範意識」「人間尊重・人権尊重の精神」「男女平等の精神」「思いやりの心」「ボランティア精神」「考え方や立場の相違を受容し多様な価値観を尊重する態度」「国際社会に貢献する態度」「自国や地域の歴史・文化を理解し尊重する態度」「個性」「感性」「創造力」「応用力」「論理的思考力」「課題解決能力」「継続的な自己教育力」「社会性」「対人関係能力」「コミュニケーション能力」「ネットワーキング能力」「自己表現能力」「外国語のコミュニケーション能力」「メディア・リテラシー」「基礎的なコンピュータ活用能力」「幼児・児童・生徒観」「教育観」「国家における教育の役割についての理解」「教職に対する情熱・使命感」「子どもに対する責任感や興味・関心」「教職の意義や教員の役割に関する正確な知識」「子どもの個性や課題解決能力を生かす能力」「子どもを思いやり感情移入できること」「カウンセリング・マインド」「困難な事態をうまく処理できる能力」「地域・家庭との円滑な関係を構築できる能力」
【これからの時代の教員に求められる資質・能力】
「自律的に学ぶ姿勢」「資質能力を生涯にわたって高めていくことのできる力」「情報を適切に収集し，選択し，活用する能力」「知識を有機的に結びつけ構造化する力」「アクティブ・ラーニングの視点からの授業改善」「小学校における外国語教育の早期化・教科化」「道徳教育の充実」「ICT の活用」「発達障害を含む特別な支援を必要とする児童生徒等への対応」「新たな課題に対応できる力量」「組織的・協働的に諸課題の解決に取り組む力」

(3) 教員の資質・能力を構造的にとらえ直す

教員の資質・能力については多くの研究がなされ，諸研究の文献に挙げられた資質・能力を累計すると1,000種類にも及ぶとの指摘もある[註1]。このことは，先に資質・能力は「人格的なはたらき」として機能すると指摘したとおり，人格の現れ方はその置かれている状況や立場，態度や姿勢など，時々のかかわり方などに則した様々な様態が含まれるわけで，分析方法や視点によっては1,000種類以上に資質・能力を規定することも可能といえる。

そこで，この節では，子どもの成長を支える教師の機能とそのキャリア形成に着目し，次の三つの視点を設けて，教師の資質・能力を再構成・区分していくことにする。教師の「機能」に着目した三つの視点は次のとおりである。

【資質・能力の構造を知る視点】

▶視点①　備えるべき技能・能力

教師は知識をふまえて，効果的に教育活動を行うためのノウハウを身につけている。この技能・能力がなければ，知識はあったとしても教育効果を十分に上げることはできない。

▶視点②　個人の人格や態度・姿勢・状態にかかわる事項

教師は知識や技能・能力を生かして教育活動を展開する。その際，資質・能力は「人格的なはたらき」として機能するのだから，教師には相応の人格や態度・姿勢等が備わっている必要がある。

▶視点③　備えるべき知識

教師は教育活動に欠かせない多様な知識を必要とする。

ここで前のページで挙げた6つの答申から抽出した多様な資質・能力を，教師の機能に着目したこの3つの視点によって分類する。これによって教師の資質・能力[1]の特質と構造を明確に捉えることもできるはずだ（▒▒内に平成9年の教育職員養成審議会・第1次答申の「いつの時代も教員に求められる資質・能力」を示す。□内に平成27年の中教審答申「これからの学校教育を担う教員の資質・能力の向上についての構築に向けて」の「これからの時代の教員に求められる資質・能力」を示す）。

1　資質・能力の事項によっては，その意味合いを勘案し，区分を重複して再掲する。

▶視点①　備えるべき技能・能力

・創造力，応用力，論理的思考力，課題解決能力，継続的な自己教育力
・対人関係能力，コミュニケーション能力，ネットワーキング能力
・自己表現能力（外国語のコミュニケーション能力を含む。）
・メディア・リテラシー，基礎的なコンピュータ活用能力
・子どもの個性や課題解決能力を生かす能力
・困難な事態をうまく処理できる能力
・地域・家庭との円滑な関係を構築できる能力

実践的指導力　情報を適切に収集し，選択し，活用する能力　知識を有機的に結びつけ構造化する力　授業改善，道徳教育の充実，小学校における外国語教育の早期化・教科化，ICT の活用，発達障害を含む特別な支援を必要とする児童生徒等への対応などの新たな課題に対応できる力量　組織的・協働的に諸課題の解決に取り組む力

▶視点②　個人の人格や態度・姿勢にかかわる事項

・地球観，国家観，人間観，個人と地球や国家の関係についての適切な理解
・社会・集団における規範意識
・人間尊重・人権尊重の精神，男女平等の精神，思いやりの心，ボランティア精神
・考え方や立場の相違を受容し多様な価値観を尊重する態度，国際社会に貢献する態度
・自国や地域の歴史・文化を理解し尊重する態度
・子どもを思いやり感情移入できること，カウンセリング・マインド
・教職に対する情熱・使命感，子どもに対する責任感や興味・関心
・個性，感性，社会性，幼児・児童・生徒観，教育観

教育者としての使命感　幼児・児童・生徒に対する教育的愛情　自律的に学ぶ姿勢
資質・能力を生涯にわたって高めていくことのできる力
組織的・協働的に諸課題の解決に取り組む力　再掲

▶視点③　備えるべき知識

・地球観，国家観，人間観，個人と地球や国家の関係についての適切な理解（再掲）
・教職の意義や教員の役割に関する正確な知識

人間の成長・発達についての深い理解　教科等に関する専門的知識　広く豊かな教養
上記視点①と②に区分された能力や態度等を実践可能にするために必要なすべての知識

以上，教師の機能に着目した三つの視点に沿って，教師の資質・能力を再分類した。これにより資質・能力の構造が理解できるはずだ。この区分によって

改めて教師を定義してみると次のようにいえる。教師とは「広範な知識（視点③）を身につけ，人格として意識・態度・姿勢（視点②）を保ち，発展させながら，多様な能力・技能（視点①）を発揮して教育活動を行う者」となる。このように人格に包摂された資質・能力の総体が教師の専門性といえ，子どもたちの育成を担う教師には，これらを総合的に身につけることが求められている。

2　教員の資質・能力の特質とキャリア形成

(1) 人格の機能としての資質・能力

教師の資質・能力は，その「人格性」を基盤として，「人格的なはたらき」として機能するという構造になっていると述べた。この資質・能力の「人格性」こそ教師の職務の特質といえる。

例えば，「③備えるべき知識」をすべて獲得できたとして，それが「①備えるべき技能・能力」につながるとはいえないことは自明だろう。つながらない理由は，熟達度が不足しているからという理由ではない。「①備えるべき技能・能力」のなかの「コミュニケーション能力」にしても，「子どもの個性や課題解決能力を生かす能力」にしても，それらが子どもへの教育として発揮される状況は，「人格的なはたらき」として対象者に機能し，相手の置かれた状況や人格との相互作用のなかで進行するという特質があるからだ。

こうした人と人との相互作用のなかでは失敗も成功もあり，喜怒哀楽も生まれる。「①備えるべき技能・能力」はそうした相手との相互作用や関係性のなかで展開して，はじめて教育として成立する。そのため「③備えるべき知識」は単なる知識ではなく，人格の求めに応じて意味をなし，人格のなかに取り入れられ，活用されて価値をもつという特質がある。そして，教師の人格のなかに「②個人の人格や態度・姿勢にかかわる事項」が形成されない限り，教師としての存在の信頼は確かなものにはならない。「②個人の人格や態度・姿勢にかかわる事項」に挙げた「人間観」であれ，「人間尊重の精神」であれ，「個性」「感性」「社会性」であれ，人格と切り離されて意味をもつはずがなく，その人間の生き方として現れて，価値を発揮するのだ。

①〜③に区分した資質・能力は，すべて個人の人格のありように収斂《れん》され，人格によって統治された一つの機能体としてはたらく。したがって「人格の機能としての資質・能力」といえる。以下に教師の資質・能力の特質をまとめておく。

> **教師の資質・能力＝「人格の機能としての資質・能力」**
>
> 特質1　「③備えるべき知識」をすべて獲得しても，「①備えるべき技能・能力」につながらない
>
> 特質2　教師の資質・能力は「人格的なはたらき」として対象者に機能し，相手のおかれた状況や相互作用のなかで機能する
>
> 特質3　「③備えるべき知識」は知識という範囲を超えて，人格の中に取り入れられて価値をもつ
>
> 特質4　「②個人の人格や態度・姿勢にかかわる事項」の資質・能力は，個人の人格の中に取り入れられて人格と一体となって存在する
>
> 特質5　①〜③の資質・能力は，個人の人格に収斂され，人格によって統治された機能体としてはたらく

(2) キャリア形成への取組

教師がこれらの「人格の機能としての資質・能力」をどのように学び，身につけていくのかについて付言する。

「③備えるべき知識」に示したとおり，教師が成長や発達，教科や学校経営などの専門的知識だけでなく，広範かつ深遠な知識を学んで豊かな教養を身につけ，「①備えるべき技能・能力」に示した教職としての多様な技能・能力を身につけるべく自己開発に取り組む努力を重ねることは当然のことである。そのうえで，それらが人格に収斂，統治された「人格の機能としての資質・能力」として発揮される信頼ある教師となれるようキャリアアップを図ることになる。

教師の資質・能力はその核心に「人格性」があって，喜怒哀楽も，失敗も成功もある相手との関係性や相互作用のなかではじめて機能するのだから，それらは一朝一夕に身につくものではないと考えて良い。個人があらゆる立場や役割，困難な経験や成功の経験，葛藤や信頼の構築など，人々や社会と向き合って錬磨し，自己を見つめてアイデンティティーを確立していくなかでその資

質・能力の核心は培われる。「人格の機能としての資質・能力」を発揮できる信頼ある教師は，公私にわたる様々な失敗・成功の積み重ねのなかで，自己確立していく存在といえる。まさに教師の人格形成そのものなのだ。

現在，教職にある教師も，あるいは，大学の教職課程で学んでいる学生も，現在の自分の様々な活動と自分自身の在り方を分析して，強い意志をもってその「人格性」を磨きながら，教師としてのキャリア形成を進めてほしい。

なお本章は，「神奈川大学　心理・教育研究論集」第42号掲載の筆者の論考「子どもの成長上の課題から見た教師の資質能力―今日求められる教師像の基軸として―」(2017年11月）をもとに記述したものである。

第７章

教員の職務内容
—その実態と課題—

ここでは，学校現場で教員が担う職務の具体的な内容を知り，その実態と課題を明確にしていく。

1　教員の職務内容と構造

(1) 教員の具体的な職務内容

●教員の職務の概要

文部科学省が2016（平成28）年に行った教員の勤務実態調査から，具体的な職務内容を捉える(註1)。同調査の職務区分ごとに職務内容を列記するので，内容や具体的な行動を確認するようにして欲しい。

表７−１　児童生徒の指導にかかわる業務

朝の業務	朝打合せ，朝学習・朝読書の指導，朝の会，朝礼，出欠確認など
授業	主担当として行う授業，試験監督など ティーム・ティーチングの補助的役割を担う授業
授業準備	指導案作成，教材研究・教材作成，授業打合せ，総合的な学習の時間・体験学習の準備など
学習指導	正規の授業時間以外に行われる学習指導（補習指導・個別指導など），質問への対応，水泳指導，宿題への対応など
成績処理	成績処理にかかわる事務，試験問題作成，採点・評価，通知表記入，調査書作成，指導要録作成等
生徒指導（集団）	給食・栄養・清掃指導，登下校・安全指導，健康・保健指導，全校集会，避難訓練など
（個別）	個別面談，進路指導・相談，生活相談，カウンセリング，課題を抱えた児童生徒への支援など
部活動・クラブ活動	授業に含まれないクラブ活動・部活動の指導，対外試合引率（引率の移

	動時間も含む）など
児童会・生徒会指導	児童会・生徒会指導，委員会活動の指導など
学校行事	修学旅行，遠足，体育祭，文化祭，発表会などの行事，学校行事の準備など
学年・学級経営	学級活動・HR，連絡帳の記入，学級通信作成，名簿作成，掲示物作成，教室環境整理など

表7－2　学校の運営にかかわる業務

学校経営	校務分掌業務，初任者・教育実習生などの指導，安全点検・校内巡視，校舎環境整理など
職員会議等の会議	職員会議，学年会，教科会，成績会議，学校評議会など校内の会議など
個別打ち合わせ	生徒指導等に関する校内の個別の打合せ・情報交換など
事務（調査への回答）	国，教育委員会等からの調査・統計への回答など
事務	給食費や部活動費等に関する処理や徴収などの事務（学納金関連） 業務日誌作成，資料・文書（校長・教育委員会等への報告書，学校運営にかかわる書類，予算・費用処理関係書類）の作成など
校内研修	校内研修，勉強会・研究会，授業見学など

表7－3　外部対応業務

保護者・PTA 対応	保護者会，保護者との面談や電話連絡，保護者対応，家庭訪問，PTA 関連活動，ボランティア対応等
地域対応	町内会・地域住民への対応・会議，地域安全活動，地域行事への協力など
行政・関係団体対応	行政・関係団体，保護者・地域住民以外の学校関係者，来校者の対応など

表7－4　校外業務

校務としての研修	初任研，校務としての研修，出張を伴う研修など
会議・打合せ（校外）	校外への会議・打合せ，出張を伴う会議など

その他，表7－1～7－4に分類できない校務，移動時間などがある。

法的な根拠を有する教員の職務

業務分類表から教員の職務の概要は把握できたが，いくつかの職務を取り上げて解説する。教員の職責は，次世代育成のために国民から負託された権限に基づいて行われる。とすれば，教員個人が恣意的に職務を行うことはあり得ず，ほぼすべての職務がなんらかの法的な根拠をもって行われることは当然であろう。

◈授業・授業準備・評価

授業については，学校教育法，学習指導要領等に基づいて行われる。授業前に教員は各種の準備を行うが，授業には指導目標，指導内容，指導の順序，指導方法，使用教材，指導の時間配当等を定めた具体的な指導計画を作成することが義務づけられている。また，障害のある児童生徒への授業には，「個別の指導計画」「個別の教育支援計画」の作成が求められる。これらはいずれも法的な拘束力を有する学習指導要領に定められている。

授業を行えば評価を行って成績をつけることになるが，これについては，観点別（「知識及び技能」，「思考力，判断力，表現力等」，「主体的に学習に取り組む態度」）に評価を実施するとともに，指導要録を作成することになっている。これは「学校教育法施行規則第24条，第28条第1項第4号」および「小学校，中学校，高等学校及び特別支援学校等における児童生徒の学習評価及び指導要録の改善等について（通知）平成31年3月29日」に定められている。

◈生徒指導

学校では，教師と生徒の信頼関係及び生徒相互の好ましい人間関係を育てるとともに生徒理解を深め，生徒が自主的に判断，行動し積極的に自己を生かしていくことができるように生徒指導を行う。これについては，文部科学省から平成18年6月5日付け「児童生徒の規範意識の醸成に向けた生徒指導の充実について（通知）」，平成28年7月29日付け「生徒指導・進路指導の改善等について（通知）」などが発出されている。

また，いじめについては，学校いじめ防止基本方針を策定し，いじめの防止等に関する措置及び重大事態への対処等を実施する必要がある。これらはいじめ防止対策推進法，「いじめの防止等のための基本的な方針」（平成29年3月最終改定），「いじめの重大事態の調査に関するガイドライン」（平成29年3月）等に規定されている。

さらに，学校は不登校児童生徒への支援を行う。保護者や関係機関との連携を図り，心理や福祉等の専門家の助言を得ながら，社会的自立を目指す観点から，個々の児童生徒の実態に応じた支援を実施する。これについても，文部科学省から「義務教育の段階における普通教育に相当する教育の機会の確保等に関する基本指針（平成29年3月）」が平成29年4月4日付け初等中等教育局長通知として発出されている。

◈保健安全指導

学校は食物アレルギーの対応を行うとともに，児童生徒の心身の健全な発達および食に関する正しい理解と判断力を養うように給食指導を実施している。これは学校給食法第4条や学習指導要領（特別活動）に規定がある。また，健康・保健指導や安全指導，健康診断についても，学校は「学校保健計画」「学校安全計画」に基づき実施している。これらは学校保健安全法の規定に基づく職務である。児童生徒によって行われる清掃活動も，学習指導要領（小学校）において，「清掃などの当番活動や係活動等の自己の役割を自覚して協働することの意義を理解し…」と規定し，社会参画意識の醸成を図るとされている。

このほか，学校行事や学級活動，生徒会活動などの特別活動についても，学習指導要領に基づいて行われる。部活動については，学習指導要領に生徒の自主的，自発的な参加により行われる活動として規定されている。また，学校経営，会議，各種事務，研修，保護者・地域対応，行政・関係機関対応などの職務ついても，なんらかの法規・法令や通知・通達等の根拠が存在している。

2　日本の教員の職務実態と課題

(1) 教員の職務内容の国際比較

この項では日本の教員の職務内容を海外の状況と比較しながら，その特色を把握し，職務実態と課題を明確にしていく。表7-5は，国立教育政策研究所の「学校組織全体の総合力を高める教職員配置とマネジメントに関する調査研究報告書[註2]」にある8カ国の教員の33種類の職務内容と担当状況を比較したものである。8カ国の教員に共通している7つの職務（表7-6）は表7-5か

表7－5　諸外国における教員の役割

	国名 業務内容	アメリカ	イギリス	中国	シンガポール	フランス	ドイツ	日本	韓国
児童生徒の指導にかかわる業務	登下校の時間の指導・見守り	×	×	×	×	×	×	△	×
	欠席児童への連絡	×	×	○	○	×	○	○	○
	朝のホームルーム	×	○	○	×	×	×	○	○
	教材購入の発注・事務処理	×	×	△	×	×	×	△	×
	成績情報管理	○	×	△	○	○	○	○	○
	教材準備（印刷や物品の準備）	○	×	○	○	○	○	○	○
	課題のある児童生徒への個別指導，補習指導	○	×	○	○	○	○	○	○
	体験活動の運営・準備	○	×	○	○	○	○	○	○
	給食・昼食時間の食育	×	×	×	×	×	×	○	○
	休み時間の指導	○	×	○	△	×	○	○	○
	校内清掃指導	×	×	○	×	×	×	○	○
	運動会，文化祭など	○	○	○	○	×	○	○	○
	運動会，文化祭などの運営・準備	○	○	○	○	×	○	○	○
	進路指導・相談	△	○	○	○	×	○	○	○
	健康・保健指導	×	×	○	○	○	○	△	○
	問題行動を起こした児童生徒への指導	△	○	○	○	○	×	○	○
	カウンセリング，心理的なケア	×	×	○	○	○	×	△	×
	授業に含まれないクラブ活動・部活動の指導	△	×	○	△	×	△	○	△
	児童会・生徒会指導	○	○	○	×	×	○	○	○
	教室環境の整理，備品管理	○	×	△	○	○	○	○	○
学校運営関係業務	校内巡視，安全点検	×	×	○	×	×	○	△	×
	国や地方自治体の調査・統計への回答	×	×	△	×	×	○	△	×
	文書の受付・保管	×	×	△	×	×	○	△	×
	予算案の作成・執行	×	×	×	×	×	○	×	×
	施設管理・点検・修繕	×	×	△	×	×	×	×	×
	学納金の徴収	×	×	○	×	×	○	△	×
	教師の出張に関する書類の作成	×	×	△	×	×	○	×	×
	学校広報（ウェブサイト等）	×	×	△	×	×	○	○	×
	児童生徒の転入・転出関係事務	×	×	○	×	×	×	△	×
外部対応	家庭訪問	×	×	○	×	×	×	○	△
	地域行事への協力	○	○	△	×	○	×	△	△
	地域のボランティアとの連絡調整	×	×	△	×	×	○	△	×
	地域住民が参加した運営組織の運営	△	×	×	×	×	△	△	×

出典：2017年3月「学校組織全体の総合力を高める教職員配置とマネジメントに関する調査研究報告書」（国立教育政策研究所）から作成。

注：○は教員担当，×は教員担当でないもの，△は一部を担当するものを意味する。

表7−6　8カ国の教員に共通する職務

「出欠確認」	「授業」
「教材研究」	「体験活動」
「試験問題の作成，採点，評価」	
「試験監督」	
「避難訓練，学校安全指導」	

らは除外されている。

この表から，各国の具体的な職務内容，日本の教員の職務担当との違いなどを読み取り，日本の教員の職務の特色を把握してみて欲しい。

表7−5から，日本の教員の職務の特色として次のことがいえる。

・世界的に見て最も多くの職務を担当している。それは「児童生徒の指導に関わる職務」だけでなく，「学校の運営に関わる業務」や「外部対応に関わる業務」までに及んでいる。諸外国では，こうした職務は行わず，限定的であることが多い。

・日本の教員は「児童生徒の指導に関わる職務」をすべて行っている。諸外国では，こうした職務であっても「教材の購入発注」はもとより，「登下校の時間の指導・見守り」や「欠席児童への連絡」「健康・保健指導」「校内清掃指導」「休み時間の指導」すら，教員が行わないなど，他の職種と役割分担をしていることがうかがわれる。

同報告書では，海外との比較研究を行って，教員の職務を図7−1にある4つの型に分類している。

日本は，学校が受けもつ教育機能が際限なく広げられる傾向にある「学校多機能」で，しかも，そのなかで教員が担当する職務が限定されず，拡大の傾向にある「教員職務曖昧」という状況にあって，「学校多機能 教員職務曖昧型」に分類されている数少ない国である。

同報告書では，フランスにおける子どもの育成は，次の三つの時間に区分されている。

①「学校時間」＝学校の責任の下に行う授業など

②「学校周辺時間」＝朝の受け入れ，昼休み，放課後の受け入れと支援など

③「学校外時間」＝土曜日，日曜日，水曜日の午後，小休暇，夏期休暇など

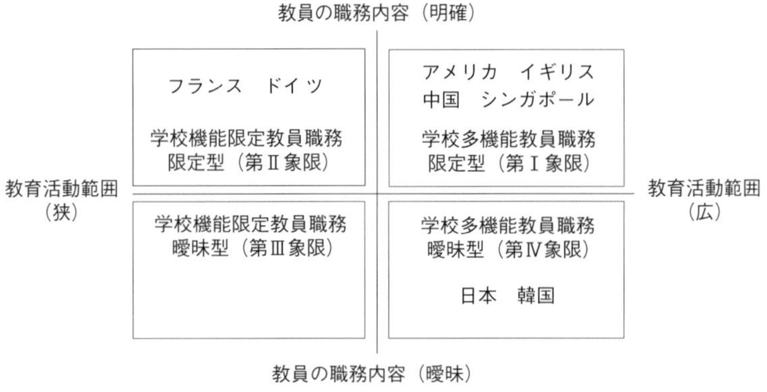

図７−１　諸外国の教職員等指導体制類型

出典：「学校組織全体の総合力を高める教職員配置とマネジメントに関する調査研究報告書」国立教育政策研究所（2017 年３月）。

この区分によって，教員とそれ以外の社会福祉・教育の専門職等と役割分担が見られるとしている。

また，ドイツでも社会福祉・教育の専門職による社会的教育や青少年援助といった育成活動が存在している。学校の育成機能が拡大してしまうことについて，社会教育や青少年援助，家庭教育の立場から批判があがる状況も見られると報告している。

子どもの育成に関わる役割分担において，フランス・ドイツでは「学校」—「学校周辺」—「学校外」という三分論が成立している。一方，日本では「学校」—「学校外」という二分論になっているだけでなく，こうした区分や役割分担はほとんど成り立っていない状況がある。子どものことであれば何でも学校に「任せる」，あるいは「押しつける」というような傾向が見られる。このような状況についてドイツでは全く逆で，「学校が教育を独占している」と批判があがるほど，他の職務や他機関も子どもを育てる領域をもつという社会システムや社会文化が確立していることには注目する必要がある。このシステムは，第５章第２節の「⑵ 社会の変動と家庭・地域の教育力の低下」で述べた「自治会・町内会未加入住民の増加」「子ども会入会者の減少」など，ソーシャルキャピタル（社会関係資本）の減衰が見られる日本社会の対極にあるように見える。

日本の教員の職務を巡る課題としては，多くの職務を受けもつ教員の多忙化解消や負担軽減，役割の分担を行う社会システムの構築などを挙げることができる。これまで述べてきたように，「予測困難な時代」に「未来の創り手」となる子どもたちの育成に，教師が十分に取り組めるように職務体制の改善が強く望まれる。そのためには，学校教育のシステムの改変を含め，次世代育成に向けた社会全体のシステム構築や社会環境づくりを進めていくことが急務といえる。

(2) 職務実態の国際比較から見える課題

●勤務実態調査から見た教員の勤務時間

文部科学省が行った勤務実態調査（平成28年）[註3]をもとに日本の教員の勤務時間について見ていく。

図7-2のグラフが示すとおり，1日当たりの教諭の勤務時間は，小中学校ともに11時間を超えていて，さらに持ち帰りの業務のあることから，大変長時間に及んでいることがわかる。年齢階層別に1日の勤務時間をみると，小中

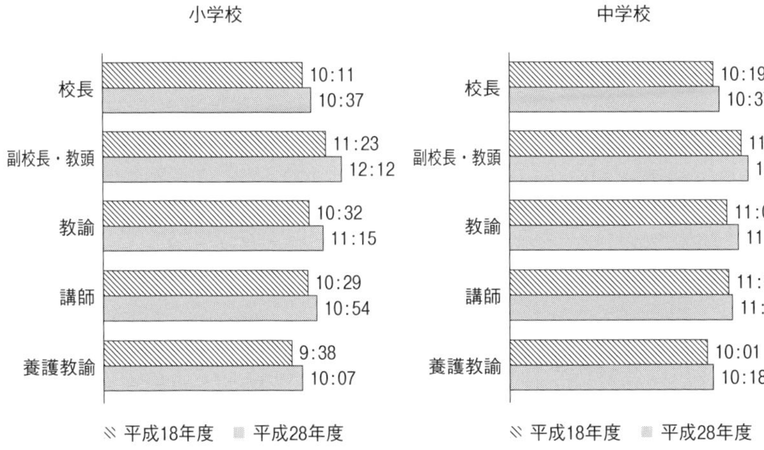

図7-2　職種別　教員の1日当たりの学内勤務時間

注：持ち帰り時間は含まない（平日　時間：分）。
出典：「教員勤務実態調査（平成28年度）確定値について」学校における働き方改革特別部会資料　平成30年9月

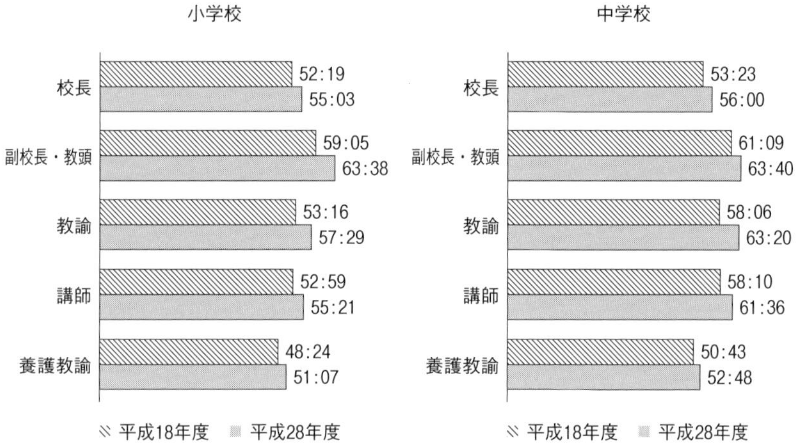

図7－3　職種別　教員の1週間当たりの学内総勤務時間

注：持ち帰り時間は含まない（時間：分）。

出典：「教員勤務実態調査（平成28年度）確定値について」学校における働き方改革特別部会資料　平成30年9月

学校ともに30歳以下の若手教員が特に長いことが報告されている。

図7－3で1週間当たりの勤務時間を見ると，中学校の教諭が63時間20分間，小学校では57時間29分間の長時間勤務が行われているという実態がわかる。しかも，前回調査の2006（平成18）年度から改善されることなく増加している。

この勤務時間の実態は，前項で見た「学校多機能教員職務曖昧型」の多種多様な学校内外の職務によるもので，「児童生徒の指導にかかわる業務」だけでなく，多くの業務に取り組んでいることによるものといえる。

●国際比較から見た日本の教員の勤務時間

日本の教員の長時間勤務の職務実態を諸外国の状況と比較してみる。図7－4はOECD国際教員指導環境調査（TALIS）2018報告書[註4]から作成したものである。これを見ると日本の中学校の教員が職務に従事する時間は56時間で，調査参加国48カ国のなかで最長であることがわかる。EU23カ国，OECD31カ国の平均値の約1.5倍の時間となっている。小学校も54.4時間で最長となっている。

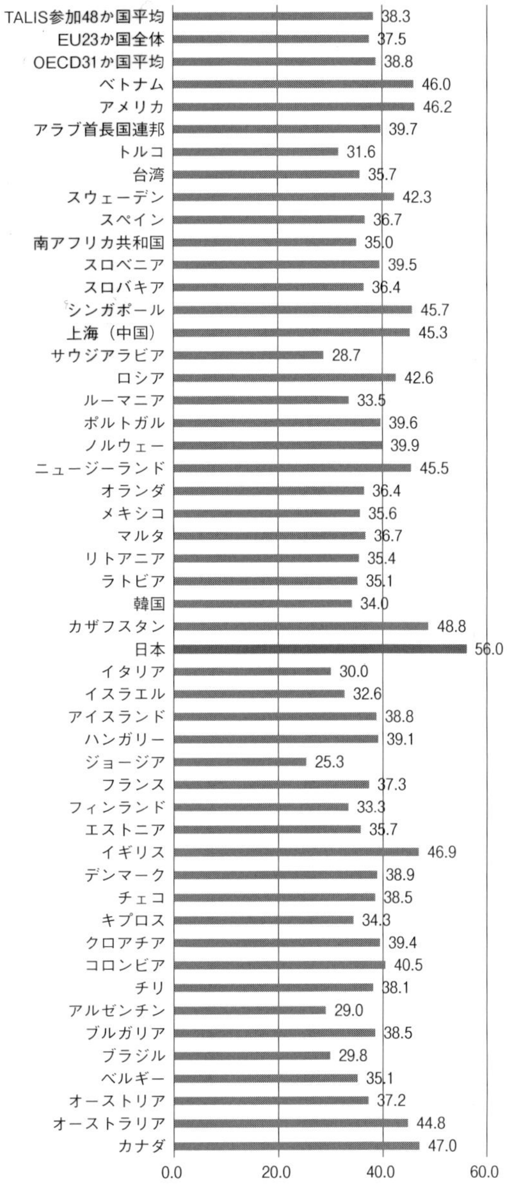

図７－４　中学校教員の仕事時間（時間／週）

出典：OECD 国際教員指導環境調査（TALIS），2018 年。

この調査からは，日本の教員が授業や課題の採点・添削に従事した時間は，参加国平均と同程度であったが，中学校では部活動に従事する時間が特に長いことや，小中学校ともに，事務業務や学校運営業務への従事時間も長いことが示された。このほか，授業の計画や準備，校内での同僚との共同作業や話し合いに従事した時間も長いという結果であった。

そして，日本では教員が自らのスキルアップを図る「職能開発活動」に使った時間が，中学で0.6時間と参加国のなかで最短という結果で，参加国平均の2時間を大きく下回っている。指導方法や知識・技能向上等への職能開発ニーズは参加国平均を大きく上回る高さを示しているにもかかわらず，これらに参加できていない実情が浮き彫りになっている。

さらに，「生徒と過ごす時間が不足している，あるいは適切でない」との教員の認識は参加国平均が23.6％であるなかで，日本は49.1％に上り，参加国中3番目に高い割合であることも注目すべき点である。

日本の教員が「学校多機能教員職務曖昧型」の多種多様な学校内外の職務に忙殺されて，子どもと共に過ごす時間をなくすとともに，スキルアップを行う時間も失っている現実を指摘できる。「崇高な使命を深く自覚し，絶えず研究と修養に励み，その職責の遂行に努めなければ……」としている教育基本法の精神が無に帰しているように見え，早急な改善が求められる。

●日本の教員の職務実態と評価

日本の教員が多種多様な職務に取り組んでいることがわかったところで，その仕事ぶりの評価をOECD国際教員指導環境調査から拾ってみる。

表7-7から，「授業開始時に生徒が静かになるのに長い時間がかかる」状況が日本の教室では11.4％と最も低く，授業妨害の状況や教室内が騒々しい状況も8.1％と格段に低いことがわかる。また，日本の教室について，子ども自らが学習に良好な雰囲気を創り出そうとする教室になっていると85.2％の教員が認識できている状況がある。諸外国に比べ，日本の教員の指導する教室では静謐《ひつ》が保たれ，授業妨害などもなく，良好な学習環境が維持されていることは，日本の教員の取組や姿勢は十分に評価されてよい。

さらに，日本の教員が大変研究熱心であることも確認できる。先に，他の業

表7－7　学級の規律と学習の雰囲気（中学校）

当てはまる・非常に当てはまる　割合 国　名	授業開始時，生徒が静かになるまで長い時間がかかる（%）	生徒は良好な学習の雰囲気を創り出そうとしている（%）	生徒の授業妨害で多くの時間が失われる（%）	教室内はとても騒々しい（%）
アメリカ	22.4	69.4	26.4	24.6
イギリス	22.2	72.7	27.4	22.9
フィンランド	32.5	59.4	31.9	33.2
シンガポール	31.6	67.2	32.9	31.3
フランス	35.0	69.4	40.0	31.9
オランダ	60.3	77.1	33.1	27.9
日本	11.4	85.2	8.1	12.4
韓国	37.3	78.5	38.5	30.1
OECD31か国平均	28.0	71.5	28.7	26.3
EU23か国全体	30.2	70.8	31.3	26.3

出典：OECD国際教員指導環境調査（TALIS），2018年。

務に忙しく，「職能開発活動」のニーズは高いものの活動に参加できていないことを述べたが，これは研究熱心ではないことを意味していない。OECD国際教員指導環境調査2018では，「教員や研究者による研究発表，教育問題に関する議論をする会議」への参加が日本は60%を超え，参加国平均値よりも2～3割高い数値を示している。授業研究などを含む「他校の見学」は中学校65%，小学校で79%と参加国平均の30%を大きく上回っている。この点について2013年のOECD国際教員指導環境調査(註5)で見ると，日本では他の教員の授業を見学し，感想を述べることを行っている教員が93.9%と極めて多く，参加国平均の55.3%を大きく離している。これは，伝統的に授業研究等の校内研修が広く行われている現状と一致するものとされている。また，2018年の同調査では，週当たり「学校内外で個人で行う授業の計画や準備」に費やす時間が日本は8.5時間と参加国平均の6.8時間を2割余り上回っていることもわかる。

これらのことから日本の教員が，身近な場所で仲間と協働しながら真摯に授業等の研究と研修に励んでいることがうかがえる。こうした職能開発への意欲の高い日本の教員に，さらに専門的な職能開発の外部セミナーや専門研修を受講できる時間が確保されれば，連続する教育改革が求める資質・能力の向上は確実になっていくものと考える。

このように日本の教員が静謐で良好な教室環境を保ち，授業等の研究に真摯に取り組んできたことは，子どもたちの学習や成長を確実に支えてきたといえる。「OECD生徒の学習到達度調査（PISA調査）」の結果が3年ごとに公表されるが，その結果がこうした日本の教員の努力と無関係という者はいないはずだ。2000年以降の調査結果を見てみると，「科学的リテラシー国際比較」において日本の子どもたちの結果は1位から6位の間で推移している。「数学的リテラシー国際比較」では1位から10位の間，「読解力国際比較」では5位から15位の間で推移している。

このことに関して2014年，OECDの教育局長アンドレアス・シュライヒャー氏は国際教員指導環境調査結果の発表に際し，日本の教師について「非常に素晴らしい。PISA（生徒の学習到達度調査）で最も良い結果を出しているのに，もっと学びたい，もっと力をつけたいと考えている」「21世紀の学び，21世紀型の教授法，学校間の協働で，日本は優位にある」と述べている(註6)。

今後重要なことは，日本の教員を「学校多機能教員職務曖昧型」の多種多様な学校内外の職務から解放して，教員が子どもたちに向き合う時間を増やし，子どもたちの学習や成長の支援に余裕をもって取り組めるようにするとともに，十分なスキルアップを行える職務環境を整えることだといえる。

●日本の教員の自己効力感

これまで日本の子どもたちの状況については，孤独感・不安感の強さや自信のなさ，自己肯定感の低さを成長上の課題として述べてきた。では，日本の教員の自己肯定感はどうだろうか。

OECD国際教員指導環境調査(註4, 5)を見てみると，「日本の教員は，学級経営，教科指導，生徒の主体的学習参加の促進のいずれの側面においても，高い自己効力感をもつ教員の割合が，参加国平均を大きく下回る」と指摘されている。具体的な結果は表7-8のとおりで，あれだけ静謐で秩序ある教室環境を運営し，学習上の成果も確認できる状況でありながら，「非常に当てはまる」「かなり当てはまる」の割合がこれほど低いことは注目する必要がある。「日本の教員が他国の教員に比べ，指導において高い水準を目指しているために自己

表7－8　教員の自己効力感（学級運営等について）

学級運営	学級内の秩序を乱す行動を抑える（%）	生徒にどのような態度・行動を期待しているか明確に示す（%）	生徒を教室のきまりに従わせる（%）	秩序を乱す又は騒々しい生徒を落ち着かせる（%）
日　本	52.7→60.0	53.0→59.9	48.8→61.9	49.9→58.7
参加国の平均	87.0→86.1	91.3→91.5	89.4→89.9	84.8→84.9
教科指導 学習意欲	生徒のために発問を工夫する（%）	生徒がわからない時は別の説明の仕方を工夫する（%）	生徒に勉強ができると自信を持たせる（%）	勉強にあまり関心を示さない生徒に動機付けをする（%）
日　本	42.8→50.8	54.2→62.9	17.6→24.1	21.9→30.6
参加国の平均	87.4→88.7	92.0→92.7	85.8→86.3	70.0→72.0

出典：OECD 国際教員指導環境調査（TALIS），2013年（34ケ国）→2018年（48ケ国）。
注：%は「非常に当てはまる」「かなり当てはまる」の割合。

評価が低くなっている可能性，実際の達成度にかかわらず謙虚な自己評価を下している可能性もある」との指摘もある[註5]。しかし，教師の心理状況や生き方はその人格を通して，子どもに投影し，共鳴し合う性質をもつことから考えれば，教師の自己効力感の低さを軽く見てはならない。日本の教員が子どもと同じように，「自信喪失」状況にあるとすると，「予測困難な時代」に「未来の創り手」となる子どもたちの育成に少なからず負の影響があると考える方が至当だ。

日本は，学級の規律的雰囲気が世界で最も良好な国の一つである。前項で見たとおり，日本の教員には長期間勤務の実態や多様で広範囲な職務実態がある。ところが，そうした悪条件下においても教師たちの努力によって，日本の教室は授業妨害などがなく静謐が保たれ，児童生徒は落ち着いて学習に取り組むことができていて，PISA（生徒の学習到達度調査）で最も良い結果を出している。

しかも，教師たちは研修や研究にも熱心で，意欲は国際的に見て飛び抜けて高く，教員同士の学び合いがさかんに行われているという実態も明らかになっている。こうした状況について「『能力あるが自信なし』OECD 国際教育調査から浮かぶ日本の教師像」という見出しの報道がある[註7]。記事は「熱心に授業を行い，放課後も部活動などの指導に努め，残業して一般事務も行う。教室は静かで規律が保たれ，たびたび授業研究が行われる。それなのになぜ，自分の指導に自信がないのだろうか」と，日本の教師の自己効力感の低い実態を指摘している。

●望まれる「能力あるが自信なし」の克服

2019（令和元）年9月2日，東京都豊島区で「OECD シュライヒャー局長単著『教育のワールドクラス』出版記念シンポジウム」が開かれた(註8)。これを伝える「創造する力育む授業を　OECD 教育局長が来日講演」と題する報道(註9)は，「東京大教育学部長の秋田喜代美教授と対談。『日本では教員志望者が減っている』との問題提起に対し，シュライヒャー氏は『給料も関係ある

表7－9　2019年教育の概要：OECD 指標「最も一般的な資格に基づく教師の法定給与（2018）」

	小学校				
	初任給	10年の経験の後の給与	15年の経験後の給与	最上位の給与	初任給
オーストラリア	44287	63277	63098	65421	44247
カナダ	39937	64561	67301	67301	39937
デンマーク	48989	53943	57206	57206	49482
フィンランド	33916	39525	42180	44711	36629
フランス	30872	35290	37700	54503	32492
ドイツ	60507	70678	74486	79355	67163
イタリア	30403	33389	36604	44468	32725
日本	30560	43658	51339	63562	30560
韓国	32485	48959	57179	90911	32548
オランダ	42133	53654	63413	67147	43132
ニュージーランド	30890	47311	47311	47311	31392
ノルウェー	38559	47387	47387	50883	38559
ポーランド	16140	21639	26428	27549	16140
スペイン	40813	44121	47107	57983	45509
スウェーデン	39131	44135	45636	52346	40348
トルコ	25955	26956	28545	32953	25955
イングランド	29040		48956	48956	29040
アメリカ合衆国	40067	55040	62404	68712	40602
OECD average	33058	42896	45947	55364	34230
EU23 average	32987	41590	45748	54354	34261

（値：US ドル）
出典：文部科学省の OECD 指標統計サイトから作成（https://www.mext.go.jp/b_menu/toukei/002/index01.htm）。

が，教員の社会的な評価が重要』と話した。教員志望者が多いフィンランドや韓国などでは，多くの教員が社会的地位の高さを実感しているというデータも示した」「シュライヒャー氏は，文部科学省や各地の教育委員会の影響力が強いことを念頭に『日本の教師と校長の発言力は限定的だ』と指摘。秋田教授も『国や自治体，学校と指示が降りてくるため，教育改革も難しい。校長の権限強化は検討課題』と話した」とする記事を掲載している。

教員がその給与も含め社会的にどれほどの待遇を受けているかは，教員の自信やプライドに大きな影響を与え，その意欲や自己価値の基準ともなり得るものといえ，教員志望者を増やす要素にもなる。シュライヒャー氏の「給料」と「社会的な評価」が重要とする指摘は説得力がある。

中学校			高等学校			
10 年の経験の後の給与	15 年の経験後の給与	最上位の給与	初任給	10 年の経験の後の給与	15 年の経験後の給与	最上位の給与
63393	63393	65560	44247	63393	63393	65560
64561	67301	67301	39937	64561	67301	67301
54756	58349	58349	46383	60278	60278	60278
42688	45555	48288	38842	46966	49175	52126
36910	39320	56283	32492	36910	39320	56283
77499	80993	88214	70749	81584	85206	96736
36197	39840	48833	32725	37068	40952	51045
43658	51339	63562	30560	43658	51321	65238
49021	57242	90973	31799	48273	56493	90225
66101	76006	88464	43132	66101	76006	88464
47950	47950	47950	31894	48589	48589	48589
47387	47387	50883	46914	51838	51838	57374
21639	26428	27549	16140	21639	26428	27549
49340	52506	64473	45509	49340	52506	64473
44904	47323	53885	40823	46508	47470	54931
26956	28545	32953	25955	26956	28545	32953
	48956	48956	29040		48956	48956
55796	64467	69586	41430	55840	64426	72498
44784	47675	57990	35859	47332	49804	60677
43735	47772	57403	35104	45894	49875	60005

表7-9の教員の法定給与に関するOECDの指標を見ると，日本の教員の待遇の一端がうかがえる。日本の教員の給与水準は，OECD加盟国平均値やEU諸国平均値より高いが，ドイツ・オランダの水準から大きく離れ，9番目程度の額になっていることがわかる（中学校15年経験後の給与を基準とした）。

そして，この給与水準は職務の内容や勤務時間とも相関させる必要がある。日本の教員の場合，諸外国と比較して，「学校多機能教員職務曖昧型」の多種多様な職務に振り分けられる長時間勤務であること，さらには，学習成績や教室環境など，職務上の成果をも併せて評価する必要があるはずだ。

第5章において，新自由主義・サッチャリズムの業績主義・市場原理・効率性等を導入した教育改革が連続して進められてきた経緯に触れた。日本の教員は，多忙化や長時間勤務のなかでPISA調査などの国際調査で高い評価を続ける成果をあげ，OECD教育局長もその成果と教員の学び続ける姿勢を絶賛している。とすれば，給与水準から見ても，サッチャリズムのいう費用対効果は申し分のない高い率を継続していて，日本の学校教育は，教員の長時間勤務によって，業績において十二分な成果を上げてきているといえるのではないだろうか。

今後は日本の教員の「能力あるが自信なし」の克服をめざし，自己効力感を高められるよう給与を含む待遇の改善と社会的評価の向上を図る必要がある。その役割の多くは先のシンポジウムで東京大学教育学部長の秋田氏が指摘されたとおり，文部科学省や各地の教育委員会のリーダーシップにかかっているといえる。

●教員の職務実態から見える課題

次世代育成の第一線に立っている日本の教師たちの自己効力感の低さと「能力あるが自信なし」の実態は，今後の日本の教育を考えるときに看過できない。“謙虚な国民性”などとして済ませる問題ではなく，拡大する教育ニーズへの対応など，多種多様な職務への長時間勤務や多忙化のなかで，教員が疲弊していく兆候と見る必要がある。

日本の学校教育において，教員が世界的に見て最も多くの職務を担当していて，長時間勤務にあえいでいる実態は先に見たとおりだ。「予測困難な時代」

に「未来の創り手」となる子どもたちの育成に，教師が十分に取り組める職務体制の改善や学校教育のシステムづくりが求められる。こうした状況に対し，中央教育審議会は「学校における働き方改革」についての答申を行っている。これについては，次項で取り上げる。

また，教員の疲弊を防ぎ，「能力あるが自信なし」の状況を克服するには，欧州に見られる，次世代育成活動の区分「学校内」「学校周辺」「学校外」の明確化は問題解決の重要な視点だといえる。次世代育成という国家の重要事業として，関係する社会機関や各種専門家，さらに家庭・地域の教育能力の開発を含めた多様な総合的なシステム構築が望まれるところだ。しかし，地域・家庭の教育力が低減し，社会の共同性が失われてきている今日，我が国においてこうした社会システムは十分とはいえず，学校への「丸投げ体質」が顕著な状況にある。

学校への「丸投げ体質」については，元国立市の教育長である石井昌浩氏が著書のなかで「学校が追いまくられているのは，統計調査の報告作業だけではない。『キャリア教育』『食育教育』『消費者教育』『金融教育』『金銭教育』など，よくもまあこれほどあるかと思うくらい多種多様な『○○教育』が次から次と学校に持ち込まれている。学校に投げておけばとりあえず責任が果たせると，依頼する方では勘違いしている。統計調査と同じように『発注元』は自分のところだけと思っているけれども，『よろず承り所』として丸ごと引き受けさせられる学校はたまったものではない」と述べられている(註10)。我が国の家庭・地域の教育力の低下がいわれて久しいが，教員の多忙化を含めた諸問題の背景には，共同性を低下させた社会のありよう，人々が国家社会の形成者であることを忘れ，社会の客であるかのような，権利ばかりを主張する顧客意識の蔓延があり，それらが学校への「丸投げ体質」を生んでいる。学校への責任転嫁ではなく，「学校周辺」「学校外」におられる方々の発奮と主体的な育成活動を期待したいところだ。

(3) 学校における働き方改革の推進

●学校における働き方改革のはじまり

教員の多忙化や長時間勤務の実態を受けて，文部科学省を中心に各教育委員会および学校で「学校における働き方改革」が進められている。2016（平成28）年9月に内閣官房に「働き方改革実現推進室」が設置されて以後，政府方針が決まると，2017（平成29）年6月文部科学大臣が「学校における働き方改革」を諮問，2017（平成29）年8月中央教育審議会学校における働き方改革特別部会は「学校における働き方改革に係る緊急提言」を発出している(註11)。また，国会での審議を経て，2018（平成30）年7月に「働き方改革を推進するための関係法律の整備に関する法律」が公布されている。これにより長時間労働の是正のための措置等を講じることが法的に強化された。

そして，2019（平成31）年1月中教審から「新しい時代の教育に向けた持続可能な学校指導・運営体制の構築のための学校における働き方改革に関する総合的な方策について」(註12)が答申され，同年3月文部科学省は「学校における働き方改革に関する取組の徹底について」を通知している。これらにより，国家レベルから各教育委員会及び各学校レベルで見直しと改革が始まり，試行錯誤しながらも学校における働き方改革の実践が進んできている。

●中央教育審議会答申の目指すもの

2019（平成31）年1月の中教審答申は，日本の学校教育が国際的にも評価され，「大きな蓄積と高い成果を上げている」としながらも，「教師の長時間にわたる献身的な取組の結果によるものであるならば，持続可能であるとは言えない。」としている。また，「ブラック学校」といった言葉が独り歩きしていることに触れ，「意欲と能力のある人材が教師を志さなくなり，学校教育の水準が低下すること」は，子どもにとっても国家にとってもあってはならないとしている。そして，岐路に立つ学校教育の維持・向上を可能なものとするために，「教師の働き方の実態を改革すること」と「子供を取り巻く変化への対応のために『チームとしての学校』の機能強化を図ること」を課題として提示している。その上で，学校における働き方改革の目的について，「教育基本法や学校教育法に定められた教育や学校の目的に基づく目標を達成するために行われる」と述べている。

さらに，答申は「‘子供のためであればどんな長時間勤務も良しとする’という働き方は，教師という職の崇高な使命感から生まれるものであるが，その中で教師が疲弊していくのであれば，それは‘子供のため’にはならない」と断言し，教員の過労死の問題にも触れ，教員の疲弊を防ぐことを改革の柱に据えている。そして，「教師が（中略）自らの授業を磨くとともに日々の生活の質や教職人生を豊かにすることで，自らの人間性や創造性を高め，子供たちに対して効果的な教育活動を行うことができるようになることが学校における働き方改革の目的」であると明確に述べている。

これを受けて，具体的には「学校や教師の業務の明確化・適正化」や「授業改善の時間や児童生徒に接する時間を確保できる勤務環境の整備」をもとに，「勤務時間管理の徹底」「適正な勤務時間の設定」「勤務時間制度の改革」「労働安全衛生管理の必要性」「教職員の働き方に関する意識改革」「学校の組織運営体制の在り方」などが提言されている。これらが文部科学省の「学校における働き方改革に関する取組の徹底について（通知）」等となって，学校における働き方改革の実現に向けた諸施策が進行の途上にある。

本章は教員の職務内容を主題としていることから，中教審答申の業務分類について触れておく。答申は学校が担うべき業務を次の三つに分類している。

①学習指導要領等を基準として編成された教育課程に基づく学習指導

②児童生徒の人格の形成を助けるために必要不可欠な生徒指導・進路指導

③教育課程の実施や生徒指導の実施に必要な学級経営や学校運営業務

そして，日本の教員が多種多様な学校内外の職務に忙殺されていることに触れ，学校・教員以外への業務の移管を検討している。表7－10に示したとおり，「基本的には学校以外が担うべき業務」「学校の業務だが，必ずしも教師が担う必要のない業務」「教師の業務だが，負担軽減が可能な業務」に区分し，表内の①～⑭の業務を振り分け，業務移管や廃止を含めて見直しの指針を示している。

こうした指針や先の文部科学省通知などを受けて，各教育委員会や学校において，「業務の明確化・適正化」「勤務環境の整備」「勤務時間管理の徹底」「適正な勤務時間の設定」「働き方に関する意識改革」「組織運営体制の見直し」など，様々な具体化が図られているところである。

これらすべてが簡単に実現する問題ではないが，答申のいう「地域や保護者に伝え，理解を得ること」を進めながら，教育委員会や学校が具体的で実効性

表7－10　中教審答申の業務分類

基本的には学校以外が担うべき業務	学校の業務だが，必ずしも教師が担う必要のない業務	教師の業務だが，負担軽減が可能な業務
①登下校に関する対応 ②放課後から夜間などにおける見回り，児童生徒が補導された時の対応 ③学校徴収金の徴収・管理 ④地域ボランティアとの連絡調整 ※その業務の内容に応じて，地方公共団体や教育委員会，保護者，地域学校協働活動推進員や地域ボランティア等が担うべき。	⑤調査・統計等への回答等（事務職員等） ⑥児童生徒の休み時間における対応（輪番，地域ボランティア等） ⑦校内清掃（輪番，地域ボランティア等） ⑧部活動（部活動指導員等） ※部活動の設置・運営は法令上の義務ではないが，ほとんどの中学・高校で設置。多くの教師が顧問を担わざるを得ない実態。	⑨給食時の対応（学級担任と栄養教諭等との連携等） ⑩授業準備（補助的業務へのサポートスタッフの参画等） ⑪学校評価や成績処理（補助的業務へのサポートスタッフの参画等） ⑫学校行事の準備・運営（事務職員等との連携，一部外部委託等） ⑬進路指導（事務職員や外部人材との連携・協力等） ⑭支援が必要な児童生徒・家庭への対応（専門スタッフとの連携・協力等）

のある改革・改善の手法を共有し，確実に実現していく必要がある。この改革の実現が「予測困難な時代」に「未来の創り手」となる子どもたちのたくましい成長を支え，これからの国民生活と社会の安定・幸福をもたらす原動力となることを，「地域や保護者」のみならず，広く国民が認識する必要がある。そして，地域社会や家庭をはじめとする「学校周辺」「学校外」に属する人々が，国家・社会の形成者として，「学校以外が担うべき業務」「必ずしも教師が担う必要のない業務」などを積極的に引き受け，共に子どもたちを育成する社会の実現に取り組むことが望まれる。

●社会の共同性が求められる次世代育成と働き方改革

中教審答申は，学校における働き方改革には「子供の視点，子供をはぐくむ家庭や地域社会の視点が欠かせない」とし，問題を学校任せにせず「子供や家庭自身が考え，判断し，行動しなければならない」としている。働き方改革によって増加する子どもたちの学校外での活動時間の充実を図るために，「地域全体で子供たちの成長を支え，地域を創生する活動（地域学校協働活動）」を進めるとしている。それには，幅広い地域住民の各層との連携，とりわけ多様な専門人材，高齢者，若者，PTA・青少年団体，企業・NPO等との連携・協働の重要性を説いている。

この取組については第5章第2節の「(2) 社会の変動と家庭・地域の教育力の低下」の項で見てきたとおり，現代の社会には，功利優先の価値観や打算的で自己利益優先の生き方，消費優先の享楽的な生活文化，社会協働の意識の喪失と顧客意識の蔓延，経済格差による階層意識の広がりなど，種々の課題がある。本来あるべき共同性を弱め，人間間の相互信頼を希薄にさせて，相互の関係性を弱めている社会のありようが，学校への「丸投げ体質」の本質である。

中教審のいう「地域全体で子供たちの成長を支え，地域を創生する活動（地域学校協働活動）」の実現には，国家規模での構造的な改革と国民自体にその意識改革が求められる。本章の2節「日本の教員の職務実態と課題」で述べたとおり，フランス・ドイツで見られる子どもの育成への「学校」—「学校周辺」—「学校外」の区分と役割分担が求められる。学校への「丸投げ体質」ではなく，学校の役割が増えると「学校が教育を独占している」と批判の声があがるというドイツのような，家庭や地域社会をはじめ多様な職種や機関の専門家が主体的に次世代育成に携わる社会システムや社会文化が求められる。

いずれにしても学校における働き方改革は，確実に実現しなければならない重要課題であり，教員だけでなく，社会全体に「教師は‘魅力ある仕事’であることが再認識」される必要がある。働き方改革によって，「これから教師を目指そうとする者が増加し，教師自身も士気を高め，誇りを持って働くことができること」は，子どもたちのたくましい成長はもちろん，これからの国家社会の安定と国民の幸福には欠かすことのできない大切な要件といえる。

今後，学校における働き方改革が，小手先の改善策や，行政・学校管理職のアリバイづくりのような不徹底なもので終わるようでは，むしろ問題が職場の実態から離れて見えなくなるなど，悪化や慢性化が懸念される。社会の共同性が薄れ，顧客意識が蔓延している今日，こうした社会のありようから派生する諸課題が押し寄せてきている学校現場の実情を軽視することなく，教員定数の大幅な増員や学級定員の少人数化，社会機関・家庭・地域を含む多様な次世代育成の総合的なシステム構築など，抜本的な改革が望まれる。そこには国民の理解や財政問題など，社会全体のありようにかかわる大きな課題がある。社会全体に普遍化してしまった顧客意識を捨てて，次世代を共に育てようとする社会全体の共同性を取り戻すことが重要だろう。

◉教育委員会・学校での働き方改革への取組事例

教育委員会や学校での働き方改革の取組について簡略に具体例を示しておく。こうした事例を収集して，さらに効果的な改革・改善の手法を検討することを勧める。

横浜市では，2018（平成30）年3月策定の「横浜市立学校 教職員の働き方改革プラン(註13)」に基づき，働き方改革の推進に向けて具体的な取組が各工程表を示しながら推進されている。そこでは次の数値を含む達成目標が挙げられている。

①時間外勤務月80時間超の教職員割合0％

② 19時までに退勤する教職員の割合70％以上

③健康リスク・負担感指数　全国平均未満

④年休取得日数　全員10日以上

そして，目標実現のための重点戦略として4項目を挙げ，各項目のもとに表7－11のような具体的な取組事項を示している。

また，同市はこのプランの進捗や各学校での取組を共有し，更なる取組の推進・充実につなげられるよう啓発広報誌「働き方改革通信：Smile」を継続して発信・ウェブ掲載している(註14)。掲載記事のいくつかを紹介する。

◈学校業務のアウトソーシング

学校業務を他企業・他機関に委託するアウトソーシングの例を紹介し，その利点や課題を示している。プール清掃・教室等ワックスがけ・窓掃除・エアコンの内部清掃・パソコンメンテナンス・データ入力・ホームページ更新，校内塗装・飼育動物や芝の世話などの外部委託の例を紹介している。

表7－11　目標実現のための重点戦略

戦略１：学校の業務改善支援	戦略２：学校業務の適正化，精査・精選
○ICT等を活用した業務改善支援 ・総合学校支援システムの構築（教育活動・業務改善支援） ・ｅラーニングの実施 ・調査依頼業務の見直し　等 ○働きやすい物的環境の整備 ・負担軽減に配慮した学校施設の建替え ・特別教室の空調設置　等 ○家庭と仕事の両立支援 ・テレワーク等の実施に向けた検討 ・教職員版フレックスタイム試行　等	○学校業務の適正化 ・勤務時間外の留守番電話の設定 ・部活動休養日の設定 ・夏季学校閉庁日の継続実施，冬季学校閉庁日の新たな実施　等 ○学校業務の精査・精選 ・市学力・学習状況調査の一部外部委託 ・教職員の業務の精選，アウトソースの検討 ・市主催行事等のあり方検討　等
戦略３：チーム体制の構築と人員配置の工夫・充実	戦略４：教職員の人材育成・意識改革
○教職員配置の工夫，チーム体制の構築 ・小学校高学年への一部教科分担制の導入による学年経営力の強化 ・教職員配置の工夫　等 ○学校をサポートする専門スタッフ等の配置 ・職員室業務アシスタントの配置の拡充 ・部活動指導員の新規配置・支援体制の構築 ・SSWの活用による福祉的課題への支援の強化　等	○勤務実態の把握，マネジメントの推進 ・ICカードによる勤務実態の把握 ・メンタルヘルスセルフチェックの実施 ・働き方改革に関する中期学校経営方針の位置付け　等 ○意識啓発・研修 ・働き方改革に関する意識啓発 ・働き方改革の研修の開発・推進　等

◈時間外勤務の短縮

達成目標である時間外勤務の短縮を目指し，月ごとの時間外勤務短縮の実績を示し，取り組み状況や課題を提示して，さらなる取組を啓発している。

◈学校への留守番電話設置

学校への勤務時間外の留守番電話設置について，その設置状況や実態把握，その効果や課題を示して，設置の促進を図っている。

◈教職員へのフレックスタイム制度導入

「教職員版フレックスタイム制度」の試行を紹介し，その利点や課題を紹介し，適正な導入について啓発している。

第８章
学級担任の職務と専門性

この章では，学級担任（ホームルーム担任）の職務の意義と職務内容を把握して，その専門性を支える資質・能力を明確にしていく。そして，学級経営における今日的な課題を把握し，その克服を目指す取組について理解を深める。

1　学級経営の定義と学級・ホームルーム活動の目標

(1) 学級の制度と学級（ホームルーム）活動

学校での生活をすでに経験した多くの人々にとって，学校生活をするということは，学級に所属し，そこで集団で生活して，教育を受けることであるとほぼ理解されている。

明治期に学校教育制度がスタートして直ぐに学級制度が設けられたわけではなかった。学級の制度は始まったのは，1891（明治23）年に「一教室において同時に教授すべき一団の児童を学級と称する」と定めた文部省令「学級編制等に関する規則」以降のことである。それまでは欧米にならい学習進度によって区分される「等級制」が行われていた。児童を学級に編成することについて，当時は「等級制」への批判もあり，「学級編制にあたっては，なるべく学力，知力，年齢の均質な生徒で編制し，互いに競争させると，教授の成果も上がる(註1)」と考えられて学級制度が取り入れられるようになる。その後，1900（明治33）年の第三次小学校令以降，次第に学年別の学級制度が行われていった。

さて，「学級」について「公立義務教育諸学校の学級編制及び教職員定数の標準に関する法律」の規定を見る。そこには「公立の義務教育諸学校の学級は，同学年の児童又は生徒で編制するもの」とされ，「義務教育水準の維持向上に資することを目的」として学級編制及び教職員定数の標準を定めるとして

表8−1 学級編制及び教職員定数の標準の策定[1]

「公立義務教育諸学校の学級編制及び教職員定数の標準に関する法律」
　目的＝学級規模と教職員の配置の適正化を図って，義務教育水準の維持向上に資する
　　小学校　同学年の児童で編制する学級 40人 （第1学年の児童で編制する学級 35人）
　　中学校　同学年の生徒で編制する学級 40人
「公立高等学校の適正配置及び教職員定数の標準等に関する法律」
　目的＝学級編制及び教職員定数の標準を定めて，教育水準の維持向上に資する
　　高等学校 40人

いる。学級を編成する目的が義務教育水準の維持向上にあることがわかる。高等学校については「公立高等学校の適正配置及び教職員定数の標準等に関する法律」に「教育水準の維持向上に資することを目的」として学級編制及び教職員定数の標準を定めるとしている。

これを受けて学級を定義すると，「教育水準の維持向上に資することを目的に同学年の児童又は生徒で編制する学校における最も基礎的な集団・組織」といえる。特別活動の視点から学級（ホームルーム）は「学級（ホームルーム）活動が行われる場」といえる。学級では「児童生徒が主体的に集団にかかわり，自分や集団生活の向上と課題解決を目指し，合意形成や役割分担，協働や意思決定の過程を主体的に学び，良好な社会集団や人間関係を形成して，自分らしい生き方や自己実現を図ろうとする態度を養う(註2)」ように運営される。「生徒指導提要」には「学級は，幼児児童生徒が学校園生活の大半の時間を過ごす基本的な集団であり，学習指導や生活指導を進める基礎的な場である(註3)。」とされる。また，「学校教育目標達成を目指すため編成された学級担任と児童生徒からなる学校における最も基本的な指導組織の単位」(註4) との定義もある。

(2) 学級担任による学級（ホームルーム）経営[2]

学級担任は，学級に所属する児童生徒と共に学校生活や教育活動を展開し，確かな関係性を築いていく職務である。また，学校の教育活動のほぼすべてが

1 公立小学校の学級編制の標準を40人から35日に一律に引き下げる「公立義務教育諸学校の学級編制及び教職員定数の標準に関する法律の一部を改正する法律案」が閣議決定された。（令和3年2月2日）
2 以後，「学級（ホームルーム）」を「学級」と表記する。

学級で展開され，これを管理・運営するのが学級経営であり，その責任者が学級担任である。学級経営とは，学習指導要領の「学級活動の目標」の実現を目指して行われる学級集団を基礎単位とする学級担任の教育活動及び集団運営の行為である。また，学級経営を教科経営，集団経営，環境経営，基盤経営の四つの機能と規定し，これらにより「学級集団を作りながら，個々の興味・関心や学力などの伸長を目指し，『子ども一人ひとりの自己実現』を図ること(註５)」をねらいとする経営行為との定義も紹介しておく。

2　学級担任の具体的な職務と求められる専門性

(1) 学級担任の職務内容

学級担任について，所属する児童生徒と確かな関係性を築き，学校のほぼすべての教育活動を管理・運営する職務と述べた。こうした学級担任の役割・機能からその専門性を確認していく。学級担任の機能を図８−１に示した。

学級担任は，児童生徒をよく理解して，信頼関係を築き，児童生徒の安全と健康を守り，円滑に教育活動を進めていく。生徒指導と進路指導を行うとともに教育相談等によって，児童生徒一人ひとりの個別課題を理解して，その支援に努める。

特別な支援を必要とする児童生徒に対しては組織的な特別支援教育をおこない，インクルーシブ教育を展開していく。これは，「障害のある者が，その能力等を最大限に発達させ，自由な社会に効果的に参加することを可能とする目的の下で」，障害のある子どもと障害のない子どもが共に学び，障害者が自らの多様な能力や個性を最大限に伸ばしていけるよう，生活地域において初等中等教育を享受して学ぶシステムである(註６)。そのため，多様な学びの場を設け，特別支援学校，特別支援学級，通級による指導だけでなく，小・中学校等の通常の学級で学ぶことにより，すべての子どもを心豊かな成長に導くものである。誰もが相互に人格と個性を尊重し支え合い，人々の多様な在り方を相互に認め合える「共生社会」を目指す我が国において，次世代育成に欠かせない教育といえる。2011（平成 23）年８月５日に改正・公布された「障害者基本法」により，国及び地方公共団体による環境整備がさらに進められている。インク

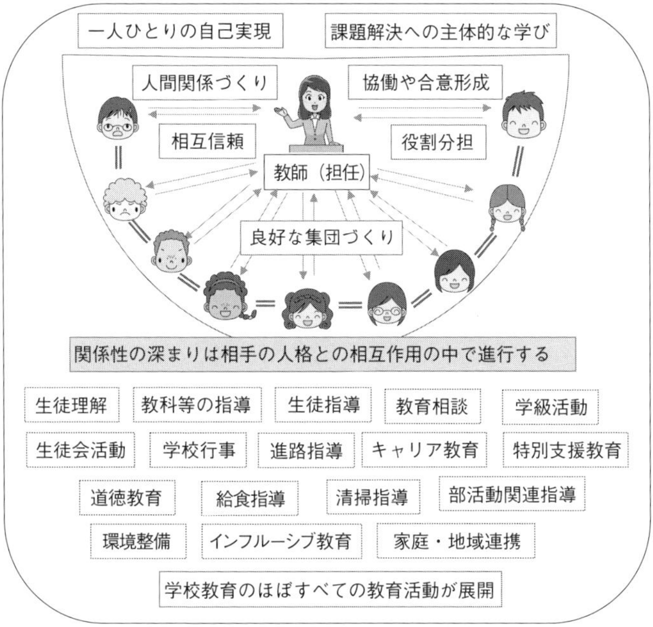

図8－1　学級担任の機能

・担任と児童生徒間に描かれている双方の矢印 ⇄ は，関係性を深めていく人格と人格の相互作用を示している。
・担任は児童生徒間にもこうした関係性が形成されるように導いていくが，その相互理解と信頼を＝で示している（図は隣り合った児童生徒間を結んでいるが，実際にはすべての間が信頼「＝」で結ばれる）。
・中央の半円形が学級のまとまりを示し，下段には担任が関わる教育活動を例示している。

ルーシブ教育は小中学校だけでなく，高等学校においても実践されるようになり，地域や保護者と協働しながら，共に暮らし，共に学ぶなかで，多様性を尊重し認め合う教育実践がなされ，成果も報告されている[註7]。こうした教育活動を支えるには，設備や社会環境の整備，指導・支援人員の補充・確保，心理・療育等の専門家の活用，医療的ケア，教員の研修，各種行政支援などを前提としながら，学校を挙げた校内支援体制を確立し，多様なニーズに応える「合理的配慮」のもと少人数指導や複数教員による指導，指導方法の工夫改善を積み重ねていく必要がある。そして，児童生徒間の交流を充実させ，そこに相互理解と相互信頼を実現する役割を担うのは教師であり，とりわけ学級集団の要にいる学級担任の役割は大きい。

さらに，学級担任は教科等の学習活動への支援や指導，特別活動等の指導や支援を行って成長を助け，児童生徒の人間関係の様子や集団形成の状況を把握して，必要な支援を行っていく。児童生徒間の相互理解の促進を図って，所属する児童生徒の適応を支援し，一人ひとりの児童生徒が安心感をもって集団に所属できる「居場所」を保障していく。このすべての児童生徒にとっての「居場所」づくりこそが，先に述べたインクルーシブ教育の基盤でもある。

そうした努力によって，健全な生活集団と活発な学習集団の形成が進み，リーダーシップやフォロアーシップも育って集団帰属意識が醸成されていく。そのような集団のなかでは規範意識の醸成やソーシャルスキルの育成もできるようになり，相互信頼に基づく健全で活発な集団活動の風土ができあがっていく。

さらに，学級の物心両面にわたる環境整備は常に学級担任が心がけることであり，教室を清潔に保つ環境美化，設備・備品の維持管理等に取り組む。教育情報や資料の管理・運用，指導要録や通知表等実務文書の作成・管理，会計等各種事務作業を適切にこなして責任を果たすとともに，学年をはじめとする教員集団や管理職等との円滑な職務の運営体制を築く。児童生徒だけでなく，保護者との相互理解を進め，信頼に基づくパートナーシップを構築することは児童生徒の成長支援には欠かせない作業となる。さらに，PTA など保護者組織や地域関係者との連携・協力関係づくりを進める。

このように学級担任の職務を見ていくと，一種の「総合職」といえ，これほど多様な職務を円滑に進め，その実効を挙げることのできる専門性と資質・能力が求められることがわかる。

(2) 学級担任の資質・能力の核心

教師の資質・能力については，人格と切り離せず，その「人格性」が資質・能力の核心であると第6章で述べた。ここでは学級担任の職務を通して，資質・能力の核心部分を明確にしていく。そこで，自らの学級担任との出会いを振り返り，その体験から見えてくる学級経営に欠かせない要件や学級担任の資質・能力を把握していく。

次の課題について体験を書き出してみて欲しい。

課題

小中学校や高校時代等での学級担任との出会いを振り返り，この学級に所属して良かったと思えたことや自己形成につながったと思える学級担任のかかわりや学級の進め方について記述する。

では，分析の参考として，大学生のＣさんが「自己形成につながっている学級担任の教師との出会い」について書いた文章を紹介し，学級担任に求められる資質・能力について考察する。

▶大学生Ｃさんの場合

中学１年生時，２つの小学校が１つになるということで，どんなクラスになるのだろうととても不安だった。しかし，１年生の時の担任の先生がクラス全員をつなげてくれた。私は，その先生の担任のクラスでなかったら，あんなに自分を出せることができなかったと思うし，あんなに仲のいい友達ができることもなかったと思う。

先生はいつも広い視野でいろんな人を見ていたし，いつも明るく声をかけてくれた。特に私が心に残っているのは，学級通信だ。先生の学級通信には，体育祭や文化祭などの練習風景の写真や，先生が思ったこと感じたこと，また，クラスに向けた温かいメッセージが載せられていた。当時見ても感動して頑張ろうと思えたが，今見ても感動する内容だ。その学級通信は今でも大切に保管している。

２年生の時にクラス替えがあるため，１年間しか担任してもらえなかったが，別のクラスになった後でも，会った時には声をかけてくれて，心配事があった時も相談に乗ってくれた。そして，高校３年生の時期，大学に入るかどうするかと悩んでいた時も，相談に行かせていただいた。先生に出会えたおかげで中学校生活がとても楽しいものになったし，戻れるなら，あの担任の先生の生徒だった中学生時代に戻りたいと思うくらい，本当にたくさんの思い出が残っている。私はこの先生がきっかけで，先生になりたいと思うようになった。

Ｃさんの文章からは，教師のかかわりや具体的なアプローチによって，学級担任と子ども，そして子ども同士の関係性が深まり，子ども自身が自己肯定感や自信を獲得していくことがわかる。やがて，そうした自信が子どもの将来の生き方や人格形成につながっていく様子が見て取れる。こうしたことはＣさんに限らず，多くの大学生を対象に行った同様の調査回答からも多数確認できている。そこには学級担任のアプローチによって，次のような子どもの成長の様子を指摘できる。

- ・学級担任と子どもの間の関係性が深まれば，子ども間にも良好な人間関係が築かれていく。
- ・学級という生活の場が安心感の広がる「居場所」となり，子どもがのびのびと自分を表出できるようになる。
- ・子どもが抱いた信頼感や安心感のある関係性は，将来にわたって子どもの自己認識の中に残る。
- ・関係性の深まりと信頼感の実感は，子どもに自信を与え，その後のキャリア形成や生き方を支えていく。

学級担任のアプローチが，まさに，子どもたちに強いつながりをもたらし，そのつながりが「居場所」となって子どもに自信を与え，子どもが自らをたくましく発展させていく「成長のための共同体」を形成していることがわかる。学級担任は，子どもとの間に「自他の尊厳を実感できる関係」を築くことが求められる。こうした「関係性」を築くことのできる学級担任の資質・能力が人格のはたらきとして子どもに作用し，学級担任の行うすべての教育活動を実効あるものにし，子どもを自己実現に導いていく。このような「成長のための共同体」を形成していける「人格性」が，学級担任に求められる専門性といえる。

3　学級経営における今日的な課題

(1) 学級経営の今日的な課題

学級経営にも現代ならではの課題や困難点が多く見られる。それは第５章で述べた「いじめ・不登校・ネット依存」などに現れた「現代の子どもの成長上の課題」であり，さらには，「子どもの貧困化」「児童虐待」など「家庭・地域の教育力の低下」のもたらす諸課題である。

学級担任はまず「現代の子どもの成長上の課題」に直面し，その対応や指導に追われることになる。子どもの人間関係が生み出す年間60万件を超えるいじめや増加傾向にある不登校，また，些細なことから突然暴力に走る「キレる」傾向の増加，さらにはネット依存の拡大など，多様な課題の克服と予防に担任は取り組むことになる。

第5章で述べたとおり，不安や孤独感，不信感や警戒心等が広がる子どもたちの世界は，集団とは呼べず，“群衆”に近い状況と認識する必要がある。学級担任が必要なアプローチをせず放っておくと，そこには「役割分担」や「合意形成」はおろか，「集団としての目標」や「責任」も成り立たず，「葛藤」も「共感」も，確かな「仲間意識」や「協働」も育たない疑心暗鬼の世界となってしまう。これらが学級担任が直面する，現代ならではの学級経営上の課題となるはずだ。

学級担任は，放っておけば“群衆”となり，疑心暗鬼に陥る子どもたちに向き合い，「健全な生活集団と活発な学習集団の形成」「相互信頼に基づく健全で活発な集団活動」を保障していこうとするわけで，その取組は簡単に成果を生む状況にあるとはいえない。さらに，子どもたちの発達段階は個人によって大きく開きがあって，学級担任には発達段階に応じた多様な対応が求められる。その上，個々の子どもが抱えている課題も極めて多様で，学校は常に多様な個別対応・個別指導・個別支援への要請を受け続け，学校に対する期待は拡大する一方という状況にある。

(2) 子どもの成長上の課題への学級担任のアプローチ

学級経営における様々な課題に取り組む場合，学級担任が子どもたち一人ひとりと向き合って，相互理解・相互信頼という確かな「関係性」を築くことが何より重要になる。前節でも述べたとおり，学級担任が子どもたちにとって「自他の尊厳を実感できる関係性を築ける人間」であるのかどうか，その「人格性」が課題克服の鍵となる。

Cさんの事例を挙げたように，「自他の尊厳を実感できる関係性」が構築されると，その「関係性」は周囲に安心感を伴って伝播し，健全な集団が形成されていく。そうしたなかで学級担任は，子どもたちが不安や孤独から抜けだして，相手と向き合える「対峙できる人間関係」を構築できるように導く必要がある。健全な集団のなかでの「対峙できる人間関係」は，子どもの自己理解・他者理解を促進し，自立に向けた歩みに導く基盤になる。

また，学級担任が個々の子どもへのアプローチを行う場合，その問題を抱え込むのではなく，「チームとしての学校」の一員として組織的に取り組むことが重要である。個々の子どもの抱える課題や問題行動への指導・支援において，学年会での相談や対策検討，スクールカウンセラーの活用のほか，校外の専門家を含めたケースカンファレンスのシステムを活用するなど，組織的な対応が必須となる。いじめについては，いじめ防止対策推進法に基づいて学校が策定した「学校いじめ防止基本方針」にしたがい，「学校いじめ防止対策委員会」などの組織による対応を行う必要がある。

(3) 多様な教育ニーズに応える

「不安」や「孤独」，「自信のなさ」などに陥りやすい現代の子どもたちは，大人から見て些細なことと思われる事柄をきっかけに，暴力行為や自傷行為を行ったり，不登校や引きこもり状況に陥ったり，時として自死に至るなど，深刻な危機につながることが考えられる。全力を上げてこうした事態を防ぐことが，学級担任の重要な役割である。

このように深刻化してしまう問題行動や不適応の背景には，多様で複雑な要因が潜んでいる。一見，問題がなさそうに見える場合であっても，児童虐待や家庭内のDV，保護者の情緒不安や不適応，子どもの発達上の障害や精神疾患，貧困や健康上の問題など，多様な生育上の課題や環境上の課題を要因としている場合が多い。これらは学級担任の「関係性」を基軸とする教育的なアプローチだけでは，十分な問題克服や教育効果を狙うことはできない。

子どもの貧困に関わる問題や児童虐待に関しては，第5章にその対応や取組例を既に記載した。子どもの問題行動や不適応には，多様な要因・背景が潜んでいることを念頭に，いずれの場合も「チームとしての学校」の組織力を生かして対応する必要がある。そして，校内に限らず関係する社会機関や各種専門家との連携・協働を図って，心理・医療・福祉・法律・司法等の専門的知見を積極的に活用して問題克服に取り組むことが求められる。

それには先述のケースカンファレンスのシステム活用や，臨床心理の視点からのアセスメントやスクリーニングの手法を取り入れた実態把握も必要である。これによって子どもの所属する集団の構造や適応上の課題を精緻に把握することができ，その多様な教育ニーズに応じた成長支援に役立てることができる。

学級担任は責任ある職務であるが，こうした問題を一人で抱え込むことは，子どもの不幸を招くとともに，教師としてのキャリア形成にも良い影響がない。「チームとしての学校」の一員としての自覚をもって，子どもの成長を第一とする開かれた姿勢で，その指導や支援に組織的に取り組むことが重要である。

また，現代の子どもたちの成長上の課題の克服には，学級など集団へのアプローチが有効なことはすでに述べた。「役割・目標・責任・協働・葛藤・共感」などを学ぶことのできる集団活動を，授業を含め種々の教育活動に幅広く取り入れて実施する必要がある。しかし，人とのかかわり方や情緒交流のスキルが身についておらず，集団活動に緊張や不安を覚える子どもも多くいることから，集団活動の前段階として，自己への適応や他者とのかかわり方を学ぶ機会を計画的に導入する必要もある。こうした適応やコミュニケーションのスキル向上に活用できる手法は，エンカウンターの手法やアサーション・トレーニングを取り入れた活動などが有効である。

社会的スキルにかかわる子どもへのアプローチとしては，まず「自己理解」を十分に図るところから始めて「自己適応」を支援し，その上で「他者理解」のトレーニングから「他者適応」を支援する。そして，「仲間づくり」のトレーニングを経て「集団づくり」を学んでいく段階的・発展的な育成を展開する必要がある。その手法の例として，筆者も策定にかかわった「子どもの社会的スキル横浜プログラム[3(註8)]」を参照すると良い。これは，子ども自らが適切な対人行動やコミュニケーションのスキルを身につけることを目的とするもので，子ども間の相互理解に基づく信頼感の醸成を促し，それぞれの適応や健全な集団づくりに役立つものである。さらに，子どもの集団の構造や各自の適応上の課題を分析できる「Y―Pアセスメント」も付属していて，子どもの多様な教育ニーズの把握にも役立つ内容となっている。このような多様な教育ニーズを適確に把握できる手法を組織的に活用することが，現代の子どもの成長支援や学級経営には効果的である。

3　子どもの社会的スキル横浜プログラム：子どもの社会的スキルの養成といじめ等問題行動の未然防止・早期対応のため，横浜市教育委員会が，2007（平成19）年に開発した教師用の指導ツール。子ども達がコミュニケーション能力や人間関係を築く力を身に付けるための135種類の「指導プログラム」と「ワークシート」に加えて，子どもの自己適応や集団適応の状況を構造的に把握するための「Y―Pアセスメント」で構成されている。これらは公開されており，無料でダウンロードできるようになっている。

第９章

学校の管理と運営

教育の目標を達成して教育効果をあげるために，学校は適確に管理運営されることが求められる。本章では，学校の管理運営の法規上の根拠を示しながら，そのシステムや責任体制などを把握し，教員の役割について理解を深める。

1　学校の管理運営

(1) 学校の管理運営の構造

学校教育には，校長が特色ある学校づくりを進め，また，教員が自由な発想で創意あふれる教育活動を展開することが望まれる。同時に，教育基本法にあるとおり「この法律及び他の法律の定めるところにより行われるべきもの（16条)」であり，「法律に定める学校は，公の性質を有するもの（6条)」であって，法の定める「目標を達成するよう行われる（2条)」ものである。したがって，学校が教育活動を展開するには，法に基づいて適確に管理・運営される必要があり，役割分担による責任体制や運営ルールが整備されているはずだ。

学校教育法は管理運営の基本的事項について，次のように定めている。

「学校教育法」

第二条　学校は，国，地方公共団体及び私立学校法第三条に規定する学校法人のみが，これを設置することができる。

第五条　学校の設置者は，その設置する学校を管理し，法令に特別の定のある場合を除いては，その学校の経費を負担する。

第三十七条　小学校には，校長，教頭，教諭，養護教諭及び事務職員を置かなければならない。（中略）

○4　校長は，校務をつかさどり，所属職員を監督する。

○5 副校長は，校長を助け，命を受けて校務をつかさどる。

「地方教育行政の組織及び運営に関する法律」

第三十三条 教育委員会は，法令又は条例に違反しない限度において，その所管に属する学校その他の教育機関の施設・設備，組織編制，教育課程，教材の取扱その他学校その他の教育機関の管理運営の基本的事項について，必要な教育委員会規則を定めるものとする。

学校教育法は，学校の設置者が学校の管理運営に関する教育委員会規則を定め，これによって校長が管理・運営を行うとしている。その規則には，教育機関の施設，設備，組織編制，教育課程，教材の取扱い，その他教育機関の管理運営の基本的事項について規定されていることがわかる。

さて，表9－1に示すのは，いわゆる「未履修問題」の近年の報道の記事見出しである。

表9－1 「未履修問題」報道記事の見出し

◆「内容は履修できている」授業数不足で○○市教委が会見（2019年4月11日11時56分 朝日新聞デジタル）
○○市で，半数以上の市立中学校で総授業時数が文部科学省の定めた標準より少ない状態が続いていた問題
◆府立高校の転入生に履修漏れ51人 ○○府教委発表（2019年8月3日 産経WEST）
◆○○県12中学校，「地球の天気」教えていなかった 学力テスト未履修問題受けて判明（2018年4月26日 産経新聞） （※固有自治体名の○○の表記は筆者による。）

学びにとって最も重要な教育課程の運営において，こうした問題が公私立を問わず起こってきている。どんな事情があったにせよ，すべての学校でしっかりとした責任体制と運営ルールに基づく適確な管理運営が行われる必要がある。

次に，管理運営にあたる校長の職務を，教育委員会規則から把握する。東京都の教育委員会規則(註1)を例示する。

校長の管理運営に関する職務

「東京都立学校の管理運営に関する規則」 抜粋 （文末の数字は条文を示す。）

・校長及び職員は，この規則及び他の法令等の定めるところに従い，適正にして円滑な学校の管理運営に努めなければならない。2条

・学校教育法に規定する校長の職務は，
　一　学校教育の管理，所属職員の管理，学校施設の管理及び学校事務の管理に関すること。
　二　所属職員の職務上及び身分上の監督に関すること。
　三　前各号に規定するもののほか，職務上委任または命令された事項に関すること。
２　校長は，所属職員に校務を分掌させることができる。　７条

・学校に教務主任，生活指導主任，進路指導主任，保健主任及び学年主任を置く。　10条の４

・校長は，校務運営上必要と認めるときは，校長がつかさどる校務を補助させるため，職員会議を置くことができる。
２　職員会議は，次の各号に掲げる事項のうち，校長が必要と認めるものを取り扱う。
　一　校長が学校の管理運営に関する方針等を周知すること。
　二　校長が校務に関する決定等を行うに当たって，所属職員等の意見を聞くこと。
　三　校長が所属職員等相互の連絡を図ること。
３　職員会議は，校長が招集し，その運営を管理する。（中略）　12条の７

・校長は，保護者若しくは生徒又は学校職員及び保護者若しくは卒業生で構成する団体からの委任に基づき，次に掲げる経費等（以下「学校徴収金」という。）の収納，管理及び支出に関する事務を処理するものとする。　12条の10

・校長は，学校の教育活動その他の学校運営を組織的かつ計画的に行うため学校経営計画を策定し公表しなければならない。
　毎年度，学校経営計画の実施状況について評価し，その結果を公表しなければならない。
　毎年度，学校経営計画及びその実施状況を委員会に報告しなければならない。
　12条の11

規則に示された校長の職務を起点に，全教職員の役割分担による責任体制が整えられ，学校が管理運営されていく。

(2) 学校の管理運営に関する規則の内容

学校の管理運営の規則の概略を確認する。ここでは「東京都立学校の管理運

表9－2　東京都立学校の管理運営に関する規則（主な記載事項）

教育管理 学校教育の管理　2 学期区分とその申し出　4 休業日と特別の申し出　5 臨時休業の報告　6 教育課程の編成　13 教育課程の届出　教育の目標　指導の重点　学年別各教科・科目及び各教科以外の教育活動の時間配当　年間行事計画　15 授業時間の割り振り　14 宿泊を伴う学校行事計画書を届け出　16 部活動の指導業務に関する指導管理と分掌・委嘱　12 教材の選定と教育委員会への届出と承認　18　19 指導要録及び出席簿の管理　21　22 生徒の懲戒（退学，停学，訓告，訓戒その他）と基準　23 退学または停学の実施と報告　原学年留め置きの決定　24　25 卒業証書，単位修得認定書等　26 学校が備える表簿　27	**組織管理** 校長の職務内容と校務分掌の管理　7 学校教育の管理，所属職員管理，学校施設管理，学校事務の管理　7 副校長・主幹教諭・指導教諭・主任等の役割と職務　8　10 事務職員の職責　12 企画調整会議の組織と運営　12 職員会議の設置・招集・運営管理　12 学校運営連絡協議会の設置・運営管理　12 学校経営計画　12 **人的管理** 所属職員の管理　7 所属職員の職務上及び身分上の監督　7 主任設置と教育委員会への報告　10 所属職員以外への部活動の指導業務委嘱　12 **物的管理** 学校施設の管理　7 学校徴収金に関する事務処理　12

注：末尾の番号は条文を示す。

営に関する規則」から管理運営の具体事項を「教育管理」「組織管理」「人的管理」「物的管理」に区分して一覧表にしておく（表9－2）。

これらの管理運営事項とそれに伴う多様な職務を，全教職員が役割を分担して取り組んでいく。学校がたゆまず教育水準の向上を図り，教育上の成果を生み出していくには，しっかりとした指導体制が必要であり，そうした指導体制の基盤には，適確な学校の管理運営システムとそれを支える多様な職務がある。

2　教育課程の管理運営

(1)　教育課程の管理運営に関する規定

教育課程とは，学校教育の目標を達成するべく，児童生徒の発達段階に応じて適切に学習が展開できるように編成された教育計画で，教科・科目等の目標・内容構成・時間計画・教材等が配列されたものである。子どもたちを確かな学習活動に導いて達成感をもたらすために日々行われている，教師たちの教育活動，その教育課程の管理運営にかかる法的な根拠を挙げる。

教育課程について，「学校教育法施行規則（文部省令第十一号）」は次のように定めている。

中学校・高等学校の教育課程に関する法令の規定

＜中学校＞

・中学校の教育課程については，教育課程の基準として文部科学大臣が別に公示する中学習指導要領によるものとする。74条

・中学校においては，小学校における教育との一貫性に配慮した教育を施すため，中学校の設置者が小学校の設置者との協議に基づき定めるところにより，教育課程を編成することができる。74条

・中学校の教育課程は，国語，社会，数学，理科，音楽，美術，保健体育，技術・家庭及び外国語の各教科，道徳，総合的な学習の時間並びに特別活動によって編成するものとする。72条

・授業時数並びに各学年におけるこれらの総授業時数は，別表第二に定める授業時数を標準とする。73条

＜高等学校＞

・高等学校の教育課程は，別表第三に定める各教科に属する科目，総合的な学習の時間*及び特別活動によって編成するものとする。83条（＊令和４年４月１日からは「総合的な探究の時間」に変更。）

・教育課程の基準として文部科学大臣が別に公示する高等学校学習指導要領によるものとする。84条

・高等学校においては，中学校における教育との一貫性に配慮した教育を施すため，当該高等学校の設置者が当該中学校の設置者との協議に基づき定めるところにより，教育課程を編成することができる。87条

・高等学校において，当該高等学校又は設置されている地域の実態に照らし，より効果的な教育を実施するため，当該高等学校又は当該地域の特色を生かした特別の教育課程を編成して教育を実施する必要があり…　85条（文部科学大臣が認め，教育基本法及び学校教育法第51条の規定等に照らして適切である場合，特別の教育課程を編成して教育を実施することが可能との意味）

注：学校教育法施行規則（文部省令第十一号）から関連箇所を引用し，加筆した。文末の数字は条文を示す。

この規定から，各学校においてそれぞれ教育課程を編成できることがわかる。そして，学校の設置者である教育委員会が学校を管理し，「所管に属する

学校の施設，設備，組織編制，教育課程，教材の取扱その他管理運営の基本的事項について，必要な教育委員会規則を定める（地方教育行政の組織及び運営に関する法律33条)」としている。したがって，各学校は，学習指導要領等の基準を元に教育委員会が設けた規則に則って，教育課程を編成することになる。

学校の教育課程編成について教育委員会がどのような規則を設けているか，横浜市の規則から確認する。

「横浜市立学校の管理運営に関する規則」（抜粋）(註2)

・小中学校の教育課程は，法令並びに学校教育法施行規則に規定する小学校学習指導要領及び中学校学習指導要領並びに教育委員会が定める基準により，校長が編成する。

・校長は，前項の規定により編成した教育課程について，次の事項を教育長に届け出なければならない。

(1) 学校教育目標　(2) 指導の重点　(3) 年間指導計画　(4) 年間評価計画　5条

こうした規定から，学校が教育目標の達成を目指して，学習指導要領及び教育委員会の基準に基づく適正な教育課程を編成し，これを教育委員会に届け出ることになっていることがわかる。そして，学校は届け出た教育課程に基づいて，各教科・科目及びそれ以外の教育活動に係る学年別の指導計画である年間授業計画を策定して，教育活動に取り組んでいく。教員は，年間授業計画に従って，子どもたちの実情や学びの状況をふまえて週ごとの指導計画（週案）を作成し，計画的に教育活動に取り組む。

また，例えば，修学旅行等の宿泊を伴う学校行事を実施する場合には，事前に計画書を届け出て教育長の承認を受けるなど，教育委員会との間で様々な手続きをとることになっている。そうした教育委員会への報告や届出・承認等の手続きは，教材の選定や学校評価，臨時休業や出席停止の措置，防犯・防災や事故発生時など，多岐にわたっている。

(2) 教育課程編成の意義と学習指導要領

●教育課程編成の意義

各学校が教育課程を編成する意義は，子どもや地域・家庭等の実情をふまえ，学校の特色や教師集団の創意・工夫を生かした教育活動を計画的・効果的に展開することにある。これにより教師が経験や研鑽から生み出してきた知恵や実践上のコツも教育活動に生かすことができる。それは学校の教育課題の克服と子どもの学びには欠かせない。

学校の教育活動において，教育課程と学習指導要領とは有機的に接合され，教育基本法の教育の目的と目標の達成を目指している。このことについては，2017（平成29）年3月公示の「中学校学習指導要領[註3]」は「学習指導要領が果たす役割の一つは，公の性質を有する学校における教育水準を全国的に確保することである。また，各学校がその特色を生かして創意工夫を重ね，長年にわたり積み重ねられてきた教育実践や学術研究の蓄積を生かしながら，生徒や地域の現状や課題を捉え，家庭や地域社会と協力して，学習指導要領を踏まえた教育活動の更なる充実を図っていくことも重要である」としているとおりである。

そして，学習指導要領は「これからの学校には，こうした教育の目的および目標の達成を目指しつつ，一人ひとりの生徒が，自分のよさや可能性を認識するとともに，あらゆる他者を価値のある存在として尊重し，多様な人々と協働しながら様々な社会的変化を乗り越え，豊かな人生を切り拓き，持続可能な社会の創り手となることができるようにすることが求められる。このために必要な教育の在り方を具体化するのが，各学校において教育の内容等を組織的かつ計画的に組み立てた教育課程である」とその意義を強調している。

●学習指導要領に示された教科等の構成

ここでは，学習指導要領・学校教育法施行規則に示されている中学校および高等学校における各教科等の構成や年間の授業時数に関する事項を掲載しておく。

学校教育法施行規則第73条には「中学校の各学年における各教科，道徳，総合的な学習の時間及び特別活動のそれぞれの授業時数並びに各学年における総授業時数は，別表第二に定める授業時数を標準とする」とされている。表9－3は中学校の各教科等の年間総授業時数を示したもので「別表第二」に相当するものである。

表9－3 中学校 各教科等の年間授業時数

区分	各教科の授業時数									特別の教科 道徳の授業時間数	総合的な学習の時間の授業時間数	特別活動の授業時数	総授業時間数
	国語	社会	数学	理科	音楽	美術	保健体育	技術・家庭	外国語				
第1学年	140	105	140	105	45	45	105	70	140	35	50	35	1015
第2学年	140	105	105	140	35	35	105	70	140	35	70	35	1015
第3学年	105	140	140	140	35	35	105	35	140	35	70	35	1015

注：授業時数の1単位時間は50分
　　特別活動の時間数は学級活動に充てるものとする。
出典：「中学校学習指導要領解説 総則編」（文部科学省，平成29年7月）。

高等学校の学習指導要領[註4]は2018（平成30）年3月にその全部を改正する告示等が公示された。公示された学習指導要領によれば，「卒業までに履修させる各教科・科目及び単位数等」について，表9－4とともに，次のように解説されている。

　各学校においては，卒業までに履修させる①から④までに示す各教科・科目及びその単位数，総合的な探究の時間の単位数並びに特別活動及びその授業時数に関する事項を定めるものとする。この場合，各教科・科目及び総合的な探究の時間の単位数の計は，74単位以上とする。単位については，1単位時間を50分とし，35単位時間の授業を1単位として計算することを標準とする。ただし，通信制の課程においては，別項教育課程の特例に定めるところによるものとする

①各学科に共通する各教科・科目及び総合的な探究の時間並びに標準単位数
②主として専門学科において開設される各教科・科目
③学校設定科目
④学校設定教科

表９－４　卒業までに履修させる各教科・科目及び単位数等（高等学校）

教科等	科　目	標準単位数
国　語	現代の国語	2
	言語文化	2
	国語論理	4
	文学国語	4
	国語表現	4
	古典探究	4
地理歴史	地理総合	2
	地理探究	3
	歴史総合	2
	日本史探究	3
	世界史探究	3
公　民	公共	2
	倫理	2
	政治・経済	2
数　学	数学Ⅰ	3
	数学Ⅱ	4
	数学Ⅲ	3
	数学A	2
	数学B	2
	数学C	2
理　科	科学と人間生活	2
	物理基礎	2
	物理	4
	化学基礎	2
	化学	4
	生物基礎	2
	生物	4
	地学基礎	2
	地学	4
保健体育	体育	7～8
	保健	2
芸　術	音楽Ⅰ	2
	音楽Ⅱ	2
	音楽Ⅲ	2
	美術Ⅰ	2
	美術Ⅱ	2
	美術Ⅲ	2
	工芸Ⅰ	2
	工芸Ⅱ	2
	工芸Ⅲ	2
	書道Ⅰ	2
	書道Ⅱ	2
	書道Ⅲ	2
外国語	英語コミュニケーションⅠ	3
	英語コミュニケーションⅡ	4
	英語コミュニケーションⅢ	4
	論理・表現Ⅰ	2
	論理・表現Ⅱ	2
	論理・表現Ⅲ	2
家　庭	家庭基礎	2
	家庭総合	4
情　報	情報Ⅰ	2
	情報Ⅱ	2
理　数	理数探究基礎	1
	理数探究	2～5
総合的な探求の時間		3～6

第 10 章
学校経営と教職員組織の課題
―求められる組織行動力―

これまで見てきた学校教育の諸課題を前に，教職員には学校経営への積極的な参画が求められている。すべての教職員が「チームとしての学校」の一員として学校経営に参画し，教育諸課題の克服を目指す戦略的な学校経営を展開する学校像について理解を深めていく。

1　学校の経営と経営戦略

学校が，教育上の諸課題を克服し，十分な教育効果を上げるためには，教育目標の達成を目指す明確な方針を打ち出し，戦略的に業務を遂行する「経営体」としての強さが求められる。学校経営のありようによって，教員の資質・能力の発揮や学校全体の教育力が左右され，教育成果に大きく影響する。

(1)「チームとしての学校」が求められる理由

学校を運営するにあたり，なぜ「チームとしての学校」という概念が強調されるようになってきたのだろうか。このことに関する提言は，2015（平成27）年の中教審答申「これからの学校教育を担う教員の資質能力の向上について～学び合い，高め合う教員育成コミュニティの構築に向けて～（答申）[註1]」でなされている。これを受けて，教員が「チームとしての学校」の一員としての能力を身に付けられるよう，教育職員免許法施行規則改正等を経て，大学の教員養成課程や教員免許状更新講習の履修内容にこうした能力を含めることが文部科学省から通知（平成 29 年 11 月）されている[註2]。

「チームとしての学校」とは，経営体としての強さをもつ学校であり，こうした強さが求められる理由については，「第 5 章　学校教育の課題と求められる教育の質の向上」を中心に，第6章・第7章でも述べている。先の見通せない「予測困難な時代」において「未来の創り手」となる子どもたちをたくましく育成するために，学校には教育水準の向上が，教員には資質・能力の向上が求められ，教育課程の改善と学校の組織強化が不可欠であるとされている。

そして，地球規模の社会変動に伴い，家庭，地域社会も変容して教育力は低下し，子ども自身も多くの成長上の課題を抱え，「発達課題の未消化」「自立遅滞」の状況に陥るなど，「成長の矮小化」が広がる状況があることを述べた。それらは，いじめや自殺，不登校やネット依存等となって顕在化するなど，そのほかの課題も含め学校は，複雑化・多様化する教育課題の克服を求められている。しかも，これに取り組む我が国の教員は，世界的に見て最も多くの職務を担当し，長時間勤務にあえいでいる実態も明らかになっている。これらの実情をふまえて多様な課題の克服に向けて，経営体として強さを有する「チームとしての学校」が求められている。

「チームとしての学校」を提言した2015（平成27）年の中教審答申「チームとしての学校の在り方と今後の改善方策について[註3]」から一部を抜粋する。答申は次の3つの視点を示し，新たな学校像を求めている。

①専門性に基づくチーム体制の構築

教員が教育に関する専門性を共通の基盤として持ちつつ，それぞれ独自の得意分野を生かし，学校の中で，学習指導や生徒指導など様々な教育活動を「チームとして」担い，子供に必要な資質・能力を育むことができるよう指導体制を充実していくことが重要である。あわせて，心理や福祉等の専門スタッフを学校の教育活動の中に位置付け，教員との間での連携・分担の在り方を整備するなど専門スタッフが専門性や経験を発揮できる環境を充実していくことが必要である。

②学校のマネジメント機能の強化

教職員や専門スタッフ等の多職種で組織される学校がチームとして機能するよう，管理職の処遇の改善など，管理職に優れた人材を確保するための取組を国，教育委員会が一体となって推進するとともに，学校のマネジメントの在り方等について検討を行い，校長がリーダーシップを発揮できるような体制の整備や，学校内の分掌や委員会等の活動を調整して，学校の教育目標の下に学校全体を動かしていく機能の強化等を進める。また，主幹教諭の配置を促進し，その活用を進めるとともに，事務職員の資質・能力の向上や事務体制の整備等の方策を講じることにより，学校の事務機能を強化することが必要である。

③教職員一人一人が力を発揮できる環境の整備

教職員や専門スタッフ等の多職種で組織される学校において，教職員一人一人が力を発揮し，更に伸ばしていけるよう，教育委員会や校長等は，「学び続ける教員像」の考え方も踏まえ，学校の組織文化も含めて，見直しを検討し，人材育成や業務改善等の取組を進める。また，教育委員会は，教職員が安心して教育活動に取り組むことができるよう，学校事故や訴訟への対応について，教職員を支援する体制を強化していくことが求められる。

◆「チームとしての学校」像

校長のリーダーシップの下，カリキュラム，日々の教育活動，学校の資源が一体的にマネジメントされ，教職員や学校内の多様な人材が，それぞれの専門性を生かして能力を発揮し，子供たちに必要な資質・能力を確実に身に付けさせることができる学校

さらに，同答申で提言されている具体的な学校づくりについて，一部を要約して掲載する。

- 新しい時代に求められる資質・能力を子どもたちに育むために，社会の変化を柔軟に受け止める「社会に開かれた教育課程」を実施し，様々な地域人材等との連携・協働を進め，コミュニティ・スクールや地域学校協働本部等の仕組みを生かすなどして教育活動を行う社会総掛かりの教育を進めること。
- 教育課程の編成・実施・評価及び改善において，学校の教育目標をふまえ，教科等や学年を超えた学校全体の教育活動を見通した横断的・相互的な展開を実現する「カリキュラム・マネジメント」の組織運営体制を確立すること。
- 子どもたちの資質・能力を育むためには，習得・活用・探究という学習プロセスを通して問題の発見・解決を図る深い学びの実現が必須であり，他者との協働や外界との相互作用を通じて考察を深める，主体的・対話的で深い学び（アクティブ・ラーニング）を実践すること。
- そのために教員は，授業方法の見直し等による授業改善や評価方法の開発等の研究に取り組むとともに，学校全体をチームとして，カリキュラム全体を意識して，授業を組み立てること。
- 教職員や専門スタッフが自らの専門性を十分に発揮し，「チームとしての

学校」の総合力，教育力を最大化できるような体制を構築してくこと（専門スタッフの例：心理や福祉，授業等教育支援，部活動指導，特別支援教育，地域連携等に関わるスタッフ）。

・学校のマネジメント機能の強化を図り，家庭，地域とも連携・協働しながら，一つのチームとして機能するように，学校のリーダーシップ機能や企画・調整機能，事務体制を強化し，学校に関わる全ての職員がチームの一員であるという意識を共有すること。

・教職員一人ひとりが力を発揮できる環境を整備し，人材育成の充実や業務改善，子供と向き合う時間の確保，メンタルヘルス対策等の取組を進めること。

(2) 学校の経営と戦略

●学校経営とは

学校経営は「学校の教育目標達成のために，校長はじめ教職員全員が明確な方針のもとに組織化され，教職員の能力が十分に発揮できるように計画的に管理運営され，戦略的に業務が遂行されていくこと」と説明できる。

ここで，経営に関する用語の整理をしておく。元々「経営」という用語には「継続的・計画的に事業を遂行すること。特に，会社・商業など経済的活動を運営すること[註4]」という意味や「方針を定め，組織を整えて，目的を達成するよう持続的に事を行うこと。特に，会社事業を営むこと[註5]」という意味があり，会社事業を営む上での用語として使われてきている。次に「マネジメント」だが，「学校のマネジメントを強化し」，あるいは「カリキュラム・マネジメント」などと使われるが，これは実際に経営組織において「管理・運営」，「統御・処理」することをいう。

経営には，これを構成するものとして「経営の三要素」などと表現される事項がある。この三要素として，一般的にはいわゆる「ヒト」「モノ」「カネ」といわれ，「人材」「製品や設備」「資金」を指し，これらに「情報」「知的財産」等を要素として加える考え方もある。企業が競争のなかでの生存と利益獲得を目指すこうした経営の要素を，教育という公的な目標達成を目指す学校に当てはめるには，意味の組み替えや調整が必要となる。

企業経営について運動論的に整理して述べると，その目的を達し，増進していくためには，組織全体を戦略的に展開する「経営戦略」が求められる。これは，「企業を成功に導くために何をどのように行うかを示したもので，企業に関与する人たちの指針となり得るもの」とされ(註6)，また，「企業の持続的競争優位を確立するための基本的な考え方」とされている(註7)。この戦略に則って，競争に打ち勝つべく，具体的な営業・操業・運営・操作などの「オペレーション」が行われていく。そして，「経営戦略」を生み出す基本には，企業の存在意義や使命などを表す「経営理念・経営ビジョン」が最上位に位置づけられる。「経営戦略」はそうした企業存在の価値を実現するための方法・方策といえる(註7)。ここで述べた「経営理念・経営ビジョン」「経営戦略」「オペレーション」も「経営の三要素」ということができる。

こうした企業経営の諸概念を学校経営に持ち込むようになったのは，先述のとおり，課題を抱える学校が経営体としての強さを求められ，第5章で述べたサッチャリズムの流れを受けて，業績主義・市場原理・効率性・競争原理・説明責任・外部評価の公表など，企業経営の手法を学校教育に導入したことによる。

これらの企業経営の諸概念を学校に当てはめると，学校には，教育目標の実現を目指すための「経営理念・経営ビジョン」を明確にもち，全教職員の能力が発揮されて課題克服に至る「経営戦略」を共有し，具体的に教育活動や学校運営において実効を上げていく「オペレーション」の展開が求められるといえる。

また，「ヒト」「モノ」「カネ」の各要素について学校経営に置き換えれば，「ヒト」は教職員や地域等の協力者，場合によっては保護者等もあてはまり，「モノ」は設備・施設等，「カネ」は予算となり，「情報」「知的財産」等の要素には「地域等のネットワークや機関連携」，子どもを引きつける「授業技術や指導法」などがあてはまるといえよう。こうした組織力を十分に生かした戦略的な学校経営が，先に確認した「チームとしての学校」[1]の目指すものであり，多種多様な課題に直面し，教職員が長時間勤務にあえぐなかで，より高い教育水準を求められている学校の実情からいえば，このようなより高度な「経営戦略」を求めることは当然のこととして理解できるだろう。

1　以下「チーム学校」とも表記する。

●学校経営の課題と改善の方向性

学校，特に公立学校には経営上どのような課題があるのか，学校経営の実際について見ていく。学校に経営体としての強さを求める動きは，中央教育審議会において1998（平成10）年頃から議論されている。それらは，「学校の自主性・自律性の確立」「校長のリーダーシップ」などの重要性を説き，学校経営の課題や組織上の弱点を指摘して，改善に向けた提言を行っている。以下に，関係する3つの答申から関係部分を抜粋する。学校経営上の課題を把握し，これらからどのように経営体としての強さを培っていくかを考察する資料としたい。

「今後の地方教育行政の在り方について」（中教審答申　平成10年9月1日）から抜粋

第3章　学校の自主性・自律性の確立について（抜粋）

(1) 校長の在職期間が短いことから校長が自らの教育方針に基づいて学校運営に手腕を発揮することが困難となっているとともに，教職員の意欲と取組を引き出すリーダーシップが欠けている場合がある，

(2) 校長と教頭の選任がいわゆる順送り人事になっており，資質と意欲を持った若手教員や学校外の人材を積極的に任用することが必要である，

(3) 全体として横並び意識が強く個性や特色ある学校づくりへの取組が不十分であることなどから，公立学校が全体として没個性的になっている，

(4) 学校内での意思形成過程と職務執行過程が不透明で責任の所在が明らかでないことや，学校が地域の教育機関であるという認識が教職員に徹底していないことなどから，保護者や住民から十分信頼されていない，

(5) 学校が外部に対してとかく閉鎖的であり，家庭や地域との連携が十分でない，

などの指摘がなされている。

（中略）公立学校が地域の教育機関として，家庭や地域の要請に応じ，できる限り各学校の判断によって自主的・自律的に特色ある学校教育活動を展開できるようにするため，「教育委員会と学校の関係の見直しと学校裁量権限の拡大」，「校長・教頭への適材の確保と教職員の資質向上」，「学校運営組織の見直し」，「学校の事務・業務の効率化」，「地域住民の学校運営への参画」の5つの視点から，これに関連する制度とその運用や事業の在り方について（中略），改善を図る必要がある。

「新しい時代の義務教育の創造―義務教育の構造改革―」（中教審答申　平成17年10月26日）から抜粋

第3章　地方・学校の主体性と創意工夫で教育の質を高める―学校・教育委員会の改革―

(1) 学校の組織運営の見直し

ア　学校の自主性・自律性の確立

○学校が主体的に教育活動を行い，保護者や地域住民に直接説明責任を果たしていく

ためには，学校に権限を与え，自主的な学校運営を行えるようにすることが必要である。
（中略）人事面，予算面では不十分な面がある。権限がない状態で責任を果たすことは困難であり，特に教育委員会において，人事，学級編制，予算，教育内容等に関し学校・校長の裁量権限を拡大することが不可欠である。

「今後の地方教育行政の在り方について」（中教審答申　平成25年12月13日）から抜粋
2. 教育行政における国，都道府県，市町村の役割分担と各々の関係の在り方について
(2) 県費負担教職員の人事権・給与負担の在り方について
③教職員の人事等における校長の意向の反映ついて
・教職員の人事については，教員の自らの能力や意欲をアピールしてフリー・エージェント宣言し，各校長がその人材一覧から求める人材を指名する教員版フリー・エージェント制度の取組や，校長が自校の求める人材をHPで募集し，選抜した人材を教育委員会へ具申する教員公募制の取組など，教職員の配置に対する校長の意向を反映させる取組を更に拡大していくことが望まれる。

これらの答申では，学校の経営行為には活力がなく，次のような課題を抱えていることを指摘している。

・公立学校が横並び意識が強く，没個性的で，特色ある学校づくりへの取組が不十分である。
・人事において，資質と意欲をもった若手教員や学校外の人材登用ができていない。
・校長の学校運営の手腕発揮が難しく，教職員の意欲と取組を引き出すリーダーシップが欠けている。
・学校が地域・社会に向き合う教育機関であるという教職員の意識が薄く，保護者や住民から信頼を得られていない。
・学校が外部に対して閉鎖的で，家庭や地域との連携が図られていない。

そして，公立学校がこれらの課題を克服し，家庭や地域の期待に応え，個性と特色のあふれた学校づくりを促進するために，教育行政を含めた経営改善のための方針と方策が示されている。それは，「教育委員会と学校の関係の見直しと学校裁量権限の拡大」，「校長・教頭への適材の確保と教職員の資質向上」，「学校運営組織の見直し」，「学校の事務・業務の効率化」，「地域住民の学校運営への参画」の5つの視点から，学校経営に関連する制度や事業等の見直しを求めている。これらにより学校に権限を与え，校長のリーダーシップ下で自主的・自律的な学校運営ができるように，人事，学級編制，予算，教育内容等に

関する学校・校長の裁量権限の拡大を図るほか，校長のリーダーシップの向上や教職員の意欲を引き出す諸施策の実施を求めている。

(3) 学校経営と教員の組織行動の課題

●事例から学ぶ学校組織の弱点

学校現場で実際に起こった事件を事例として取り上げ，学校経営と組織構造の弱点を把握し，「チーム学校」の一員としてどのような学校組織を構築していく必要があるかについて考察する。

考察の資料として，2006（平成18）年4月に小学校に赴任した新任教諭が仕事に追われ，職場内の支援も乏しいなかで疲れ果て，着任から2ヶ月後に自死に至った事件を取り上げる。これは註8～12に示した各新聞報道及び当該事案「公務上災害申請理由書」をもとに資料化し，考察資料として作成したものである。

▶考察資料＜新任女性教諭の自死と学校組織＞

当該教諭は，高校時代から教師になることを目指し，2006（平成18）年４月，念願叶ってＳ小学校に教諭として着任しました。それから２ヶ月後の５月31日，教諭は死を選び，翌日，病院で亡くなりました。23歳でした。「大学時代，小学校で先生の補助をし，笑顔の絶えなかった娘がどうして…」とご両親は写真に問い続けられたと記事にあります。教壇に立てたのは，わずか２ヶ月間でした。

ご家族によれば，当該教諭は出生以来，心身共にいたって健康で，真面目で優しい性格で多くの友人に恵まれていました。精神疾患の既往歴もありませんでした。教諭の死去から２ヶ月ほどたった８月，教諭のカバンを整理されていた親御さんが中にあったノートをめくり，教諭の残したメモを発見しました。そこには「無責任な私をお許しください。全て私の無能さが原因です。家族のみんな　ごめんなさい」とありました。親御さんは「無責任じゃない。責任を果たそうとしたから倒れたのに」と無念の思いを語られています。

教師を目指した大学時代は，大学での学修のほか，学校現場でのボランティア活動やアシスタントティーチャーを務め，積極的に子どもにかかわって，教職の学びを積み重ねました。大学の指導教官やボランティア先の校長たちからも，その資質を高く評価されていました。「明るく優しい人柄」「仕事内容の的確さ」「責任感の強さ」「実行力がある」「表情豊かでとてもさわやかな印象を受けた」「おっとりしているようで芯の強さを感じた」「積極的に学ぶ姿勢が見られた」などの評価の言葉をたどることができます。

Ｓ小学校に着任した当該教諭は，２年生の担任として教師生活が始まりました。クラスの子どもの名前を覚えようと，やる気に満ちたスタートでした。Ｓ小学校は１学年に１クラスしかない単学級の学校でした。ですから同じ学年に担任はおらず，２年生の授業進行など，身近にお手本が得られない状況でした。新任教諭を指導・支援する初任者指導担当の教諭は，同学年ではなく，１年生38人の担任を務めるＧ教諭でした。Ｇ教諭は，学校に慣れない１年生の指導で忙殺されている状況でした。当該教諭は友人に「１学年１クラスなので相談する人がいない」「指導教官がちょっと話を聞いてくれるくらいで，他に相談できない」と話していた記録があります。しかも，当該教諭が２年生を担当するに当たり，前年度の学級担任からクラスの児童について引き継ぎを受けた時間は，約30分程度だったとのことです。

Ｓ小学校は，前年度の常勤教員は10人で，うち学級担任は６人でした。年度末の人事異動でなんと５人の教員が他校に異動しました。当該教諭が着任した2006（平成18）年度に残留していた学級担任は，Ｇ教諭と採用２年目の教諭の２人だけでした。この異動に関して，関係報道の記事は，「校長の経営方針に反対して異動を希望した教員も多かった」や「新学期のうえに教職員が入れ替わったせいで，ゆとりがなかった」との学校関係者の見方を紹介しています。

当該教諭の１日は極めて忙しいものでした。教諭の担当していた校務分掌は，学級担任・学習指導部・生活指導部・給食事務部・渉外部・各種委員会・クラブ活動（サッカー・バスケットボール）等でした。こうしたなか，日々の学級経営や学習指導のほか，食育指導計画，公開授業指導案，キャリアプランなどの提出が求められ，遠足などの学校行事の準備，初任者研修報告，年間授業計画作りなど，多くの職務をこなしていく必要がありました。

当該教諭は，朝６時30分までに自宅を出て７時40分に学校に着いて仕事を始めます。通勤時間は約１時間10分です。休憩時間は実質的にとれず，夜７時以降まで超過勤務になることが常態化していました。帰宅した後もパソコンによる文書作成などに，毎日２時間ほど取り組み，就寝時間は午前１時頃になっていました。さらに，土曜日，日曜日のいずれかは出勤していました。こうした状況下で睡眠不足が続きました。ご家族が調査されたところによれば，１ヶ月間の超過勤務時間は100時間を超えていました。教諭が午前１時過ぎまで授業準備でパソコンに向かい，そのままソファで眠る日々が続く様子や年頃である教諭が出勤前に鏡を見なくなるなど，余裕なく追いまくられている様子を家族は感じていました。

こうしたなか４月中旬から当該教諭に，保護者からの苦情や意見が連絡帳等で次々と寄せられるようになります。「子どものけんかで授業がつぶれているのが心配」「下校時間が守られていない」「なんで子どもに漢字で名前を書かせないのか」「期待したような宿題が出ていない」などのほか，「結婚や子育てもしていないので経験が乏しいのではないか」といった教諭個人を中傷するような文言もありました。当該教諭は保護者に「すみません」などと書いて，対応していました。その連絡帳は開示されていません。その内容について，教育委員会の担当者が口頭で両親に説明し，「初任者である教諭が見たらショックを受けるだろう」と言い添えたとのことです。

この状況に学校が気付いたのは，５月 22 日でした。当該教諭が研修で不在のおり，たまたま初任者指導の教諭が，苦情や意見が多く書かれている連絡帳を見て，４月以来の状況に気がつきます。指導教諭は，校長に報告した後，関係保護者に電話して理解を求めました。当該教諭は校長から保護者に電話するように言われ，当該教諭は保護者に電話で謝っています。

５月 25 日には保護者４人が校長室に駆け込みました。内容は「子どもがもめても注意しない。前の担任なら注意した」など，当該教諭の指導に対するクレームだったと記事は伝えています。同日，放課後，当該教諭は校長から「保護者の気持ちを受け止めて，週時間割を作成するように」などの指示を受けています。

この翌日の５月 26 日夜，当該教諭は以前から約束のあった学生時代の友人に会ったとき，「校長に，親が信頼できないと言っていると，伝えられた」「自分がふがいない」「やってもやっても追いつかないので，どうしたらよいかわからない」と話したことが記録されています。翌日の５月 27 日，当該教諭は自宅内で自殺を企図しますが未遂に終わります。これを受けて 29 日，親御さんが医師の診療を受けさせます。後日判明する教諭の診断名は，「抑うつ状態（適応障害の疑い）」でした。30 日にも別の病院での診察を受けて，ここでも精神疾患が確認されました。投薬後，少し元気を取り戻したように見えた教諭でしたが，家族は再び自殺企図に至らぬように注意を払っていました。５月 31 日夜，わずかの間，家族の目から離れたときに，自殺既遂に至り，翌６月１日，病院で死亡が確認されました。

後に，教諭の親御さん（父親）は「保護者対応が気持ちの面で一番つらかったと思う」と娘さんの心中を推量しますが，「保護者からのクレームだけで人は死なない。教師が支え合える仕組みがないと，子どもたちにとっても悲劇になる」と述べられています。ご両親は，「若い先生方への心と身体へのサポート体制を学校全体として作り上げていただきたい。そして，若い先生方に，いつまでも夢を追い続けていただきたい」との思いをもって，校長会や教育委員会にサポート体制整備を働き掛ける活動を開始されます。

（註 8 ～ 12 を参考に作成）

この考察資料について，次の２点を課題として取り組み，考えを深めて欲しい。

課題

①新任の教師が追い詰められていった経過を整理して文章にまとめ，それらから当該校の学校経営や管理職を含む教職員の組織と行動の問題点を指摘する。

②この事例のような事態を生まないためには，学校経営の上で大切にすべきことは何か，学校の組織の在り方や教職員の組織行動をどのように改善していく必要がある

かについて考え，その具体的な対策や取組について考えをまとめる。

資料の事件に関して，教諭本人の苦しさや無念さ，ご家族の耐え難い悲痛な思いについては余人が軽々に述べるべきことではなく，読者がそれぞれの人間性のなかで感じていただきたい。本書でこの事件を取り上げたのは，この事件における教諭の死という事象がもたらす意味について，認識を深めてもらうためである。「チーム学校」の一員として，教諭の死をどう認識すべきか考え，学校経営の視点から捉え直すことが，教職を探求する者には求められる。

この教諭の死は，同校の子どもたちにも大きな悲しみとともに，様々な影響をもたらしたはずだ。保護者や同僚の教職員にも種々の影響をもたらしただろう。資料に示した父親の話に「保護者からのクレームだけで人は死なない。教師が支え合える仕組みがないと，子どもたちにとっても悲劇になる」とあるとおり，この「仕組みのなさ」が，まさに子どもたちにとっても，周囲の人々にとっても「悲劇」となることを認識する必要がある。

ここでいう「仕組みのなさ」とは，単に教育委員会等が整備する新任教員への支援システムだけを意味するものではない。実際に初任者サポートシステム等が，多くの自治体で整備されてきている。しかし，こうしたシステムが整備されれば必ず解消される問題ではないことは認識できる。事件のような状況を生まないようにすることが，共に職務を遂行している校長をはじめ全教職員の組織としての責務であるはずだ。この項のはじめに，「学校経営のありようによって，教員の資質・能力の発揮や学校全体の教育力・教育成果が大きく左右される」と述べた。教諭の死は，同時に学校の教育機能の重要な一角が喪失したことを意味する。学校経営の視点から見れば，学校の機能が崩壊し，教育成果を生むどころか，経営破綻の状況といえる。

この事件に見た学校経営の破綻状況を特異な例とするのではなく，どの学校，どの教職員組織でも起こりうることとして，その要因・背景を探求しておく必要がある。事件の示すとおり，学校経営が破綻することは多くの悲劇と教育の減衰を生む。ここで学ぶべきは，すべての教職員が経営体である学校をどのような意識もって支え，どのような組織行動を行う必要があるのかだ。教職員一人ひとりの組織行動とこれをマネジメントできる一体感のある学校経営こそが「チーム学校」の本質である。以後，学校組織の課題や弱点について，さらに考察を深めていく。ここで取り上げた学校組織の問題点をふまえながら，読み進めてもらいたい。

●学校組織の弱点と教員の組織行動の課題

「チーム学校」を目指す実際の学校現場には，教職員の学校経営への参画や組織行動に様々な課題や弱点が見られる。筆者は種々の方法でこうした課題や弱点を調査・把握してきている。表10－1は，公立学校の管理職候補の教員で職務経験20年前後の現職教員20人からの聴き取り調査（2015年～2016年）の結果の一部である。

この調査結果から，長年にわたる学校の組織運営のなかで，行き違いや不調，停滞や妥協など様々な不都合も現れて，不合理な慣習や雰囲気となり，それらが組織文化・組織風土として，動かしがたい組織上の問題となって蓄積していることがわかる。例えば，「事なかれ主義」「リーダー不足」「新しいことへの拒否感」「縦のつながりが弱い」「横並び」「管理職と現場教員の意識の乖

表10－1　学校現場の課題

【閉鎖的・個業的な組織】

横並びで事なかれ主義が目立つ。新しいことへの拒否感がよく見られる。前年度の反省を踏まえた教育活動を行えていない。前年度の要項などをそのまま使ってしまうことも多い。学級王国の風土で個人主義の風潮が強い。教師は孤立しやすい。新任教員への壁が見られる。それぞれが担任であり，個人作業やクラス単位の言動が多い。教員がグループ化してしまうことが問題。権利ばかり主張するなど，社会性の欠如した発言やわがままな発言が見られる。社会人との接点が少ないからと思うが，非常識な言動・行動が多い。競争相手がいない，組織のゆるさが目立つ。横のつながりはあるが，縦のつながりが弱い。チームという意識の不足が見られる。リーダーの不足。教師個人がもっている知識やノウハウが個人にとどまり，なかなか共有されず，無駄な時間・労力を費やすことがある。専門性として「自分の指導法」を身に付けている教師は多いが，反面，他の指導法を受容せず柔軟性に欠けている。学力テストの結果など，保護者や地域に発信情報が限定的・抽象的でアカウンタビリティーが不十分である。

【管理職と教職員の乖離】

管理職の方針が伝わりにくい。校長室に行かない限り，連携が取りづらい。校長室が開かれた場所でない。運営委員会が新しい意見をくみ取る機関になっていない。校長の意に沿わない意見を排除する場になっている。校長，教頭，教務の風通しが良くないと，職員は振り回されて大変である。管理職と現場教員の意識の乖離が見られ，現場の感覚から離れてしまうことがある。乖離したまま学校運営をしていくと，実現困難な，現実離れした決定になりがちで，不信感につながってしまうこともある。

離」などは，まさに組織の弱さを如実に示している。こうした結束力のない消極的な学校組織では，深刻な課題を克服して教育成果を上げる実効性は望めない。また，「学級王国の風土」「個人主義の風潮」等からは，組織の閉鎖性など構造上の課題が見えてくる。そのなかで「新任教員への壁が見られる」が指摘されているのは，前項で示した教諭の自殺という悲劇がどの学校でも起こりうることを示唆している。これらから学校組織が個別的で一体感がなく，職務分担に当然のように偏りが出て，停滞しやすい状況にあることがわかる。さらに，教職員間の相互理解など，コミュニケーション上の問題も指摘されていて，“協働勝利”を目指す「チーム学校」の状況にはないことがわかる。これらの指摘が，経験豊かな現職の教員から発せられているところに問題の根深さが見て取れる。こうした問題が学校現場に蔓延しているとしたら，業績主義・市場原理・効率性・競争原理等を学校教育に導入しようとしたサッチャリズムの教育改革のねらいは社会一般に理解されるであろうし，多くの国民がそうした教育改革を支持するものと思われる。

「チーム学校」の一員である教員は，所属する学校の実情をふまえ，学校経営と組織行動のありようを見据える必要がある。その長所・短所を見抜いて，組織の改善と学校経営に貢献する意識と能力を身につけておく必要がある。以下に「教員の組織行動の課題と克服への視点」を示す。これらを参考に，「チーム学校」の一員としてどのように行動するべきかを考察し，自らの教員としての在り方の再構築に役立てて欲しい。

教員の組織行動の課題と克服への視点

①社会対応への責任感・自覚が薄い

教員は，次世代育成の権限を負託した国民全体に向き合って責任を果たす存在であり，十分な社会認識や教養を保持した上で子どもや保護者に関わる必要がある。子どもとの関係や教育活動にのみ埋没する閉鎖的な傾向や情報発信・広報意識の薄さ，消極的な社会対応の姿勢などを改善し，これらに主体的に取り組む必要がある。

②公権力の行使者としての自覚の弱い教員

教育課程や生徒指導はじめ，学校の業務は国民から負託された公権力の行使であり，教員は自らが公権力の行使者であることを自覚する必要がある。職務が公権力の行使である以上，情報公開と説明責任は当然であり，積極的に行う必要がある。

③学校組織内部の壁と閉鎖性

「学級王国」の意識による学級経営や教育活動は，教師としての成長を阻む独りよがりの姿勢であることを認識する必要がある。「授業を見られたくない」「指導に干渉されたくない」「他の学級のことは担任に言いにくい」という閉鎖性は，自己保身であり，組織を弱体化させる元凶である。こうした悪弊を克服することは全教職員の務めである。

④事なかれ主義を助長する調和・調整優先の“仲良し”ムード

職務において互いに調整して円滑化や調和を図ることは重要なことだが，いき過ぎると波風を立てないことを最優先して，安逸に流れ，業務の停滞や自己保身のための事なかれ主義が蔓延する。子どもの成長という教育成果を生むために，お互いが最善を尽くし，時に意見を闘わせる活気ある職務環境をつくる必要がある。

⑤個業的な仕事の姿勢や“専門の殻”に閉じこもる姿勢

組織の一員として意識が弱く，専門偏重で他の干渉を嫌う傾向を克服する必要がある。組織には指揮命令系統が必要であるが，専門偏重がこうした系統を壊し，経営組織全体を弱体化させる。専門偏重を廃して“協働勝利”を目指す組織にする必要がある。

⑥閉鎖的な組織が教員のなかに“万全の自己完結性”を生み出す不幸

職務における協働を疎んじ，閉鎖的・個業的で，専門偏重の“専門の殻”に閉じこもる職務姿勢を長年継続した場合，互いに学び合う機会を逸し，職業人としての成長をゆがめる結果を招く。その結果，組織に超然とした自己完結型の教員，自己肥大化した教員という不幸な状況に陥り，そのような教員は子どもにとって単なる“無自覚の権力者”になり得ることを自覚する必要がある。

⑦“学級会”の延長のような発想の組織参画の姿勢

“協働勝利”を全教職員で目指す業務組織の一員という自覚が薄い。そのため，組織内の会議で「私は反対です」などと学級会の延長か，代議員であるかのような姿勢が見られる。課題を指摘してより良い改善策を具申するなど，業務目的達成を第一とする業務組織の一員として，積極的に責任を果たす姿勢が求められる。

⑧脆弱な危機管理意識と指揮命令系統の不備

閉鎖的な社会では出来事の社会的な意味が認識できず，危機意識が甘くなって初期対応が遅れ，重大な危機を招くことが見られる。危機に直面した時の対応力が脆弱で，事態を客体化して逃げ道を探す自己防衛の傾向が見られる。危機に際して，子どもを守ることを最優先に組織の対応目標と方針に従い，組織の一員として協働・一貫のオペレーションを心がける必要がある。

2　学校経営と組織マネジメントの実際

(1) 学校経営計画と校務分掌

◉学校の経営計画と教育活動

ここでは学校経営の計画や方針がどのように児童・生徒の教育活動の展開につながっていくのか，そのシステムの具体的な展開について解説する。

図 10－1 はその流れを図化したものである。先に，経営体としての学校には経営ビジョンと経営戦略が必要だと述べた。各学校では，名称は様々だが，「○○学校経営ビジョン」，「学校経営方針」，「学校経営目標」などとして成文化されていることが多い。「学校経営計画」や「学校教育目標」なども設けられている。学校は公的な存在であるから，上段右に示されたとおり「日本国憲法」はじめとする法規法令，国の「教育振興基本計画」，各地方自治体（教育委員会）が策定した「教育ビジョン」などを受けて，各学校の「学校経営ビジョン」は策定される。

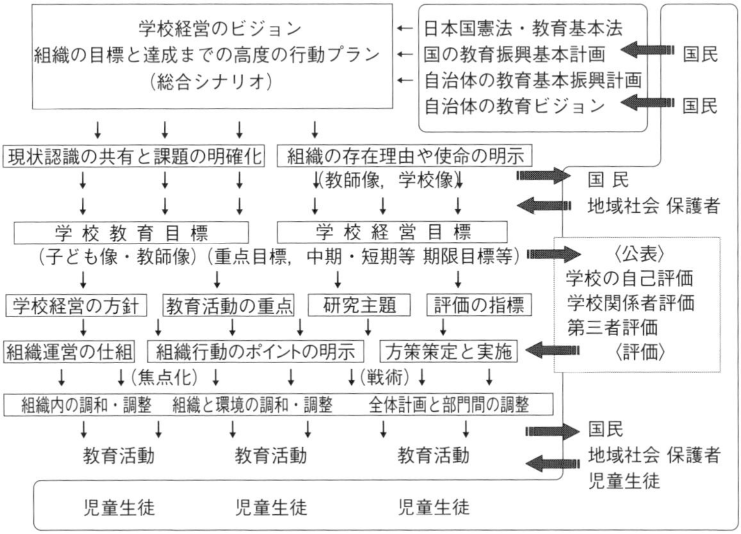

図 10－1　経営ビジョン（経営戦略）の展開

学校が「学校教育目標」や「学校経営目標」等を策定する際は，児童生徒や保護者の実態や地域社会の実情をふまえ，また，自校の教育活動の現状を分析して，「現状認識の共有」「課題の明確化」を図ることが重要となる。現状認識が共有されない組織は課題や目標が共有されず，混乱が生じてオペレーションが弱まり，目標達成が遠のくことが多い。こうした現状分析を行う際は，第三者や学校関係者の学校評価を活用するなど，広く情報を収集する必要がある。

次に，図の中段に記載したとおり，策定された「学校教育目標」「学校経営目標」の達成を目指して，すべての教職員が一体となって業務を遂行できるように「マネジメント」していく。図下段の「教育活動」の成果を上げていくには，教職員間で指示や報告，相談や調整，評価や改善など，多くの作業が繰り返される。具体的には「教育活動の重点」「研究主題」「評価の指標」の策定と共有化が図られ，「組織運営の仕組」「組織行動のポイントの明示」「方策策定と実施」がなされる。これらが円滑に展開できるように「組織内の調和・調整」「組織と環境の調和・調整」「全体計画と部門間の調整」などが進められて，方針や計画に沿った教育活動が組織的に展開されていくようマネジメントされる。

こうして行われた教育活動とその成果，また，学校運営の状況について評価を行うことが，学校教育法42条及び学校教育法施行規則66条～68条に定められている。学校の自己評価に加えて，児童生徒や保護者・地域関係者等による評価を行い，その結果を公表し，家庭や地域社会，学校関係者での共有を図って学校教育のさらなる改善につなげていくことになる。学校の情報の保護者・地域関係者等への積極的な提供については，学校教育法43条にも定められている。

このように見てくると，学校は法規法令によって決まったことを実施していく単なる「運営体」ではなく，次世代育成を学校に負託した国民の期待を背負って，子どもたちの成長と福利を創造し，その実証を国民全体に示す「経営体」としての在り方が求められていることがわかる。「経営体」である学校の社会的な存在証明は，次世代育成を負託した主権者である国民の評価・判断に帰結することを教員は自覚する必要がある。

参考に実際の中学校の学校経営方針例「横浜市立○○中学校の学校経営方

針」を示す（表10－2）(註13)。

横浜市の場合，市の教育振興計画に合わせて，各学校で単年度ではなく数年間を単位とする経営方針を策定し公表することになっている。さらに，すべての小中学校で小中一貫教育を進めていることにより，形成されたブロック内の小中学校で9年間一貫した教育活動を計画しており，各校の経営方針にはこのことも掲載されている。

●校務分掌という組織と役割分担

「学校経営計画」に沿って行われる実際の教育活動や多様な校務は，「校務分掌」という組織で役割分担されて行われていく。図10－2は，小学校の組織図例(註14)である。ここでは「校務部会」と「学年部会」で構成され，「校務部会」には「教務」「指導」「研究部」「管理」「渉外」が設けられている。両部会に該当しない職務は「特別委員会」として，「いじめ防止対策委員会」「教育課程検討委員会」「防災委員会」など多様な委員会組織が設けられている。

図10－3には詳細に職務内容のわかる中学校の校務分掌の図(註15)を掲載した。学校がいかに多様な職務を担っているかがわかる。図を見ると，組織としては校長・教頭の下に職員会議・企画会議が設けられている。企画会議のメンバーには各部・学年等の部長や主任が所属していて，校長の経営判断を助けるシンクタンク，ないしは経営組織の中核を担う機能を果たしていることがわかる。その下に各部の連絡調整を図る部長会があり，学年のほか，学校運営管理部・カリキュラム開発部・生徒支援部・キャリアガイダンス部・健康安全部・事務・庶務部の各部が設けられている。部に属さない職務ついては，小学校と同様に特別委員会が設けられている。また，学校評議員，コミュニティ・スクール推進会議など，地域社会との連携・協働のもと学校経営を進める組織体制になっていることがわかる。

これらの職務を全教職員が分担し，第9章で述べた学校の管理運営の規則に従って各職務を行い，「学校教育目標」の達成を期すことになる。この職務分担と組織構造が，先述の「校長の職務を起点に，全教職員の役割分担による責任体制が整えられ，学校が管理運営されていく」ことの具体的展開といえる。

こうした校務分掌によって行われる全教職員のオペレーションは，「未来の

表 10－2　横浜市立○○中学校の学校経営方針

横浜市立○○中学校	令和 2 年度版　中期学校経営方針　(令和 元 ～ 3 年度)
学校教育目標	【学校教育目標】「共に学び，自他を大切にし，たくましい，心豊かな人を育てます」 ○主体的に考え，対話をしながら将来にわたって意欲的に学び続ける人を育てます。(知) ○社会の形成者として，共によりよく生きる，自立心にあふれた心豊かな人を育てます。(徳) ○運動やスポーツに親しみ，心身ともに健やかでたくましい人を育てます。(体) ○横浜を愛し，協働しながら課題解決をはかり，広く社会に貢献する人を育てます。(公) ○多様性を尊重し，共生しながら持続可能な国際社会の実現に向けて行動する人を育てます。(開)

学校概要					
学校概要	創立　＊＊　周年	学校長　○○　○	副校長　○○　○○	3　学期制	一般学級：23　個別支援学級：4
	児童生徒数：　＊＊＊人	主な関係校：○○小学校・▲▲小学校・□□小学校・■■小学校			

教育課程全体で育成を目指す資質・能力	中ブロック	小中一貫教育推進ブロックにおける「9 年間で育てる子ども像」と具体的取組
<社会で活用できる知識・技能> <未知の状況に対応できる問題発見と解決能力> <多様性を尊重し，協働しながら持続可能な社会を創造する力>	○○中学校 ○○小学校 ▲▲小学校 □□小学校 ■■小学校	○主体的に学習に取り組む子ども　～学び合う～　○あいさつができ，友だちや地域との関わりを大切にする子ども　～関わり合う～　○自分の良さを活かしながら夢や希望に向かってチャレンジする子ども　～未来を創る～ ・各教科で身に付ける力の共通理解を図る合同授業研究会を実施。 ・目指す子ども像について，視点を確認する合同研修会を実施。 ・定期的に中学校職員による小学校参観を実施。

中期取組目標	
中期取組目標	○指導力・授業力・組織力の向上により，魅力ある学校づくりを目指します。 ・対話による学び合いの姿勢を尊重し，協働しながら持続可能な社会を創造する力を育みます。 ・困難に立ち向かい，多様性を尊重し，思いやりのある姿勢を育み，いじめのない学校風土をつくります。 ・挨拶から始まるコミュニケーションを大切にし，実生活や将来につながる生活態度を身に付けさせます。 ・教職員集団としての協働性を尊重し，日常の教育活動を推進します。 ・保護者や地域との連携を大切にし，地域に貢献しようとする姿勢を育みます。

重点取組分野		具体的取組
生きて はたらく知	担当 学習指導部	①「主体的・対話的で深い学び」「各教科の見方・考え方に基づく指導」に向け，意見交換する場面を設定し，多面的・多角的な見方や考え方を深め，互いに知恵をはたらかせて問題を解決する力を育む。②生徒の反応を大切にし，教科横断的な視点での授業改善につなげる。
豊かな心	担当 特活指導部	①生徒会の「いじめ防止プロジェクト」を継続し，生徒の当事者としての自覚を高め，いじめを許さない学校風土の確立に専心する。②宿泊行事，体育祭，合唱コンなどの行事や道徳，日々の学習，部活動を通して，自己肯定感を育てるとともに相手の存在を大切にする心を育てる。
健やかな体	担当 保健指導部	①食育推進をはじめとして健康の在り方についての学習を広める方法として，外部専門家→学校保健委員会→代表生徒→一般生徒という流れを継続する。②運動部の怪我やスポーツ障害に加えて，体育実技の授業における怪我の発生を予防するために新聞などの啓発活動を充実させる。
生徒指導	担当 生活指導部	①年間３回設定の教育相談週間を継続し，外部機関との連携をとりながら着実に課題の解決をはかっていく。②参加・役割・責任を持たせる様々な生徒による主体的な教育活動により，自分から学び，自分で自分を指導していくような自己学習力や自己指導能力を育成していく。
特別支援教育	担当 特別支援委員会	①個々の生徒が抱える特性を理解し，多様性を尊重するために，学習面や行動面での配慮についての事例研修会を年３回以上実施する。②生徒を取巻く教育環境を向上させるために，スクールカウンセラーや SSW など関係諸機関との連携を積極的に行う。
地域連携	担当 渉外部	①体育祭，合唱コンなどの PR 活動，部活動発表会への招待，地域事業所と連携した教育活動，学校 HP による日々の教育活動の情報発信など，地域と双方向の協力体制を今後も深めていく。②保護者・地域との粘り強い連携により，いじめが起こらない風土づくりを目指す。
キャリア教育	担当 学習指導部	①職業講話，職業調べ等を実施し，働くことの意義と責任について学ぶ。②平和学習，校外学習などを通して探究的な学習に取り組ませ，課題設定・問題解決能力や資質を育成し，社会の一員としての自覚や自立，自己の生き方を考えることができるようにする。
いじめへの対応	担当 いじめ防止委員会	①「自他を大切にし」の学校教育目標のもと，誰もが安心して教育活動に参加し，自己肯定感を高め，いじめを許さない学校風土の確立に専心する。②校長をリーダーに，定期的な「いじめ防止対策委員会」を開催し，速やかに関係機関と連携をとりながら解決をはかる。
人材育成・組織運営（働き方改革）	担当 教務部など	①職員室アシスタントを活用して，子どもの指導に専念できる環境を整える。②教職員一人ひとりの資質向上のため，授業力，生徒指導力など実践力養成に役立つテーマを設定したメンター研修などを実施する。③休養日の設定，部活動指導員の活用，会計業務の負担軽減など持続可能な部活動の在り方を検討し，進める。

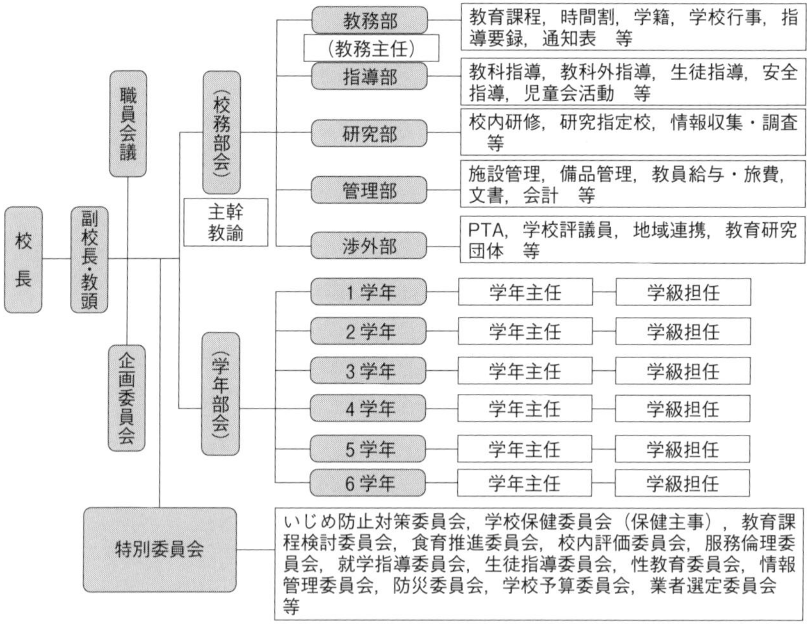

図10－2　学校の組織図（例）

出典：平成29年10月20日学校における働き方改革特別部会　資料5－2「学校の組織図（例）」

創り手」となる子どもたちの成長の実現のために動き出す。しかし，こうした校務の組織体制を精緻に整備したとしても，それだけでは目標の達成は望めない。前節「学校組織の弱点と教員の組織行動の課題」で挙げた「閉鎖的・個業的な組織」「管理職と教職員の乖離」「脆弱な危機管理意識」など，教職員の組織行動上の課題が克服されなければ，目標の達成はできず，次世代育成は頓挫してしまう。その課題克服には，校長・副校長だけでなく，すべての教職員が主体的に学校経営に参画し，組織行動力の向上を図っていく必要がある。学校経営の停滞は，教育活動を停滞させるだけでなく，先に提示した事例「新任女性教諭の自死事件」のような悲劇を招くこともあり得ることを認識しておく必要がある。

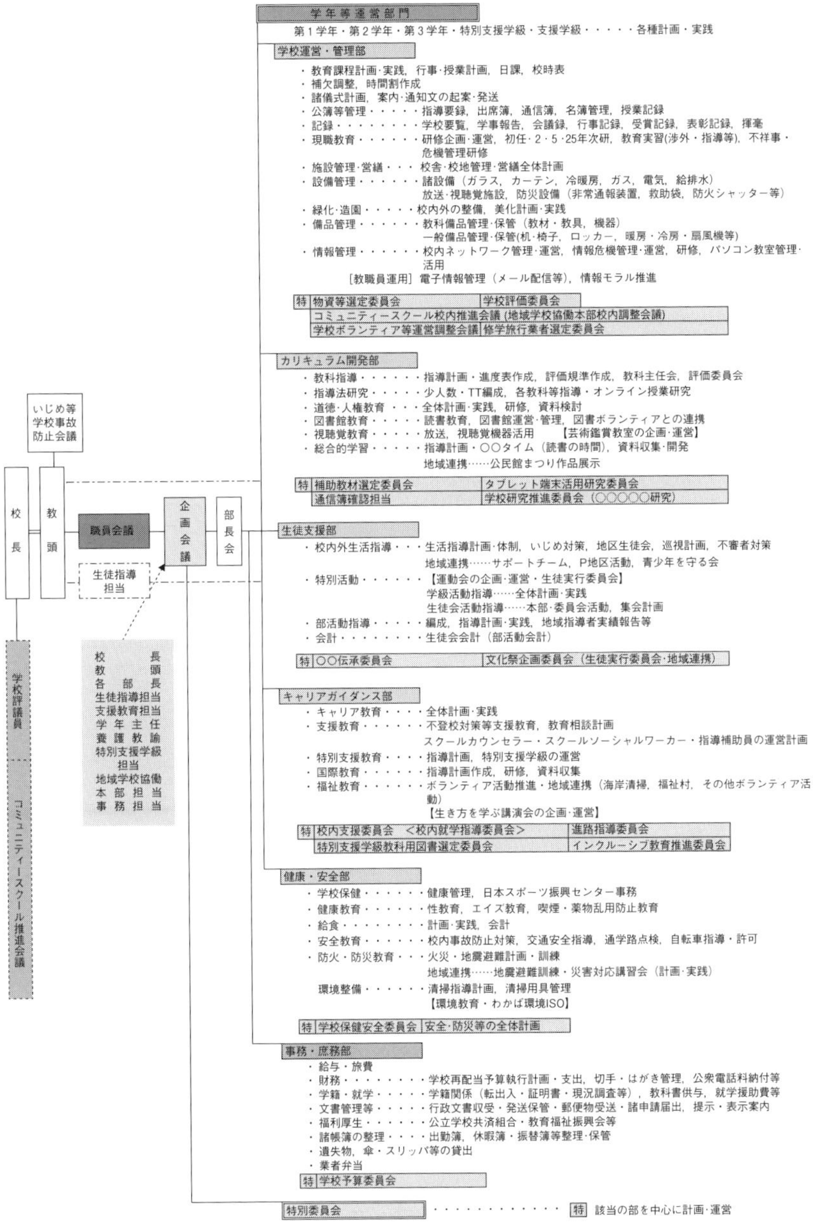

図10－3　「校務分掌・学校運営組織図」（中学校の例）

●全教職員が一丸となった「チーム学校」

教育目標の達成と経営諸課題の克服を目指せる強い経営体「チーム学校」をつくるには，校長と全教職員が一丸となって職務に取り組む必要がある。「チーム学校」は図10－4が示すとおり，「校長のリーダーシップ」と「教職員の経営参画」に支えられて初めて実現できる。学校経営と教育活動には全教職員が組織を挙げて，一丸となって取り組む。そして，校長はそのリーダーシップを発揮するとともに，全教職員の取組とその結果について最終的な責任を負う立場である。図中央の枠の中には経営行為や教育活動等にかかる様々な職務の例をあげている。こうした職務を校長と教職員が相互の役割を果たしながら遂行し，「チーム学校」を形成して教育目標実現という協働勝利を獲得していくことになる。

(2) 学校評価と学校経営

●学校評価の目的と必要性

学校は単なる「運営体」ではなく，国民の負託と期待を背負って，子どもた

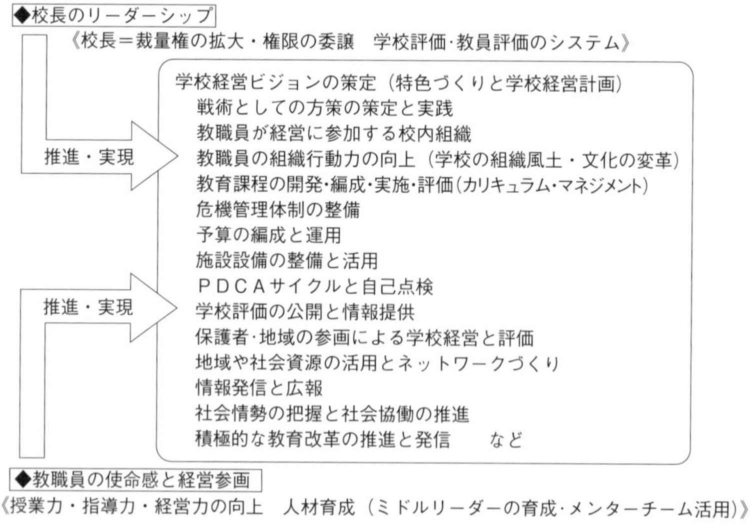

図10－4　校長のリーダーシップと教職員の経営参画

ちの成長と福利を創造し，その実証を社会に示す「経営体」であることは先述した。学校の社会的な存在証明は，主権者である国民によってなされることを教員は自覚する必要がある。こうした経営体である学校が，国民全体（国民・市民・保護者・地域社会等）に対して，その教育活動の実績や課題，経営の実情などを示し，評価を受けることは当然のことであり，自己評価や関係者評価を実施・公表して説明責任を果たすべきことはすでに触れたところだ。

「学校教育法」第42条及び第43条には次のように規定され，この規定を幼稚園，中学校，義務教育学校，高等学校，中等教育学校，特別支援学校等にも準用するとされている。

「学校教育法」

第四十二条　小学校は，文部科学大臣の定めるところにより当該小学校の教育活動その他の学校運営の状況について評価を行い，その結果に基づき学校運営の改善を図るため必要な措置を講ずることにより，その教育水準の向上に努めなければならない。

第四十三条　小学校は，当該小学校に関する保護者及び地域住民その他の関係者の理解を深めるとともに，これらの者との連携及び協力の推進に資するため，当該小学校の教育活動その他の学校運営の状況に関する情報を積極的に提供するものとする。

さらに，「学校教育法施行規則」第66条から第68条には，「教育活動その他の学校運営の状況について，自ら評価を行い，その結果を公表する」「小学校の児童の保護者その他の当該小学校の関係者（当該小学校の職員を除く。）による評価を行い，その結果を公表する」「評価を行った場合はその結果を，当該小学校の設置者に報告する」等と規定されている。これらから，種々の学校評価は，学校運営の改善に役立て，教育水準の向上に資することを目的として行われることがわかる。

文部科学省の「学校評価のガイドライン 平成28年改訂[註16]」では，学校評価の必要性と目的について，以下の3つを学校評価の目的としている。

①各学校が，自らの教育活動その他の学校運営について，目指すべき目標を設定し，その達成状況や達成に向けた取組の適切さ等について評価することにより，学校として組織的・継続的な改善を図ること。

②各学校が，自己評価及び保護者など学校関係者等による評価の実施とその結果の公表・説明により，適切に説明責任を果たすとともに，保護者，地域住民等から理解と参画を得て，学校・家庭・地域の連携協力による学校づくりを進めること。
③各学校の設置者等が，学校評価の結果に応じて，学校に対する支援や条件整備等の改善措置を講じることにより，一定水準の教育の質を保証し，その向上を図ること。

さらに，ガイドラインは「自己評価」「学校関係者評価」「第三者評価」の3つの評価を行うとしている。

①「自己評価」当該学校の全教職員が参加し，設定した目標や具体的計画等に照らして，その達成状況や達成に向けた取組の適切さ等について評価を行うもの
②「学校関係者評価」保護者，学校評議員，地域住民，青少年健全育成関係団体の関係者，接続する学校（小学校に接続する中学校など）の教職員，その他の学校関係者などにより構成された委員会等が，その学校の教育活動の観察や意見交換等を通じて，自己評価の結果について評価することを基本として行うもの
③「第三者評価」学校とその設置者が実施者となり，学校運営に関する外部の専門家を中心とした評価者により，自己評価や学校関係者評価の実施状況も踏まえつつ，教育活動その他の学校運営の状況について，専門的視点から評価を行うもの

こうした学校評価は，限られた時間や人員を，必要度・緊急度の高い事業や教育効果の高い教育活動に集中するといった，学校の教育活動の精選・重点化を進める上でも重要な役割を果たす。学校評価の取組を通じて，学校として重点をおいて取り組むべきことは何かを把握し，その伸長・改善に取り組むようになることが期待されており，「経営体」としての学校をつくるために重要な役割を果たすものといえる。

●学校評価の実際―PDCAサイクル―

図10-5は，文部科学省の「学校評価ガイドライン［改訂Ⅰ］の概要」のから引用した学校評価の活用を示した概念図の一部である。学校評価が実際の学校経営や教育活動にどのように位置づけられ，活用されるかについて確認しておく。

学校経営計画や学校教育目標に基づき，年度の目標や取組の重点が設定されることを「P」（plan）と表している。この計画「P」によって学校経営や教

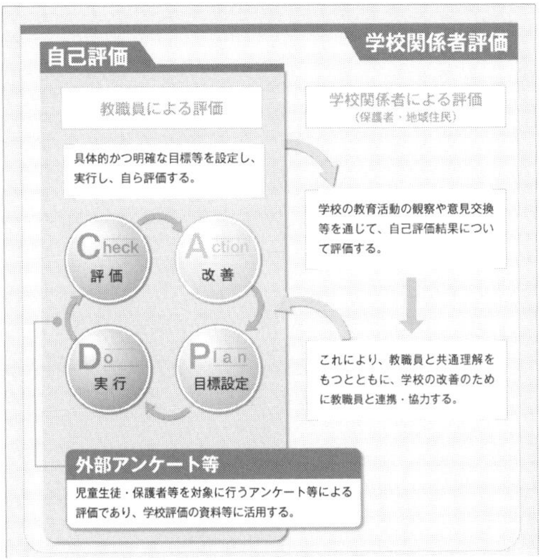

図 10－5　学校評価活用の概念図（一部）

出典：文部科学省「学校評価ガイドライン［改訂Ⅰ］の概要」

育活動を実行することを「D」（do）と表す。そうした目標達成を目指す教育活動や学校経営の様々な取組（オペレーション）が日々行われ，その結果どのように成果が現れてきたのか，これを評価して公表していく。成果について「学校評価」を行うことを「C」（check）と表す。そして，評価で終わって良いはずはなく，教職員による自己評価や保護者・地域社会などの関係者評価，児童生徒の評価もふまえて具体的に改善を図っていく。このことを「A」（action）と表し，さらなる教育の成果を目指して，学校経営や教育活動が行われていく。このように「学校評価」は学校経営や教育活動に直結するもので，保護者や地域社会などに理解と協力を得ながら，学校づくりを進めていく手立てとなる。

●次世代育成のためのパートナーシップ

この評価システムから見ると，学校は閉鎖的であってはならないことが実感できるはずだ。先述のとおり，学校は主権者である国民全体から負託された公権力をもって，国民のために次世代育成を行う機関だ。したがって，学校経営や教育活動を進めるにおいて，実施状況を成果や課題とともに国民（国民・市民・保護者・地域社会等）に公表・共有して，その理解と協力の下，学校経営や教育活動を進めていく責任がある。この責任をすべての教職員が職務を通して果たしていくのであり，すべての教職員が学校という経営体を支え，運営しているという意識をもつことが重要だ。

国民の理解と協力を得ると述べたが，それは具体的には保護者であり，地域住民・地域関係者である。学校は，そうした人々を共に次世代の育成を担うパートナーと位置づける必要がある。それは，教育基本法第十三条に「学校，家庭及び地域住民その他の関係者は，教育におけるそれぞれの役割と責任を自覚するとともに，相互の連携及び協力に努めるものとする。」と規定されていることによる。

したがって，保護者や地域住民等の関係者は，学校教育のサービスを受けるだけの消費者・顧客ではないといえる。この点が，製品・商品・サービス等を受け取る消費者・顧客とそれらを提供する企業との関係と，学校教育のそれが全く異なるところだ。消費者・顧客は，企業経営に協力する義務や製品に対して責任を負う立場ではなく，あくまでもお客である。それに対し，学校と保護者等の相互関係は，教育基本法に「保護者は，子の教育について第一義的責任を有する」とあるように，保護者等は子どもの教育の責任者であり，次世代の育成について保護者等と学校は共に責任を負う立場にある。たくましい子どもの成長が教育の成果だとすれば，そこには保護者等のかかわりが作用し，学校の教育活動も作用した結果と考えられる。第5章でサッチャリズムの教育改革によって，NPMなど企業の経営手法が学校経営に取り入れられたことについて，学校は企業とは異なる公共としての特質をふまえ，是々非々の判断で学校経営に役立てる必要があると述べたのは，こうした根本的な違いをふまえる必要があることを述べたものである。

学校と家庭・地域社会は，相互に役割を果たし，協働して次世代の育成を行い，国家社会を形成していくパートナーといえる。この点からも，学校は閉鎖的あってはならず，社会に向き合い，教育活動や学校経営の状況を公開し，公正な評価をもとに，パートナーたちと堂々と問題解決のための議論を重ねていく必要がある。こうしたパートナーシップの確立が次世代育成の基盤なのである。

第11章

教員の使命と服務

次世代育成の権限を国民から負託された教員であるからこそ，その身分は保障され，守るべき服務は厳に存在する。本章では，教員の身分保障や服務，分限・懲戒の規程等について，意義や法的根拠，具体的な内容を確認していく。

1　教員の使命と服務規程

(1) 教員の使命と身分保障

●教員の使命と身分

教員の使命については教育基本法第九条に「法律に定める学校の教員は，自己の崇高な使命を深く自覚し，絶えず研究と修養に励み，その職責の遂行に努めなければならない」とあり，法に定める教育の目的および目標を学校教育において達成するための職責遂行が教員の使命といえる。

教員の身分については，教育基本法第九条二項に「その使命と職責の重要性にかんがみ，その身分は尊重され」なければならないとしている。そして，教員の「待遇の適正」と「養成と研修の充実」が図られる必要があるとしている。

また，教育公務員特例法は第一条及び二条で，公立学校の教員の身分について「地方公務員」であって，かつ，教育を通じて国民全体に奉仕する「教育公務員」と規定している。そして，教育公務員の職務と責任の特殊性に基づいて，「教育公務員の任免，人事評価，給与，分限，懲戒，服務及び研修等について規定する」としている。

さらに，教育公務員は「職責を遂行するために絶えず研究と修養に努めなければならない（21条）」とし，「教育公務員には，研修を受ける機会が与えられなければならない。（中略）勤務場所を離れて研修を行うことができる（22条）」と規定している。教育委員会などの任命権者が，この教育公務員の研修のための「施設」や「計画」を整備して，研修を実施すべきことが規定されている。同法は，教育公務員の採用の日から一年間の職務の遂行に必要な事項に関する実践的な研修（「初任者研修」）を実施すること，初任者に指導助言を行う「指導教員」を設けることを義務づけている。そのほか，「中堅教諭等資質向上研修」や「指導改善研修」など，教員に対する手厚い研修体制の整備が規定されている。

(2) 教員の服務規程

◉教員の不祥事のもたらすもの

教員には，国民の負託に基づく職務遂行のための公権力行使の権限が与えられ，身分保障と待遇の適正が図られると述べた。教員の公権力行使について具体例を挙げる。学校経営や管理運営の権限，教育課程を編成・実施していくことはもちろん，個々の教員が行う授業での課題や発問の指示，授業の進行や試験範囲の指定，学級通信の発行や個人面談の実施など，教育に関係するあらゆる行為を挙げることができる。これらの行為がすべて法規法令及び学習指導要領等を根拠とする公権力の行使であるといえる。また，学校教育法十一条に「校長及び教員は，教育上必要があると認めるときは，（中略）児童，生徒及び学生に懲戒を加えることができる」とあるように，教員は国民の大切な子どもに対して「懲戒」を課すという公権力を行使する権限も有している。これらの教員に託された権限が，いうまでもなく健全な次世代育成と平和で民主的な国家社会の形成を願う国民の負託に基づくものであることを忘れてはならない。

国民から負託された公権力を行使する教員には，その乱用は許されず，遵守すべき規則である職務上の服務が存在することは当然といえる。この項では，教員の服務規程について具体的に理解していく。

表 11－1 は教員が起こした不祥事の報道からインターネットのニュースサイトの見出しを引用したものだ。これらのニュースサイトの見出しだけで，正確な内容を把握することはできない。しかし，教員が引き起こした不祥事として報道されたことは事実であり，また，同様の不祥事報道が日々なされていると

表11－1　学校及び教員の不祥事に関する報道の見出し

「養護学校の50代教諭　児童の腕折る」 2019年1月24日	「わいせつで児童PTSD　提訴へ」 2018年12月3日
「児童買春疑い　中学校教師を逮捕」 2019年1月16日	「他学級の通知表捨てる　停職に」 2018年11月22日
「15歳少女を買春　校長逮捕」 2019年1月07日	「テスト採点3年怠る　教諭処分」 2018年10月12日
「校内トイレで女児盗撮　教諭免職」 2018年12月25日	「合宿で教諭が飲酒　生徒に暴行」 2018年7月24日
「体罰繰り返す　定年まで教師停職」 2018年12月14日	「教頭が教員の勤怠改ざん」 2018年6月18日
「体罰退職の教諭，また体罰」 2018年12月11日	「トイレへ　高速を168kmで走行」 2017年12月22日
「中学の更衣室で盗撮　元教諭逮捕」 2018年12月03日	「全盲生徒に時計見ろ　教諭処分」 2016年7月11日
「副校長，修学旅行で泥酔し女湯へ」 2018年11月30日	「財布置き引き　教師2人組逮捕」 2016年7月9日
「いじめ対処せず，校長懲戒」 2018年11月20日	「跳んで女湯のぞく　元校長逮捕」 2016年6月23日
「同僚女性教諭や生徒を盗撮，免職」 2018年11月20日	「免許失効で授業」 2016年6月10日
「公衆浴場で女児盗撮，教諭を逮捕」 2018年11月6日	「高校教諭　修学旅行中にゴルフ」 2016年4月28日
出典：「gooニュース　学校・教員の不祥事のニュース情報」から見出しを引用。Goo（NTTレゾナント株式会社が運営するポータルサイト）。 https://news.goo.ne.jp/topstories/nation/29/	出典：「教師の不祥事に関連するアーカイブ一覧」Yahoo!ニュースから見出しを引用。ヤフー株式会社。 https://news.yahoo.co.jp/list?t=teacher_scandal

いって過言ではない状況にある。子どもや保護者はもちろん，地域社会の人々，そして国民はこの状況をどのように受け止めるのだろうか。関係の教員と直接かかわりのあった子どもたちや保護者はどのような思いになるのか，同じ学校の同僚教員たちはどのような思いになり，どのように対応を求められるかについて考える必要がある。

これら不祥事は単に行政上の服務規程に違反した行為というだけではない。刑法上の犯罪行為であり，民法上も他人の権利や利益を侵害して損害を与える不法行為であることは明かだ。こうした行為は，刑事訴追や民事上の損害賠償請求等を受けるべき行為であり，相応の社会的制裁がなされて当然の行為である。これらの行為を先に述べた教員の使命と身分保障の観点から見ると，教員の使命感のかけらもなく，身分保障にも，公権力行使の資格にも値するはずもない行為といえる。これらの行為は，多様な段階において，様々な形で子どもの成長を阻み，傷つける行為であり，教育の目的・目標を実現する責務を負う教員の在り方から大きく逸脱した行為である。

これらの行為は直接の被害者及び被害関係者に損害を与えただけでなく，学校を信頼し協力しようとしていた保護者や地域社会，さらには国民全体に大きな落胆と不信感を与える行為なのだ。これらの行為及びそれらが繰り返される実態は，教員や学校への信頼を失墜させ，保護者・地域社会とのパートナーシップを破壊する行為ともなる。また，これまで信頼関係を真摯に積み上げてきた同僚の教職員にも大きな負荷をかける行為である。不祥事は次世代育成のために大きな権限を負託した国民全体に対する裏切り行為であり，学校教育を破壊する行為といえる。

不祥事は多くの場合，行為者である教員にはその行為のもたらす社会的な意味や影響が念頭にのぼらず，教員としての自覚や果たすべき使命が消失していることがほとんどだ。この使命感の喪失が不祥事防止に取り組むうえで，最も深刻な問題といえる。教員の使命については，個々の教員がどのように自覚し，その人格の中に位置づけているかが重要なのだ。教員の使命感は，教育基本法の教育の目的と目標をどれほど深く理解しているかによって，確かなものであったり，曖昧なものであったりするといえる。本書での学びをふまえ，教育基本法の規定を自分の生き方の問題として捉え直し，自分の言葉で教員の使命について語ることが重要だ。また同時に，職責遂行の公権力を有する教員が遵守すべき服務規程ついて正確に認識して，自らのキャリア形成の必須要件として生かすことが求められる。

●服務規程の内容

ここでは服務規程の具体的内容と法的な根拠について述べる。公立学校教職員の任用を行う任命権者は都道府県教育委員会であり，政令指定都市の教育委員会である。そして，教職員の服務に関する監督は，各市町村教育委員会が行うとされている（地方教育行政の組織及び運営に関する法律）。

教職員の服務規程は「服務の根本基準」,「職務上の義務」,「身分上の義務」

の3つに分類できる。

◈服務の根本基準

服務の根本基準は，日本国憲法第15条2項と地方公務員法第30条に明確に規定されている。

日本国憲法
第十五条　2項「すべて公務員は，全体の奉仕者であって，一部の奉仕者ではない。」
地方公務員法
（服務の根本基準）
第三十条　すべて職員は，全体の奉仕者として公共の利益のために勤務し，且つ，職務の遂行に当つては，全力を挙げてこれに専念しなければならない。
（服務の宣誓）
第三十一条　職員は，条例の定めるところにより，服務の宣誓をしなければならない。

公立学校の教職員は，教育公務員として，国民全体への奉仕者として公共の利益のために全力を挙げて職務に専念することが規定されており，これが服務の根本基準とされている。教員として辞令を受けた際は，この全体の奉仕者として職務に専念することを宣誓すると定められている。具体的な宣誓書及び宣誓する時期と場所については各地方公共団体の条例に規定されている。図11－1に，横浜市の教育公務員にかかる宣誓書を例示しておく。

宣誓書の文面には，教員の教育公務員としての使命と服務の根本が述べられ

宣誓　横浜市　　　横浜市職員の服務の宣誓に関する条例　昭和26年3月31日
条例第14号　　様式2（教育公務員）

宣誓書　私は，ここに，主権が国民に存することを認める日本国憲法を尊重し，且つ，これを擁護することを固く誓います。
私は，教育及び地方自治の本旨を体し，公務を民主的且つ能率的に運営しなければならないという責務を深く自覚するとともに，全体の奉仕者であると同時に，とりわけ横浜市民の奉仕者であることを認識し，法令，条例，規則及び規程を遵守し，誠実且つ公正に，職務を執行することを固く誓います。

年　　月　　日　　　　　氏名　　　　　印

図11－1　横浜市の教育公務員の宣誓書

ている。先に確認してきた教員としての使命をふまえて読み直すと，職務の重要性が理解できるはずだ。

◈職務上の義務

地方公務員法，教育公務員特例法，地方教育行政の組織及び運営に関する法律で，教職員の職務上の義務について服務規程を確認する。地方公務員法三十二条，三十五条は次のように規定している。

> (法令等及び上司の職務上の命令に従う義務)
> 職員は，その職務を遂行するに当って，法令，条例，地方公共団体の規則及び地方公共団体の機関の定める規程に従い，且つ，上司の職務上の命令に忠実に従わなければならない。32 条
> (職務に専念する義務)
> 職員は，法律文は条例に特別の定がある場合を除く外，その勤務時間及び職務上の注意力のすべてをその職責遂行のために用い，当該地方公共団体がなすべき責を有する職務にのみ従事しなければならない。35 条

職務上の義務には，先の服務の宣誓（地公法 31），法令等及び上司の職務上の命令に従う義務（地公法 32，地方教育行政の組織及び運営に関する法律 43 条），職務に専念する義務（地公法 35）がある（地方公務員法を地公法と記した）。

「職務に専念する義務」については，勤務時間及び職務上の注意力のすべてをその職責遂行のために用い，職務に従事することを規定している。ただし，この職務専念義務は，法律・条例等の定めにより，服務監督者である市町村教育委員会によって免除されることがある。たとえば，労働基準法に基づく「休憩」や「休日」，「年次有給休暇」や「産前産後休暇」，地方公務員法に基づく「休職」や「停職」等がそれである。

また，地方公務員法 38 条は公務員の営利企業等への従事を制限し，従事する場合は任命権者の許可を条件としている。教員については，教育公務員特例法 17 条に「教育に関する他の職を兼ね，又は教育に関する他の事業若しくは事務に従事することが，本務の遂行に支障がないと任命権者（中略）において認める場合には，給与を受け，又は受けないで，その職を兼ね，又はその事業

若しくは事務に従事することができる」と規定し，教育に関する他業務への兼職を任命権者の許可する範囲で認めている。

「上司の職務上の命令に従う義務」については，公務員が忠実にその命令に従わなければならないことを規定している。教員にとって職務上の上司とは校長を意味する。職務命令の形式について規定されておらず，口頭であっても，文書であっても，職務命令は発せられる。職務命令が有効である要件は「①権限ある上司から出されたものであること。②職員の職務に関するものであること。③法律上，事実上の不能を命ずるものでないこと[註1]」とされている。

◈身分上の義務

身分上の義務とは，教員が教育基本法のいう「崇高な使命」と職責の重要性から尊重されている身分であるからこそ，果たさなければならない義務を意味する。また，同法にある「待遇の適正」と「養成と研修の充実」が図られる身分であるからこそ，当然に生じる義務をいえる。身分上の義務は，勤務時間中に限られるものではなく，教育公務員である限り負うべき義務といえる。それは，職務への専念義務が解かれた休日であろうが，旅行や趣味に取り組んでいる私的な時間であろうが果たさなければならない義務なのだ。

身分上の義務について，地方公務員法は次のように規定している。

① （信用失墜行為の禁止）
職員は，その職の信用を傷つけ，又は職員の職全体の不名誉となるような行為をしてはならない。
② （秘密を守る義務）
職員は，職務上知り得た秘密を漏らしてはならない。その職を退いた後も，また，同様とする。
③ （政治的行為の制限）
職員は，政党その他の政治的団体の結成に関与し，若しくはこれらの団体の役員となってはならず，又はこれらの団体の構成員となるように，若しくはならないように勧誘運動をしてはならない。
職員は，特定の政党その他の政治的団体，又は特定の 内閣 若しくは地方公共団体の執行機関を支持し，又はこれに反対する目的をもって，あるいは公の選挙又は投票において特定の人，又は事件を支持し，又はこれに反対する目的をもって，次に掲げる政治的行為をしてはならない。

④（争議行為等の禁止）

職員は，地方公共団体の機関が代表する使用者としての住民に対して同盟罷業，怠業その他の争議行為をし，又は地方公共団体の機関の活動能率を低下させる怠業的行為をしてはならない。又，何人も，このような違法な行為を企て，又はその遂行を共謀し，そそのかし，若しくはあおってはならない。

⑤（営利企業等の従事制限）

職員は，任命権者の許可を受けなければ，営利を目的とする私企業を営むことを目的とする会社その他の団体の役員その他人事委員会規則（人事委員会を置かない地方公共団体においては，地方公共団体の規則）で定める地位を兼ね，若しくは自ら営利を目的とする私企業を営み，又は報酬を得ていかなる事業若しくは事務にも従事してはならない。

（地方公務員法33条，34条，36条，37条，38条）

①信用失墜行為の禁止（地公法33）

「信用失墜行為」は前項の不祥事の表で見た行為であり，「次世代育成のために大きな権限を負託した国民全体に対する裏切り行為であり，学校教育を破壊する行為」であって，学校教育の信頼を失墜させる行為である。

②秘密を守る義務（守秘義務）（地公法34）

学校は子どもたちが安心して学び，生活を共にする場であり，そこには個人の内心にかかわる情報をはじめ，交友関係や成績の情報，保健・衛生や身体の成長にかかわる情報，さらには家庭生活の情報など，膨大かつ多様な個人情報に満ちている。こうした多様な個人情報に触れることなく教育活動を進めることは困難であり，子どもの成長そのものが，そもそも個人的なできごとなのだ。多くの子どもたちの成長を支え，見守る立場にある教員にとって，守秘義務はその信頼を裏付ける重要な義務であることが理解できるはずだ。

守秘義務については，在職中はもとより退職後も適用され，これらの情報を漏示することは許されない。職務上知り得たこれらの情報を漏らした者，あるいは漏示を命じたり，容認したりした者，または，ほう助した者は行政上の処分（懲戒処分）の対象となる。さらには，刑法上の秘密漏示罪に匹敵するものであるから，地公法60条及び62条の定めによって刑事罰が科せられる。刑事罰は「一年以下の懲役又は五十万円以下の罰金」とされている。

ここで守秘義務の補足として，「告発の義務」について解説しておく。刑事訴訟法239条には「何人でも，犯罪があると思料するときは，告発をすることができる。」とあり，その2項には「官吏又は公吏は，その職務を行うことにより犯罪があると思料するときは，告発をしなければならない。」とされている。公務員が，職務に際して犯罪があると考える場合，これを告発することを義務づけている。

ただし，刑事訴訟法144条の規程は，告発案件に関する告発者の証人尋問について，当該監督官庁の承諾を必要とするとした一方，当該監督官庁は「国の重大な利益を害する場合を除いては，承諾を拒むことができない。」とするなど，一定の条件付けがなされている。また，「公益通報者保護法」が平成18年から施行され，「公益通報者」，つまりは犯罪行為などの「内部告発者」を保護する規程も設けられていることも知っておく必要がある。

ところで，前項の不祥事の報道の表のなかに「体罰繰り返す　定年まで教師停職」とあった。体罰が身体的な懲戒であり，これを加えることは法律で禁止されている。しかも，有形力を行使する暴力行為であり，刑法にある暴行罪，傷害罪が成立することも多い。見出しには体罰が繰り返し行われていたとある。同僚の教員が繰り返されていた体罰事実を知っていて，見て見ぬふりをしていた場合はどうだろうか。この学校の教員としてなすべき行動の一つに，体罰を暴行・傷害の事実として告発する義務もあることを知っておく必要がある。

③政治的行為の制限（地公法36及び教育公務員特例法18）

教員個人が，特定の政治信条や所属している政治団体の主張を学校内で教員や子ども，保護者に対して繰り返し宣伝し，政治団体に入ることを勧誘し，政治的要求に関する署名活動や寄付金募集を行ったとしたらどうだろうか。勝手に学校内で政治団体の集会を開き，授業内容に政治的主張を織り込んで授業したとするとどうだろうか。

保護者はもちろん，教員も，個人として社会や政治の在り方について考えをもっており，それらは「思想及び良心の自由」として憲法の保障するところであり，公権力によって押しつけられることはあってはならない。まして，成長過程にあり，自己形成の途上にある子どもたちに，特定の政治信条をすり込むように教授することはまさに押しつけであり，公正を欠く行為だ。こうした行為が，教育基本法の教育の目的・目標の実現を図る教員の使命から逸脱し，公権力の乱用であることは明かだろう。教員はその使命に忠実に，そして，常に公正性を確保して職務に従事することが求められる。

④争議行為等の禁止（地公法 37）

「争議行為等の禁止」とは，組合等職員団体によるストライキやサボタージュなどの団体行動（争議）を禁止する規定である。公務員には，憲法の保障する労働基本権のうち，組合など職員団体をつくる団結権と，それらによって使用者に対して雇用条件などを交渉する団体交渉権が認められている。しかし，公務員が「全体の奉仕者」であり，直接公共の利益のために活動する職務の特殊性から，団体行動権（争議権）は認められていない。

争議権を行使する争議行為とは，団体の要求や主張を貫徹し，また使用者に対抗するために，業務の正常な運営を阻害する行為をいう。争議行為の「同盟罷業」とはストライキのことで，労働者が一斉に業務を休止して業務を阻害して要求等の貫徹を図ろうとすることである。また，「怠業」とはサボタージュのことで，業務を意図的に停滞させて能率を落とし，使用者側との交渉を有利に進めようとすることをさす。こうした争議行為の参加者については懲戒処分等の処罰がなされるが，違法な争議行為を企て，その遂行を共謀し，そそのかし，あおる行為も処罰が科されることが規定されている（地公法 61 条 4 項）。争議行為に関しては，既に第 4 章の第 2 節「(5) 55 年体制下の政治対立と学校教育―戦後の昭和期―」で，文部省の施策と日本教職員組合の反対・闘争という対立構造について述べてきている。

⑤営利企業等の従事制限（地公法 38 及び教育公務員特例法 17）

教育公務員特例法 17 条には，教員の職務である学校教育という本務に支障がないと任命権者が認めた場合，教員が教育に関する他の職を兼ねて行い，事業や事務に従事することができるとされている。教員が教育に関する著述をしたり，講演活動を行ったりして，報酬を得ることは，任命権者が認めた範囲において認められている。

●教育委員会の服務規程

教職員の服務規程は，各教育委員会が詳細な規程を設けているが，それは公立学校教職員の直接の服務監督者が，地方公共団体の教育委員会であることによる。教育委員会の服務規程を概観するために東京都立学校職員服務規程」と「横浜市立学校教職員服務規程」の一部を掲載する。規定には職員証や名札の付け方から差別行為の禁止，私事旅行時の届出まで，詳細で実際的な規程が多く見られ，これらの内容を把握しておく必要がある。

「東京都立学校職員服務規程」の項目だけを表11－2に抜き書きする。

続いて「横浜市立学校教職員服務規程」を抜粋して表11－3に掲載する。

表11－2　東京都立学校職員服務規程

趣旨　服務の原則　履歴事項の届出　旧姓の使用　職員カード　着任の時期　出勤等の記録　執務上の心得　セクシュアル・ハラスメントの禁止　妊娠，出産，育児又は介護に関するハラスメントの禁止　障害を理由とする差別の禁止　出張　下校時の措置　週休日等の登校　事故欠勤の届　私事欠勤等の届　私事旅行等の届出　事務引継　退職　事故報告　非常の場合の措置　など

出典：東京都ホームページ

表11－3　横浜市立学校教職員服務規程

（服務の原則）

第3条　教職員は，全体の奉仕者としての責務を自覚し，誠実かつ公正に全力を挙げて職務を遂行しなければならない。

2　教職員は，その職務を遂行するに当たって，国が定める法令並びに横浜市が定める条例，規則及び規程に従い，かつ，教育委員会その他上司の職務上の命令に忠実に従わなければならない。

3　教職員は，職務の内外を問わず，その職の信用を傷付け，又は品位を失うような行為をしてはならない。

4　教職員は，職務上知り得た秘密を漏らしてはならない。その職を退いた後も，また，同様とする。

5　（中略）教職員は，国家公務員法（昭和22年法律第120号）第102条及び人事院規則14－7が定める政治的行為をしてはならない。　（中略）

（氏名，住所の変更等）　　（省略）

（職員証）

第6条　教職員は，職務の執行に当たっては，職員証を所持しなければならない。

（名札）

第7条　教職員は，職務の執行に当たっては，名札を着用しなければならない。（中略）。

（職員き章）　　（省略）　　（職務専念義務の免除の手続）　　（省略）　　（教育公務員の兼職等の申請手続）　　（省略）　　（営利企業等従事許可の手続）

第10条　教職員が，（中略）営利企業等の従事について許可を受けようとする場合には，校長を経由して，関係書類を添えて，営利企業等従事許可申請書を教育長に提出しなければならない。　（中略）

(出勤)
第12条　教職員は，自ら出勤したことを記録しなければならない。
(診断書の提出)　(省略)
(勤務時間中の離席)
第14条　教職員は，勤務時間中みだりに勤務場所を離れてはならない。
2　教職員は，勤務時間中勤務場所を離れるときは，校長の承認を得なければならない。
(退勤時の文書等の保管)　(省略)　(セクシュアル・ハラスメントの禁止)　(省略)
(出張)　(省略)
(休暇)
第17条　教職員の休暇の承認の申請は，(中略) 承認権者にあらかじめ願い出て，その承認を受けなければならない。
(事故報告)
第19条　教職員は，公務上又は公務外において事故等があった場合は，遅滞なく，校長に報告しなければならない。　(中略)　(私事旅行中の連絡対応)　(省略)　(不在時の引継ぎ)　(省略)　(重要な文書，物品等の取扱)　(中略)　(事務の引継ぎ)　(中略)
(危機発生時の対応)
第24条　教職員は，学校施設又はその近隣に出火その他横浜市危機管理指針で定める危機が発生した場合は，速やかに参集し，校長の指揮を受けなければならない。　(以下省略)

注：平成19年3月30日　前部分省略。
出典：横浜市ホームページ。

(3) 教員の分限処分と懲戒処分

本節の冒頭に掲載した不祥事報道に「教諭免職」「教師停職」「校長懲戒」「教諭処分」とあった。ここでは，服務規程等に違反した教職員に対する社会的制裁としてなされる行政上の処分等について確認していく。

●公務員の欠格条項

教職員（教育公務員）の処分の前に，公務員としての資格を失ってしまう「欠格条項」について確認する。地方公務員法16条には，次のように規定されている。

第十六条　次の各号のいずれかに該当する者は，条例で定める場合を除くほか，職員となり，又は競争試験若しくは選考を受けることができない。
一　成年被後見人又は被保佐人
二　禁錮以上の刑に処せられ，その執行を終わるまで又はその執行を受けることがなくなるまでの者
三　当該地方公共団体において懲戒免職の処分を受け，当該処分の日から二年を経過

しない者
四　人事委員会又は公平委員会の委員の職にあって，第六十条から第六十三条までに規定する罪を犯し刑に処せられた者
五　日本国憲法施行の日以後において，日本国憲法又はその下に成立した政府を暴力で破壊することを主張する政党その他の団体を結成し，又はこれに加入した者

この規程には，公務員に「なること」，任用のための「選考を受けること」ができなくなる条項が記載してある。これは公立学校の教員にも適用され，例えば，現職の教員が犯罪行為を行い禁錮以上の刑罰を受けた場合や，政府を暴力で破壊する政治団体に加入した場合，後見人や保佐人が必要な状態となった場合など，規程にあるとおり教員である資格を失うことを意味している。

●分限処分と身分保障

地方公務員法の分限・懲戒の規程について述べる。「分限」とは，「公務員としての身分保障の限界」という意味で捉えることができる。つまり，分限処分とは，その対象となった公務員が，その身分を保障し続けるに十分な状況にないことを指している。「勤務実績がよくない」「職に必要な適格性を欠く」「心身の故障のため職務遂行が困難」など，公務員がその職責を十分に果たすことができない場合，その公務員の意に反する不利益な身分上の変動をもたらすことのできる処分が分限処分であり，公務の能率の維持向上，その適正な運営の確保を図ることを目的として行われる。

公務員の分限処分に関する地方公務員法の一部抜粋を掲載しておく。

（分限及び懲戒の基準）
（地方公務員法 27 条）
職員の分限及び懲戒については，公正でなければならない。
職員は，この法律で定める事由による場合でなければ，その意に反して，降任され，若しくは免職されず，この法律又は条例で定める事由による場合でなければ，その意に反して，休職されず，又，条例で定める事由による場合でなければ，その意に反して降給されることがない。
（降任，免職，休職等）
（地方公務員法 28 条）
職員の意に反して，降任，免職となるのは，次の事由による。

　　　一　人事評価又は勤務の状況を示す事実に照らして，勤務実績がよくない場合
　　　二　心身の故障のため，職務の遂行に支障があり，又はこれに堪えない場合
　　　三　前二号に規定する場合のほか，その職に必要な適格性を欠く場合
　　　四　職制若しくは定数の改廃又は予算の減少により廃職又は過員を生じた場合
2職員が，左の各号の一に該当する場合においては，その意に反してこれを休職することができる。
　一　心身の故障のため，長期の休養を要する場合
　二　刑事事件に関し起訴された場合
3職員の意に反する降任，免職，休職及び降給の手続及び効果は，法律に特別の定がある場合を除く外，条例で定めなければならない。　　（以下省略）

免職は「職を解かれ，地位を失うこと」，降任は「役職や地位を下げること」，休職は「地位・身分は保全されたまま一定期間職務を休むこと」，降給は「給料を下げること」を意味する。これらが公務員本人の意に反して行われることが分限処分であり，その措置が「この法律又は条例で定める事由による場合」のほか行われないと限定されているところに，公務員に確かな身分保障がなされていることがわかる。

●懲戒処分

「懲戒」とは，不正な行為や不法行為の行為者に対して，これを懲らしめ，今後を戒めて，制裁を加えることをいう。公務員の懲戒処分の場合，公務員の不法行為や服務義務違反に対して，組織内の規律と公務遂行の秩序を維持するために，その社会的な責任を明確にするとともに，道義的責任を問うて制裁を科す行政処分をいう。

公務員の懲戒処分には，処分の軽い方から「戒告」「減給」「停職」「免職」の段階がある。懲戒権者である教育委員会は，「懲戒処分の標準例」や「懲戒処分に関する指針」を定めて，処分を行うことになる。

懲戒処分について地方公務員法の懲戒の規程を掲載する。

地方公務員法（懲戒）
第二十九条　職員が次の各号の一に該当する場合においては，これに対し懲戒処分として戒告，減給，停職又は免職の処分をすることができる。
一　この法律若しくは第五十七条に規定する特例を定めた法律又はこれに基づく条

例，地方公共団体の規則若しくは地方公共団体の機関の定める規程に違反した場合
二　職務上の義務に違反し，又は職務を怠った場合
三　全体の奉仕者たるにふさわしくない非行のあった場合

2　職員が，任命権者の要請に応じ当該地方公共団体の特別職に属する地方公務員，他の地方公共団体若しくは特定地方独立行政法人の地方公務員，国家公務員又は地方公社，その他その業務が地方公共団体若しくは国の事務若しくは事業と密接な関連を有する法人のうち条例で定めるものに使用される者となるため退職し，引き続き特別職地方公務員等として在職した後，引き続いて当該退職を前提として職員として採用された場合において，当該退職までの引き続く職員としての在職期間中に前項各号のいずれかに該当したときは，これに対し同項に規定する懲戒処分を行うことができる。

3　職員が，第二十八条の四第一項又は第二十八条の五第一項の規定により採用された場合において，定年退職者等となった日までの引き続く職員としての在職期間又はこれらの規定によりかつて採用されて職員として在職していた期間中に第一項各号の一に該当したときは，これに対し同項に規定する懲戒処分を行うことができる。

4　職員の懲戒の手続及び効果は，法律に特別の定がある場合を除く外，条例で定めなければならない。

処分の事由は，第二十九条に「①この法律又はこれに基づく条例，地方公共団体等の定める規程に違反した場合，②職務上の義務に違反し，又は職務を怠った場合，③全体の奉仕者たるにふさわしくない非行のあった場合」とある。これだけでは，どのような服務義務違反に，どのような処分が加えられるのか，具体的な状況や基準がわからない。先に挙げた不祥事報道の場合はどのような処分になるのか，後段で教育委員会の処分方針や基準について確認する。

懲戒処分の各段階である「戒告」「減給」「停職」「免職」，それぞれの処分の意味合いを解説しておく。「戒告」とは「戒めを宣告する」との意味で，「公務員の服務義務の責任を確認し，その将来を戒める懲戒処分」である。「減給」とは「一定期間，給料の一定額を減ずる懲戒処分」ある。「停職」とは「職員を一定の期間職務に従事させない懲戒処分」で，その期間の給与は支給されない[註1]。「免職」とは「職員としての職を解き，地位を失わせる懲戒処分」である。

公務員はこうした懲戒処分によって社会的な制裁を受けるわけだが，例えば，「免職」の懲戒処分を受けた教職員は，職を解かれるほかに，どのような社会的な制裁を受けることになるのだろうか。各教育委員会で詳細な処分規定が定められているが，「免職」の懲戒処分を受けた教職員に退職金が支払われることはない。教員免許状の扱いについては，教育職員免許法第十条に「免許状の効力を失う」場合として，「懲戒免職の処分を受けたとき」「分限免職の処分を受けたとき」等と規定されている。公立学校の教員が懲戒免職の処分を受けた場合，その教員免許状は失効する。これは，教員の職務がいかに重要であるかを示しており，先に挙げた教員の不祥事の例を，その崇高な使命と職務の重要性を述べた教育基本法の理想と見比べれば，当然のことと理解できるだろう。

そのほか公務員の懲戒処分については，処分内容と理由が公表されることが通例である。これらについても，服務監督者である教育委員会が公表基準を設けており，この基準に基づいて国民に公表されている。公表することそのものに，当該教職員への社会的な制裁の意味もあり，処分理由とともに当該教職員の氏名が公表される場合もある。また，これを公表しないことは，再発防止を曖昧にしてしまうことにもなり，次世代育成の権限を負託した国民に対して十分に説明責任を果たしていないことを意味する。

●教育委員会が定める懲戒処分の基準

服務監督者である各教育委員会の処分方針や処分量定の基準，標準例などについて知っておくことは，教員の服務義務違反の実態を知ることにもなり，説明責任について自覚を高めることにもつながる。ここでは横浜市教育委員会の「横浜市の教育公務員に適用する懲戒処分標準例」の一部を掲載する（表 11－4）。各教育委員会では，こうした懲戒処分に関する指針や処分の公表基準等を定めて公表しているので，具体的な処分の公表事案も含めて確認することを勧める。

表 11－4　横浜市教育委員会　懲戒処分の標準例・処分量定一覧（抜粋）

事　由		戒告	減給	停職	免職
一般服務	守秘義務違反	■	■	■	■
	個人情報の不当利用		■	■	■
	勤務態度不良	■	■	■	■
	パソコン・インターネットの不正利用	■	■		
	違法な政治的行為	■	■	■	■
	公職選挙法，政治資金規制法違反			■	■
	休暇・職免の虚偽申請	■	■		
	パワー・ハラスメント	■	■	■	■
不適切行為	業務データ等の不適切な管理	■	■		
	校外学習，部活中の飲酒等不適切行為		■	■	
	他教員等の非違行為等の容認	■	■		
	重大な信用失墜を与えた場合		■	■	■
体罰関連	体罰で負傷させた（含む精神的後遺症）	■	■	■	
	処分歴有り			■	■
	体罰で負傷はない（精神的苦痛を含む）	■	■		
	処分歴有り		■	■	■
	悪質又は常習的な体罰			■	■
セクハラ猥褻行為	児童・生徒に対する行為		■	■	■
	保護者に対する行為		■	■	■
	上記以外の者に対する行為	■	■	■	■

事　由		戒告	減給	停職	免職
公金・物品取扱	横領・窃取・搾取				■
	紛失・盗難	■	■		
	物品損壊	■	■		
	出火・爆発	■	■	■	■
	諸給与の違法支払・不適正受給	■	■		
	不適切な事務処理	■	■		
	公金及び物品等の処理不適正	■	■	■	
公務外非行	放火・殺人				■
	傷害		■	■	■
	暴行・けんか	■	■	■	
	器物損壊（故意の場合）	■	■		
	横領	■	■	■	■
	窃盗		■	■	■
	詐欺・恐喝		■	■	■
	賭博・ノミ行為	■	■	■	■
	麻薬，大麻，あへん，覚醒剤等				■
交通事故関連	人身事故　死亡事故		■	■	■
	人身事故　重大傷害	■	■	■	■
	傷害（措置義務違反）	■	■		
	重大な交通法規違反	■	■	■	
	飲酒運転（事故も含む）				■
	飲酒運転の容認		■	■	■

注：該当する処分を塗色■。

出典：横浜市ホームページ（2019 年 7 月更新）から作成。

2　体罰と学校の組織風土

(1) 体罰と懲戒権の限界

●体罰発生の概況

体罰は，教育活動のなかで教員によって意図的に行われ，直接子どもに危害を加える重大な服務義務違反であることから項を設ける。

表11－5および表11－6は，文部科学省の「平成30年度公立学校教職員の人事行政状況調査[註2]」によって把握された体罰の実態の一部を示したもので，全国の国公立及び私立学校における体罰発生件数の合計を示している。表中の（　）内の数値は2017（平成29）年度のものである。

これによると，2018（平成30）年度は全国の697校で767件の体罰が発生している。同調査によれば，同年度1,474人の児童生徒が被害に遭い，そのうち177件の体罰が，児童生徒に骨折や捻挫，鼓膜損傷や外傷，打撲や鼻血等のけがを負わせている。体罰の態様は，割合の高い方から「素手で殴る・叩く：47.2%」「蹴る・踏みつける：10.3%」「投げる・突き飛ばす・転倒させる：8.6%」「棒などで殴る，たたく：5.5%」「物をぶつける・投げつける：4.4%」「つねる・ひっかく：3.8%」「正座など一定の姿勢を長時間保持させる3.3%」「教室等に長時間留め置く：0.1%」「その他：16.8%」等の行為となっている。子どもたちを健全に育成する職務にある教員が，子どもたちに暴力を振

表11－5　平成30年度における体罰の状況（国公私立合計）

	発生学校数	発生件数
小学校	171校　(179校)	183件　(182件)
中学校	245校　(220校)	268件　(258件)
義務教育学校	2校　(1校)	2件　(1件)
高等学校	256校　(284校)	287件　(317件)
中等教育学校	4校　(2校)	7件　(2件)
特別支援学校	19校　(13校)	20件　(13件)
合　計	697校　(699校)	767件　(773件)

出典：「平成30年度公立学校教職員の人事行政状況調査」「体罰の実態把握について（国立学校・公立学校・私立学校）」文部科学省

表 11－6　加害教員の年齢層

区　分	20 歳代	30 歳代	40 歳代	50 歳代以上	合計
小学校	24 人 (22 人)	43 人 (38 人)	38 人 (47 人)	78 人 (75 人)	183 人 (182 人)
中学校	42 人 (38 人)	76 人 (80 人)	56 人 (68 人)	94 人 (72 人)	268 人 (258 人)
義務教育学校	1 人 (0 人)	0 人 (0 人)	0 人 (0 人)	1 人 (1 人)	2 人 (1 人)
高等学校	43 人 (36 人)	58 人 (75 人)	64 人 (69 人)	122 人 (137 人)	287 人 (317 人)
中等教育学校	1 人 (1 人)	0 人 (0 人)	1 人 (1 人)	5 人 (0 人)	7 人 (2 人)
特別支援学校	2 人 (0 人)	4 人 (3 人)	4 人 (2 人)	10 人 (8 人)	20 人 (13 人)
合　計	113 人 (97 人)	181 人 (196 人)	163 人 (187 人)	310 人 (293 人)	767 人 (773 人)

出典：「平成 30 年度公立学校教職員の人事行政状況調査」「体罰の実態把握について（国立学校・公立学校・私立学校）」文部科学省

い，負傷させている。これらは重大な服務義務違反であり，刑法上の暴行罪，傷害罪にあたる行為である。

また，体罰の加害教員の年齢について同調査（表 11－6）は，20 歳代から 50 歳代以上まですべての年代の教員が体罰を行っている実態を示している。教員は生涯にわたって学び続け，成長していく者とされ，各種の研修制度が整えられるなか，学校現場では“ベテラン教師”とされる年代の教員が最も多くの体罰を行っている事実は，重く受け止めなければならない。

●体罰禁止の規定

教員が体罰を行ってはならいことについては，次のように学校教育法に明確に規定されている。

> **学校教育法　第十一条**
> 校長及び教員は，教育上必要があると認めるときは，文部科学大臣の定めるところにより，児童，生徒及び学生に懲戒を加えることができる。ただし，体罰を加えることはできない。

児童生徒への懲戒は，問題行動等への反省を求めて戒めを与えるなど，教育上の必要から叱るなどを指す「法的な効果を伴わない懲戒」と，「退学，停学，訓告」の「法的な意味を有する懲戒」とがある（学校教育法施行規則26条 懲戒）。いずれも「文部科学大臣の定めるところにより」とあるように，一定の条件下においてその成長支援に役立つように行われる必要がある。このことに関して，学校教育法施行規則26条に「校長及び教員が児童等に懲戒を加えるに当つては，児童等の心身の発達に応ずる等教育上必要な配慮をしなければならない」とされている。なお，「退学」については，公立の小学校，中学校（中略），義務教育学校又は特別支援学校に在学する学齢児童又は学齢生徒を除くとされ，「停学」についても「学齢児童又は学齢生徒に対しては，行うことができない」とされている（同規則26条）。

学校教育法第11条に，校長及び教員は児童生徒に対する懲戒において体罰を加えることはできないとされている。しかし，この規定だけでは，体罰の具体的な行為が明確ではないことから，どのような行為を体罰とするのかについて，種々の規定が文部科学省通知等によって補足されている。1948（昭和23）年には，「児童懲戒権の限界について」として，次のように周知されている。

児童懲戒権の限界について
(昭和23年12月22日付け法務庁法務調査意見長官回答)

1　学校教育法第1条にいう「体罰」とは，懲戒の内容が身体的性質のものである場合を意味する。

すなわち（1）身体に対する侵害を内容とする懲戒－なぐる・ける類－がこれに該当することはいうまでもないが，さらに（2）被罰者に肉体的苦痛を与えるような懲戒もまたこれに該当する。たとえば端坐・直立等，特定の姿勢を長時間にわたって保持させるというような懲戒は体罰の一種と解せられねばならない。

2　しかし，特定の場合が右の（2）の意味の「体罰」に該当するかどうかは，機械的に制定することはできない。

たとえば，同じ時間直立させるにしても，教室内の場合と炎天下または寒風中の場合とでは被罰者の身体に対する影響が全く違うからである。それ故に，当該児童の年齢・健康・場所的および時間的環境等，種々の条件を考え合わせて肉体的苦痛の有無を制定しなければならない。…以下省略

こうした体罰にかかる基準は，長年にわたって改変・補足されることがなかった。しかし，教員による体罰がなくならないことや体罰に起因する生徒の自

殺事件等によって社会問題化したこともあり，また，一方では児童生徒の対教師暴力や問題行動の質の変化等に対応する必要から，近年になって，児童生徒の懲戒・体罰等に関する基準の明確化が進められた。2007（平成 19）年と平成 25 年に文部科学省から新たな基準等が通知されている。

これらの詳細な基準とそれを解説している「児童生徒の懲戒・体罰に関する文部科学省通知」の概要を掲載する。これらによって懲戒行為の内容と体罰規定の詳細を把握しておくことは，教員として自らの教育活動の進め方を考える上で有効である。懲戒の行為と体罰の境界を確認しておく必要がある。

◆学校教育法第 11 条に規定する児童生徒の懲戒・体罰に関する考え方（平成 19 年 2 月 5 日文部科学省通知）

1　体罰について

(1) 児童生徒への指導に当たり，学校教育法第 11 条ただし書にいう体罰は，いかなる場合においても行ってはならない。教員等が児童生徒に対して行った懲戒の行為が体罰に当たるかどうかは，当該児童生徒の年齢，健康，心身の発達状況，当該行為が行われた場所的及び時間的環境，懲戒の態様等の諸条件を総合的に考え，個々の事案ごとに判断する必要がある。

(2) (1) により，その懲戒の内容が身体的性質のもの，すなわち，身体に対する侵害を内容とする懲戒（殴る，蹴る等），被罰者に肉体的苦痛を与えるような懲戒（正座・直立等特定の姿勢を長時間にわたって保持させる等）に当たると判断された場合は，体罰に該当する。

(3) 個々の懲戒が体罰に当たるか否かは，単に，懲戒を受けた児童生徒や保護者の主観的な言動により判断されるのではなく，上記 (1) の諸条件を客観的に考慮して判断されるべきであり，特に児童生徒一人一人の状況に配慮を尽くした行為であったかどうか等の観点が重要である。

(4) 児童生徒に対する有形力（目に見える物理的な力）の行使により行われた懲戒は，その一切が体罰として許されないというものではなく，裁判例においても，「いやしくも有形力の行使と見られる外形をもった行為は学校教育法上の懲戒行為としては一切許容されないとすることは，本来学校教育法の予想するところではない」としたもの（昭和 56 年 4 月 1 日東京高裁判決），「生徒の心身の発達に応じて慎重な教育上の配慮のもとに行うべきであり，このような配慮のもとに行われる限りにおいては，状況に応じ一定の限度内で懲戒のための有形力の行使が許容される」としたもの（昭和 60 年 2 月 22 日浦和地裁判決）などがある。

(5) 有形力の行使以外の方法により行われた懲戒については，例えば，以下のような行為は，児童生徒に肉体的苦痛を与えるものでない限り，通常体罰には当たらない。

○放課後等に教室に残留させる（用便のためにも室外に出ることを許さない，又は食事時間を過ぎても長く留め置く等肉体的苦痛を与えるものは体罰に当たる）。
○授業中，教室内に起立させる。　○学習課題や清掃活動を課す。
○学校当番を多く割り当てる。　○立ち歩きの多い児童生徒を叱って席につかせる。
(6) なお，児童生徒から教員等に対する暴力行為に対して，教員等が防衛のためにやむを得ずした有形力の行使は，もとより教育上の措置たる懲戒行為として行われたものではなく，これにより身体への侵害又は肉体的苦痛を与えた場合は体罰には該当しない。また，他の児童生徒に被害を及ぼすような暴力行為に対して，これを制止したり，目前の危険を回避するためにやむを得ずした有形力の行使についても，同様に体罰に当たらない。これらの行為については，正当防衛，正当行為等として刑事上又は民事上の責めを免れうる。
2　児童生徒を教室外に退去させる等の措置について
(1) 単に授業に遅刻したこと，授業中学習を怠けたこと等を理由として，児童生徒を教室に入れず又は教室から退去させ，指導を行わないままに放置することは，義務教育における懲戒の手段としては許されない。
(2) 他方，授業中，児童生徒を教室内に入れず又は教室から退去させる場合であっても，当該授業の間，その児童生徒のために当該授業に代わる指導が別途行われるのであれば，懲戒の手段としてこれを行うことは差し支えない。
(3) また，児童生徒が学習を怠り，喧騒その他の行為により他の児童生徒の学習を妨げるような場合には，他の児童生徒の学習上の妨害を排除し教室内の秩序を維持するため，必要な間，やむを得ず教室外に退去させることは懲戒に当たらず，教育上必要な措置として差し支えない。
(4) さらに，近年児童生徒の間に急速に普及している携帯電話を児童生徒が学校に持ち込み，授業中にメール等を行い，学校の教育活動全体に悪影響を及ぼすような場合，保護者等と連携を図り，一時的にこれを預かり置くことは，教育上必要な措置として差し支えない。

◆学校教育法第11条に規定する児童生徒の懲戒・体罰等に関する参考事例（平成25年3月13日文科省通知）

(1) 体罰（通常，体罰と判断されると考えられる行為）
○身体に対する侵害を内容とするもの
・体育の授業中，危険な行為をした児童の背中を足で踏みつける。
・帰りの会で足をぶらぶらさせて座り，前の席の児童に足を当てた児童を，突き飛ばして転倒させる。
・授業態度について指導したが反抗的な言動をした複数の生徒らの頬を平手打ちする。
・立ち歩きの多い生徒を叱ったが聞かず，席につかないため，頬をつねって席につかせる。
・生徒指導に応じず，下校しようとしている生徒の腕を引いたところ，生徒が腕を振り払ったため，当該生徒の頭を平手で叩く。
・給食の時間，ふざけていた生徒に対し，口頭で注意したが聞かなかったため，持っていたボールペンを投げつけ，生徒に当てる。
・部活動顧問の指示に従わず，ユニフォームの片づけが不十分であったため，当該生徒の頬を殴打する。
○被罰者に肉体的苦痛を与えるようなもの
・放課後に児童を教室に残留させ，児童がトイレに行きたいと訴えたが，一切，室外に出ることを許さない。
・別室指導のため，給食の時間を含めて生徒を長く別室に留め置き，一切室外に出ることを許さない。
・宿題を忘れた児童に対して，教室の後方で正座で授業を受けるよう言い，児童が苦痛を訴えたが，そのままの姿勢を保持させた。
(2) 認められる懲戒（通常，懲戒権の範囲内と判断されると考えられる行為）（ただし肉体的苦痛を伴わないものに限る。）
※学校教育法施行規則に定める退学・停学・訓告以外で認められると考えられるものの例
・放課後等に教室に残留させる。　・授業中，教室内に起立させる。
・学習課題や清掃活動を課す。　・学校当番を多く割り当てる。
・立ち歩きの多い児童生徒を叱って席につかせる。
・練習に遅刻した生徒を試合に出さずに見学させる。
(3) 正当な行為（通常，正当防衛，正当行為と判断されると考えられる行為）
○児童生徒から教員等に対する暴力行為に対して，教員等が防衛のためにやむを得ずした有形力の行使
・児童が教員の指導に反抗して教員の足を蹴ったため，児童の背後に回り，体をきつく押さえる。
○他の児童生徒に被害を及ぼすような暴力行為に対して，これを制止したり，目前の危険を回避するためにやむを得ずした有形力の行使
・休み時間に廊下で，他の児童を押さえつけて殴るという行為に及んだ児童がいたため，この児童の両肩をつかんで引き離す。
・全校集会中に，大声を出して集会を妨げる行為があった生徒を冷静にさせ，別の場所で指導するため，別の場所に移るよう指導したが，なおも大声を出し続けて抵抗したため，生徒の腕を手で引っ張って移動させる。
・他の生徒をからかっていた生徒を指導しようとしたところ，当該生徒が教員に暴言を吐きつばを吐いて逃げ出そうとしたため，生徒が落ち着くまでの数分間，肩を両手でつかんで壁へ押しつけ，制止させる。
・試合中に相手チームの選手とトラブルになり，殴りかかろうとする生徒を，押さえつけて制止させる。

(2)「教育観」「子ども観」にかかわる体罰問題

体罰を禁止する服務規程の徹底や違反行為への懲戒処分が，各教育委員会において厳正に行われているにもかかわらず，教員による体罰がなくならない状況には，様々な要因が考えられる。そのなかで最も重要な要件は，教員自身が子どもをどのようにとらえ，教育をどのように理解しているかである。つまり，各教員のもつ「子ども観」と「教育観」にかかわる問題であり，体罰には，子どもに向き合う教師としての生き方や姿勢に根深い問題が潜んでいる。

かつて，校内暴力の嵐が吹き荒れた昭和50年代の前後は，“校則万能”の管理主義の教育や行動規制中心の生徒指導が行われ，「厳しい指導」と称された見せしめのような体罰も行われていた。また，子どもは「未熟な者」であって，「上に“重し”があってこそ社会化される」，「子どもは枠に入れておけば健全に育つ」などといった，乱暴で頑なな「子ども観」が主流を占めていた時期もあった。また，部活動の指導場面にみられる生活管理のスポーツ指導の行き過ぎが，異常なまでに厳しい管理指導とその管理から外れる者への体罰となって現われる構図も見られた。こうした「子ども観」と「教育観」が，根深い体罰容認の教育風土・組織風土を生み出し，体罰が継続して起こる要因の一つになっていると筆者は捉えている。このあたりの経過については，今日求められる生徒指導の在り方も含めて，拙著「子どもの危機と学校組織」(教育出版 2012) に詳しいので参照されたい。

また，体罰を行ってしまう要因には，教員の未熟さが指摘できる。「子ども観」と「教育観」の拙さはいうに及ばず，プライドだけが高く，独りよがりや思い上がり，虚勢や固執，子どもへの距離感の喪失，身勝手な支配感情，その裏にある不安感や焦燥感など，成長できない教員のありようが，体罰をはじめ不適応行動や不祥事につながるケースもある。こうした未熟さは，当該教員の努力不足もあることながら，第10章で指摘した「学校組織の弱点と教員の組織行動の課題」が生みだす“無自覚な権力者”“万全の自己完結”に陥った教員の姿ともいえる。

体罰にかかわる拙い「子ども観」「教育観」や成長できない教員のありようについて，次に示す体罰事例から学び取り，自らの描く教師像の参考にして欲しい。この文章は，横浜市教育委員会「体罰の根絶に向けた研修の実施と研修資料」に掲載されている研修資料から引用したものである。小学校５年生のときに経験した体罰について，子どもの立場から書かれたもので，体罰が行われる様子とそのときの子どもの心情がわかりやすく述べられている。この文章のなかから，体罰を行った教師の「子ども観」や「教育観」も透けて見えてくるはずだ。

▶事例　小学校での体罰の経験

私は，５年生のとき，学級委員をしていました。担任の先生は，きちんとしていて，細かいことによく気がつく先生でした。

私はその日，中休みに委員会の仕事があり，３時間目が始まるぎりぎりに教室にもどってきました。着席すると，すぐに授業が始まりました。私はいそいで机の中から教科書を出そうとしました。しかし，そのとき，私は机の中に教科書がないことに気がついたのです。私は，どぎまぎしながら机の中をひっくり返して探していました。そのとき先生は，私の後ろの席のＴ君を指して，教科書を音読するように言いました。

Ｔ君はもじもじしながら立ち上がり，小声で「教科書を忘れました。」と言いました。

先生は眉にしわを寄せて，「また忘れたの。あなただけよ。どうしてそんなにだらしないのかしら！」とみんなに聞こえるように言いました。

私は，心臓が口から飛び出しそうになるくらいあわてました。その拍子に，私の筆箱が机の上から落ちて大きな音を立てました。みんなの視線が一斉に私に集まりました。誰一人声を出しませんでしたが，私には，みんなもそして先生も私が教科書を持っていないのに気がついたことが分かりました。

先生は，顔を少し赤くしながら「あなたも教科書をもってこないの？　しかも，あなたは学級委員なのに。黙っていれば分からないと思ったのでしょ。２人して廊下に立っていなさい。」と私たちを見て，大きな声で言いました。

それから３時間目が終わるまで，私とＴ君は並んで廊下に立っていました。たまに，よそのクラスの子が不思議そうに私とＴ君の顔を見ながら通りました。中には，下を向いた私の顔をわざとのぞき込むようにして「女子だよ」と笑って通り過ぎる子もいました。私は胸がどきどきして，口の中がカラカラになりました。どうして今日に限って忘れたのだろう。どうして休み時間の前に準備していかなかったのだろう。自分を責めて，はやく１時間が過ぎてくれることだけを願っていました。

すると，Ｔ君がとなりで「おまえが学級委員だからだぞ。いつもだったら，怒られるだけですんだのに。」と言いました。

それまで，あとでからかわれるに違いないと思う恐ろしさに，明日からどうやって学校にくればよいのかと心配していた私の心に，ふと，どうしてこんな目にあわなければならないのかという気持ちがわいてきました。いつも，学級委員としての役割を先生に言われてそれに応えているつもりなのに。学級委員だからって特別に扱われるなんておかしい。先生は私をみんなへのみせしめに使ったんだ。その考えは，それまでの不安でいっぱいだった気持ちを，先生に対する怒りとくやしさに変えてしまいました。そのとき，こらえていた涙がどっとあふれてきて，私はしゃくり上げながら泣き始めました。

やがてチャイムがなると，先生が廊下に来て「泣くほど自分が恥ずかしいと分かったら，次からは正直に言うのよ。」と言いました。私はその言葉を聞きながら，もう二度とこの先生の言うことは聞くものかと固く心に決めていました。

（出典：平成 16 年度に作成された横浜市教育委員会「体罰の根絶に向けた研修の実施と研修資料」から引用加筆した。）

この資料をもとに，次の二点を明確にして，教師としての在り方を振り返り，今後のキャリア形成に役立てて欲しい。

①教員の行為や言動について，どういう行動が体罰にあたるのかを明確にする。

②この事例に示された教員の「子ども観」と「教育観」の問題とそのキャリア形成上の課題を明確にする。

第 2 章では，教師を「子どもにとって『重要な他者』あるいは『自他の尊厳を実感できるような関係性を築ける人間』であり得るのか，問い続け，学び続ける存在」と規定した。第 6 章では，教師の資質・能力に「個人の人格に収斂され，人格によって統治された機能体としてはたらく特質」があることを提起した。これらの規定や考え方に，現代の子どもたちに向き合う教師が備えておきたい「子ども観」「教育観」を見ることができるはずだ。この体罰の事例を通した振り返りをふまえ，改めてこれらの章を読み返し，自らの「子ども観」と「教育観」を問い直して，教師としてのさらなる成長に生かして欲しい。

第12章
「チーム学校」の危機管理

危機管理の場面は，学校組織の実情と教員の実力を白日にさらす。そこでは学校の組織力はもとより，教員個人の総合的な資質・能力が問われる。この章では，学校が直面する危機場面を取り上げ，事例検討と演習を通して，「チーム学校」の在り方と教員の組織行動を読み解いて，これまでの学びを問い直す場としたい。この演習を通して，読者が自らの課題に気付き，さらなるキャリア形成に役立てることを希望する。

1　経営組織の課題―教員の服務違反と学校組織の弱点―

この節では，裁判資料や報道等に題材を求め，実際の教員の不祥事や事件に関する演習課題として提示する。

●危機管理演習1＜授業教材プリントによる保護者への名誉毀損事件＞

本書では，教員は公権力の行使者であり，学級通信も授業中の指示やプリント配付であっても，公権力の行使にあたると述べてきた。次の資料は，保護者が原告となって教員個人に名誉毀損にかかわる損害賠償請求を提起した民事訴訟事件で，その経過を資料化したものである。

▶資料「授業教材プリントによる保護者への名誉毀損事件」

当該教員Ｙは公立中学校の社会科の教諭であり，２年生の授業を担当していた（1997年）。当該保護者Ｐはアメリカ人と結婚しており，その娘Ａが２年生に在籍し，教員Ｙの授業を受けていた。教員Ｙは，２年生の授業において沖縄の米軍基地に関する自主教材を配付した。この教材プリントには，沖縄の米軍基地に関するビデオを見た生徒の感想文と教員Ｙのコメントが記載され，教員Ｙは下線を引かせるなどの指導を行った。このプリントを見た保護者Ｐが「内容があまりにも反米的，一方的である」として校長・教頭に疑問点を伝え，教育委員会にも電話した。教員Ｙと保護者Ｐとの間でも電話での口論が生じた。

校長は教員Ｙに「米国籍の生徒もいるので」と配慮を求めたが，教員Ｙは「事実を教えている」と反発し，次の授業で当該保護者を非難するプリントを生徒たちに配った。プリントには，「あなた方の親の一人」が教育委員会に密告電話や密告ファックスをしたとして，「『先生はけしからん教育をしている』という電話を教育委員会にしたそうです」「事実をきちんと教えている私を『偏っている』と言うのは，この『親が偏っている』証拠です」「親の自分の思想が教師の憲法に忠実な思想に合わないからと，教師の教育内容に介入しようなど笑止千万なアサハカな思い上がりというべきです」などと書かれていた。

保護者Ｐは「このプリントを見た娘がショックを受け，登校拒否に陥り，別の中学校に転学せざるを得なかった。プリントは名誉棄損に当たる」として，教員Ｙによるプリントの配付が保護者Ｐの社会的名誉及び名誉感情を著しく毀損したとして，慰謝料200万円の支払を求めて提訴した。第一審の判決（1999年12月）は，「本件プリントの内容は，侮蔑的言辞を多数含んでいるものであって，生徒に動揺を与えるものであり……しかも，被告は本件配付行為の前に，校長から，本件プリントは教材として大きな問題があると指摘を受けるなどしていたのにあえて本件配付行為に及んだものである」とし，配付行為に違法性があると認定して，教員Ｙに対して30万円の損害賠償を命じた。

これに対し教員Ｙは控訴を提起した。控訴審において教員Ｙは，「当該プリントの配付は授業中に教材の一部として配付したもので，配付行為は職務を行うについてした公権力の行使に当たるから，国家賠償法1条1項が適用されるべきである。公務員が，その職務を行うについて，故意又は過失によって違法に他人に損害を与えた場合には，その公務員が属する国又は公共団体がその被害者に対して賠償の責を負うのであって，公務員個人はその責を負わないから，本件配付行為について直接損害賠償責任を負うことはない。被控訴人（保護者Ｐ）の損害賠償請求を一部認容した第一審の判決は棄却されるべきである」と主張した。

これに対して，被控訴人（保護者Ｐ）は，「当該プリントの配付行為は，筋違いの逆恨みから，専ら保護者Ｐを誹謗することを目的としてされたものであり，控訴人教員Ｙが，管理職の指導を無視し，違法な行為をあえて行った点において，もはや職務熱心の余りに行った保護されるべき公務とは言い難い。この配付行為に国家賠償法1条1項は適用されるべきでなく，教員Ｙ個人の損害賠償責任が発生する」と主張した。

控訴審における高等裁判所の判決（2000年4月）は，「『公権力の行使』」には，公立学校における教師の教育活動も含まれるものと解するのが相当である」として，「本件配付行為は，公務員がその職務を行うについてした公権力の行使に当たることは明らかであり，国家賠償法一条一項が適用されると解すべきである。また，公権力の行使に当たる公共団体の公務員がその職務を行うについて，故意又は過失によって，違法に他人に損害を与えた場合には，国又は公共団体がその被害者に対して賠償の責めに任ずるのであって，公務員個人はその責めを負わないものと解する」とした。「公務員の行為が職権濫用に当たる場合や，当該公務員に故意又は重過失がある場合には，当該公務員個人に対しても民法七〇九条の不法行為責任を問い得るとする被控訴人（保護者P）の主張は採用することはできない」として，その損害賠償請求を不当として棄却し，一審判決を取り消した。（註1をもとに作成）

これは，教員が，授業時に配付する教材プリントにおいて保護者を誹謗・中傷して権利を侵害し，損害を与えたとして提訴された事件である。こうした事態は，学校の信頼を失墜させることにつながり，教員の身分保障や学校経営，教員のキャリア形成の問題など，様々な課題を提起している事例といえる。被害を受けたとする保護者が教員個人を提訴したところ，第一審で勝訴し，教員は損害賠償を命じられた。しかし，第二審（控訴審）で棄却され，第一審の判決を取り消された経過が述べられている。第一審の判決が取り消された理由に，教員の身分保障と職務の法的な意味を解説したところがあり，この点にも注目する必要がある。

この資料について，次の演習課題①～③に取り組んで欲しい。

課題

①資料に書かれた範囲において，この教員の教育公務員としての問題点，服務違反，権限範囲の逸脱と考えられる点について，法的な根拠を明確にして記述する。

②この記事から見えてくる当該中学校の学校経営や組織上の問題点を指摘して，記述する。

③当該保護者の訴えは第二審（控訴審）で棄却され，第一審の判決が取り消されている。なぜ，高裁は第一審の判決を取り消したのか，その理由を整理したうえで，職務における公権力の行使者としての教員の在り方について，考えをまとめ，記述する。

▶解説

この資料に書かれた範囲において，当該教員の行為について，読者はどのような服務義務違反を指摘しただろうか。秘密を守る義務，政治的行為の制限，信用失墜行為の禁止，上司の職務上の命令に従う義務，名誉毀損などが指摘できるところだ。

上司の職務上の命令に従う義務について，校長が「配慮を求めた」が，教員が「事実を教えている」と反発したとあり，このことがこの服務義務違反に当るかどうかが議論となるところだ。「配慮を求めた」という校長の対応が曖昧で，明確に職務上の命令をくだしたのかどうか，判断が分かれる。学校経営としては，すべての校務の最終責任者である校長が，もっと明確に配付の中止を命じるなど，経営責任者として子どもや国民を守る毅然とした姿勢が求められる点も指摘できよう。

さらに大きな注目点は，第一審の判決を取り消した高裁判決の理由である。配付行為が教員の職務として行われていることから，この行為を「公権力の行使」にあたるとして，下に示した国家賠償法第一条の1項の規定が適用されている。この公権力行使に際して他人に損害を与えた場合，国または公共団体がその賠償の責めを負うとする規定によって，公務員個人に賠償を求めた保護者の訴えを棄却している。

この判断は，教育公務員である教員の身分がしっかりと守られていること，そして，教員が日常行っている授業のプリント作成・配付など，多様な職務行為が公権力の行使であることを明確にしている。教員の職務が公権力の行使であることは先述のとおりだ。第10章の「1　学校の経営と経営戦略」に示した「学校組織の弱点と教員の組織行動の課題」に「②公権力の行使者としての自覚の弱い教員」「⑥閉鎖的な組織が教員のなかに“万全の自己完結性”を生み出す不幸」等を解説しているので読み返して欲しい。

ここまでのところで読者は，何か割り切れない気持ちになり，疑問に思う向きもあるのではないだろうか。それは，教員が職務中に保護者個人の名誉を傷つけるなど，不法行為を行っても，賠償請求からまぬがれるという点であろう。これについては，国家賠償法第一条の2項を読むと一定の理解が進むはずだ。そこに記載されている「求償権」がキーワードになる。

国家賠償法

第一条　国又は公共団体の公権力の行使に当る公務員が，その職務を行うについて，故意又は過失によって違法に他人に損害を加えたときは，国又は公共団体が，これを賠償する責に任ずる。

2　前項の場合において，公務員に故意又は重大な過失があつたときは，国又は公共団体は，その公務員に対して求償権を有する。

国家賠償法第一条の本来の目的は，公務員が職務（公権力行使）を行うに際し，その故意又は過失によって違法に損害を受けた国民の被害を速やかに救済し，国家等の責任において国民に購うことを旨としている。また，公務員が職務に際し，常に損害賠償の請求におびえ，職務に消極的になることを防ぐ意味もあるはずだ。

公務員の職務行為に際し，国民に損害を及ぼし，国家等が国民に損害賠償が行った場合で，当該公務員の行為が「故意又は重大な過失」に該当する場合は，支払われた賠償額のすべてないしは一部を当該公務員に償還させる権限を認めている。これを「求償権」という。教員が子どもに対して行う体罰（暴力行為）などは，まさに「故意」であって，「求償権」の対象となり得ると考えられる。「重大な過失」とは，ほとんど故意に近い過失行為をいう。例えば，教員が体罰で児童生徒にけがを負わせ，その保護者からこのことにかかわる損害賠償請求が行われたする。この請求に対して地方自治体が請求に応じた場合，地方公共団体の支出になるわけで，税金を納付している市民にとってみれば納得がいかず，求償が行われるのかどうかが注目されるはずだ。実際に，こうした求償権の適用を求める住民訴訟の提起や求償権が適用された不正事件などがあり，こうした学校教育関連の事件について調べてみることを勧める。

◎危機管理演習２＜教員による選挙や人事委員会によって決定される校内人事＞

ここでは，第９章や第 10 章で述べた学校経営や教職員組織の運営にかかわる場面を，危機管理演習の課題に取り上げて，学校の陥りやすい組織上の課題について考察を深める。註２～４の新聞報道は，多くの学校において不適切な組織運営や校内人事が行われていたことを指摘したものだ[1]。これらの記事の報道内容をもとに，危機管理演習の課題として資料化したものが，資料「教員による選挙や人事委員会によって決定される校内人事」である。この資料から

1　この当時，民間出身の校長が着任したことから，これらの問題が発覚し，関係する自治体の教育委員会が実態解明や是正に乗り出した経緯がこれらの記事から読み取れる。

は教員の服務義務違反や権限の逸脱，脆弱な学校経営の体質が浮き上がってくる。

▶資料「教員による選挙や人事委員会によって決定される校内人事」

私は公立高校に勤務する教職３年目の教員です。先日，ベテランで実力のある先輩教員のＢ先生から，「来年はどんな校務を担当したいのか」と聞かれ，私は「進路指導部で仕事をしたいです」と答えました。Ｂ先生は，「わかった」と言って，「うちの学校は教員の人事も民主的に選挙や人事委員会で決めているから安心だぞ。校長に勝手に決めさせることはしていないからうまくいくんだ」と言ってくれました。Ｂ先生は，私と同じ教科で，私にいつも目をかけてくれるので，校内での仕事はやりやすいのです。

教員の校内人事は，教務主任と進路主任は教員による選挙で決まります。教員で構成する人事委員会のメンバーが，一堂に会した全教員に投票用紙を配って投票を促し，投票後すぐに開票されて，教務及び進路の枠ごとの最多得票者がそれぞれの主任になります。投票で確定した後，校長先生が「○○先生，来年度の教務主任をお願いします」などと宣言します。

その他の主任や校務，担任や学年配当などは，両主任の選挙の後，教員による人事委員会が原案を作って，毎年ほぼその案のとおり決まっていきます。具体的な決まり方は，人事委員会の先生たちが，全教員から人事希望を聞き，それらをまとめて人事原案ができます。人事委員の先生たちが各教員に内示して廻り，決まっていきます。不服を述べる教員の説得役は校長先生がやっています。その後で，全教員の集まる職員会議で，人事委員長のＢ先生が「辞令」を発表し，校長先生が全員の任命を宣言して，翌年度の人事が決定します。

校長先生は人事委員会の決定に従って，先生たちを任命するのが仕事です。校長先生は「この方法は円滑に人事が決まる良い方法だ」と言っていました。ベテランのＢ先生は，ここ５年間ほど人事委員会の委員長を務める実力者なのです。校内人事のこうしたやり方については，職員会議での議決・決定を経てきちんと成文化された規則があり，もう，何十年も前から「内規」として大事にされ，この規則に則って円滑に校内人事が行われています。

（註2～4をもとに作成）

次の演習課題①～②に取り組んで欲しい。

課題

①資料から状況を整理したうえで，学校の組織運営上の課題や服務違反・権限範囲の逸脱について法的な根拠にもとづいて指摘し，問題点を記述する。

②資料にある一見“民主的”に見える組織運営や人事決定のやり方が，なぜいけないのかを記述した上で，学校組織の陥りやすい弱点をまとめ，どのように改善してい

けば良いのか，その方法について考えを記述する。

▶解説

教員による選挙や人事委員会制度等によって校内人事が実質的に決まるシステムが，長年継続していたことが大きな問題点といえる。そして，校長が“任命”という“追認の立場”に自ら退いていることを含めて，法規上も問題があり，国民の負託に応える責任ある組織体制とは言い難い。

第9章で確認した「学校は，公の性質を有するもの（教育基本法6条)」であって，設置者は国・地方公共団体等に限定され，その設置者から，校長に学校の管理運営が任され，「校長は校務をつかさどり，所属職員を監督する（学校教育法37条)」とされていることを軽視してはならない。第9章では教育委員会の管理運営規則も確認した。そこには，校長の職務について「一　学校教育の管理，所属職員の管理（中略)。二　所属職員の職務上及び身分上の監督に関すること」と記され，主幹教諭や主任など，組織運営の規程が詳細になされている。これらの点から資料にある学校の状況を見ると，明確な法規違反を指摘できる。

では，何が問題なのだろうか。資料のとおりだとすれば，一部の教員ないしは教員集団が，校内人事や分掌の決定に権限を有し，行使することが可能な状況である。それは，設置者から任された学校の管理運営や教職員の管理監督の権限を，校長が教員に不法に委譲している状況といえる。この状況では，責任をもって国民の負託に応える学校の指揮命令系統は不明確で，組織秩序は緩み，責任体制は不安定な状況にあるといえる。このような状況が近年に至るまで継続し，関係記事の指摘するとおり，民間出身の校長の着任によって問題が明確になったとすれば，これまで誰も問題視しなかった点で学校組織に巣くう問題は深刻だ。このシステムが「内規」として成文化され何十年も継続していた状況は，国民から見えにくい内々の約束として長年維持されていたことを示すものともいえ，この閉鎖性が学校組織の問題の元凶といえそうだ。

公務を行う教員であっても人間の維持する職場であるから，その職場内に個人的な利害や損得，好悪にかかわる感情が生じることは否定できない。「次年度は学級担任を務めたい」「修学旅行を手がけてみたい」という前向きなものから，「負担の多い学級担任はやりたくない」「好きな部活動の指導に専念したいから担当校務を減らしたい」「あの教員と一緒の学年は嫌だ」など，国民全体に奉仕する立場ではあるにもかかわらず，日常業務のなかで不満等の感情や様々な利害要求が出てきてしまう。こうした教員間における選挙の結果は，組織票や教員グループの思惑などに左右されやすい面がある。また，そうした不満や利害を束ねて要求したり，調整したりする“ボス的教員”や“利害集団”が出現するケースもある。こうした影響が校内人事や教職員の管理監督業務に及んだとすると，公正で秩序ある組織運営や効率的な学校経営の障害になることは明らかだ。

さらに問題点を指摘しておく。例えば，こうした人事決定のシステムで，校長ではなく教員集団によって選任・指名されたA教諭が進路主任を務めることになったとしよう。A教諭には前任校で抑うつ傾向による通院歴があったとする。教員個々の病歴や家庭事情等は，一般に管理職以外は知りうる状況にはない。その後，A教諭が職務の重圧に耐えきれずに自死に追い込まれた場合を想定してみよう。資料のように権限が教員に委譲された人事体制のもとで，この進路主任の自死について負うべき責任を誰が負い，誰が説明責任を果たすべきなのだろうか。法規に則って責任者として指定されるのは校長に他ならない。こうした場合，人事を決定した者が責任の一方を担うのが通例であろうが，選出・指名した教員，人事・分掌の決定にかかわった教員の全員がこの責任を負うことはなく，そうしたことは法規的に成立しない。教員は組織人であるわけで，国民全体が認めた法規法令を遵守するとともに，「責任のあるところに権限がある」ということを組織人として十分に理解しておく必要がある。責任を負わない者には権限は付与されないのだ。

記事には，「みんなで決める方がスムーズで問題があるとは思わなかった」「校長の指示通りになるのは違うと感じ，（皆で決めた方が）民主的だと思ってしまう」との教職員の感覚が紹介されていた。それらは，「責任のあるところに権限がある」という組織人としての自覚が欠落している感覚の表われといえよう。本書の第10章に示した「学校組織の弱点と教員の組織行動の課題」を読み返して，教職員組織の弱点を確認して欲しい。

今日，深刻な教育課題に直面する学校においては，個々の利害や感情を乗り越え，事なかれ主義やご都合主義による利害調整的な組織運営を打破する必要がある。そして，校長の卓抜したリーダーシップと教員の強い使命感に支えられる「チーム学校」となるように，強靱で公正な組織づくりが求められている。

●危機管理演習３＜特別支援学級で発生した２年間に及ぶ深刻な体罰事件＞

次の２つの演習資料（資料ａ・ｂ）は，かつてある小学校の特別支援学級で発生した深刻な体罰事件について，実際に報道された複数の新聞記事を参考に作成したものである。この資料を読んで，教職員組織の弱点を指摘し，「チーム学校」を支える組織人としての教員の在り方について考察していく。

＜資料ａ＞特別支援学級で発生した２年間に及ぶ深刻な体罰事件

＜資料ｂ＞「３年目の若手教員Ｐ教諭とＱ教諭の会話」当該小学校に勤務する若手教員２名（ＰとＱ）が特別支援学級での体罰の情報を聞き及び，悩みながら会話する様子を描いた創作資料。

この２つの資料を読んで考察を深める（註５～８をもとに作成）。

▶資料ａ「特別支援学級で発生した２年間に及ぶ深刻な体罰事件」

Ｆ小学校の特別支援学級は，毎年度10人前後の軽中度の身体，知的，情緒面に障害のある児童が在籍して学んでいます。一昨年度と昨年度の２年間に，この学級の児童４人が，担当する３人の教諭から深刻な体罰を受け続けていた事態が発覚しました。今年度４月になって，保護者等から訴えを受けた教育委員会が調査に乗り出し，体罰の全貌が把握されて，６月には関係した教諭と校長の処分が公表されました。障害のある児童への深刻な体罰が継続した重大事件であり，全国的に報道されました。

この学級は，一昨年度は指導経験の長いＡ教諭（男性49）と初めて特別支援学級を担当するＢ教諭（女性36）の二人が担当しました。そして，昨年度はＡ教諭の副校長昇任に伴う人事異動により，Ｂ教諭と新たにＣ教諭（女性48）が加わり，この二人が担当しました。Ａ教諭は，特別支援教育を長く担当した経験があり，専門性が高く，仕事熱心で指導力もあり，信頼できると校長の評価の高い人物でした。

Ａ教諭は，普段から叩く，蹴るなどの行為があり，言動も荒く，「ボコボコにするぞ」などの脅迫的言動で児童を畏怖させていました。調査でわかった体罰行為は次のようなものでした。

①一年生男児に対し，片づけの練習をさせるとして，机の上から男児の道具箱を落とし，床に散らばった文房具をはう姿勢で約１時間かけて拾わせる行為

②一年生女児に対し，段ボール箱（縦40㌢，横60㌢，高さ70㌢）を10～20分間かぶせる行為（年数回）

③ぞうきんがけをしていた一年生男児のお尻周辺をける行為（週１,２回の頻度）

④男児に消しゴムをわざと落とし拾わせることを繰り返し，パニック状態にさせる行為

Ｂ教諭は，初めて特別支援学級を担当することから，ベテランのＡ教諭から指導を受けていました。その体罰行為は，２年生女児に対して段ボールを10～20分間かぶせる行為を年数回行うものでした。

Ｃ教諭は，２年生女児に段ボールをかぶせる行為を年数回行ったほか，２年生男児の腕をつかんで揺するなどして，男児がほおや腕にアザができるなどのけがを負わせる体罰を行いました。

処分内容は，Ａ教諭が停職６カ月，Ｃ教諭が停職３カ月，Ｂ教諭が減給１カ月，10分の１，校長が減給３カ月，10分の１と決まり，公表されました。Ａ教諭は退職届を出して退職しました。

Ａ教諭は，教育委員会の調査に際し，「自分の指導方法が最良と思いこんでいたが，深く反省している」「道具箱を落とすのは，片付けを覚えさせるため」，「段ボール箱をかぶせるのは落ち着かせるため」，「パニック状態にさせたのは困難な状況を乗り越えさせ自立に導くため」などと述べ，怖がらせることが「最善の指導」と思い込んでいたということです。Ｂ教諭とＣ教諭の体罰は，こうしたＡ教諭の指導法や体罰の影響を受けて行われるようになったとみられています。

一昨年度，関係保護者が校長に「Ａ教諭が乱暴だ」と相談したことがありましたが，校長はＡ教諭を指導することを約束して，教育委員会には報告しませんでした。さらに，Ｂ教諭が「Ａ教諭が児童を蹴っている」と校長に伝えたこともありましたが，校長はＡ教諭を指導して，教育委員会には報告しませんでした。こうしたなか校長はＡ教諭の副校長への昇任を推薦し，教育委員会はこれを受けて，昨年度から特別支援学校の副校長に就任させました。校長は「体罰に対する認識の甘さが大きかった。体罰の実態をとらえられず適切な指導ができなかったことに責任を痛感している」と陳謝しましたが，教育委員会から指摘を受けるまで，報告書を提出していませんでした。

▶資料b「3 年目の若手教員 P教諭とQ教諭の会話」

P：「ねえ，聞いたんだけどさ。特別支援学級の担当の主幹教諭A先生，すごい実力者らしいね。来年は指導主事だって」
Q：「そうなんだ。私は副校長先生になるって聞いたよ。校長先生がすごく買っているらしいよ。指導がすごいらしいね。子どもたち，すごく言うこと聞いて，他の先生ではダメだけど，あの先生だと，きちんとするらしいよ。あの専門性は誰もついていけないくらいすごいよね」
P：「そのことなんだけどさ，一緒に特別支援学級やっているB先生が悩んでいるって言ってたんだ。A先生，ベテランで指導力あって，指導がすごく厳しいじゃない。児童のこと○○ちゃんと“ちゃん付け”で呼んだり，手をつないであげたりすると，A先生からすごく怒られるらしいのよ」
Q：「えっ！“ちゃん付け”で呼ぶと怒られるの？　手をつないでもダメなの？」
P：「それでね，あの教室に大きな段ボール箱が置いてあるじゃない。あの箱をね，時々自閉症の子にかぶせて，30 分ぐらい入れておくんだって，そうするとね，落ち着いて，先生の言うこと聞くようになるんだって」
Q：「えっ！　何それ！　それっていいの？」
P：「指導効果はあるし，児童はおとなしくなるから，B先生は悩んでいても，何も言えないらしいよ」
P：「このあいだはね，四肢の筋肉が弱くて，車いすの児童がいるじゃない。A先生が指導でね，床にその子の筆箱を投げて，鉛筆や消しゴムが散らばったのを『拾え』って命令して，40 分くらいかけて拾わせたらしいわよ」
Q：「それ，何なの。おかしいよね。何の意味があるの？」
P：「B先生もかわいそうで見てられなくて，悩んだみたいよ。それで，A先生に聞いたらしいのよ」
Q：「それで？」
P：「それでね，A先生が言うには，『親や学校の手を離れたら，この子は一人で生きていかなくちゃならないんだ。物を道端に落とすこともある。その時は自分で拾って，自分で生きていかなきゃならない。その意志を強くもたせなきゃダメなんだ。その訓練なんだ』と言われたらしいよ。それに，A先生，時々児童の頭や腕を叩いたりもするらしいよ」
Q：「えぇ…，それって体罰じゃないの？！」
P：「そんなやり方で，ずっとやってきているんだって。B先生，わからなくなっているみたい」
Q：「校長先生には相談したのかなぁ」
P：「前に，A先生の別の体罰らしい件もあったので，相談に行ったと言っていたわ」
Q：「それで」
P：「校長先生は，『体罰かどうかは簡単に言えない』とおっしゃって，『指導効果と子どもの受け取り方が大事でしょ。子どもも親もA先生に感謝しているんだか

　　ら，あなたもしっかり学びなさい』って言われたらしいよ」
Ｑ：「わかんないなぁ。わかんなくなっちゃった」
Ｐ：「でしょ。どうしたらいいんだろうねぇ…」

次の演習課題①～③に取り組んで欲しい。

課題

①＜資料ａ＞を読み，教員が行った体罰の内容，関係教員の行動，校長の対応，関係児童の被害状況，保護者の動き，教育委員会の対応などについて，事実経過を整理する。

②児童の成長を支えるべき教員たちが，なぜ，このように“虐待”と報じられるような体罰を２年間も継続して行ったのか。こうした状況に至った背景や要因について考察し，整理して記述する。

③＜資料ｂ＞を読んで，この学校における学校経営や教員の組織行動上の問題点を洗い出し，こうした状況に陥らない「チーム学校」にするためには，具体的にどのような学校経営や組織行動を組み立てていくか，考えをまとめて記述する。

▶解説

この学校の特別支援学級で展開された体罰はあまりにも凄まじく，しかも２年間も放置されて継続していたことに問題の深刻さが見て取れる。新聞報道が「体罰」としてだけではなく，“虐待問題”という捉え方や“異常ないじめ指導”と表記して報道したこともむしろ当然で，この問題の深刻さに起因しているといえる。新聞報道の当時の見出しは註５～８に示したとおりである。

種々の体罰が継続して障害のある児童に行われていた状況は，まさに異常な光景であり，通常に良識が働いている環境で起こりうるとは考えられない。通常ならば，これを見た周囲の人間が悲鳴を上げ，あるいは身体を張ってやめさせる状況といえよう。報道が“虐待”“異常ないじめ”と表現したことも，こうしたことによるのだろう。しかし，当時の記事を読み取る範囲において，身近にいた教員たちが悲鳴を上げたことも，身体を張ってやめさせたこともなかったと考えた方がよさそうだ。記事は，全く逆に「最善の指導と思い込んで」行っていたと伝えている。この体罰事件の異様さはそこにある。

２年も継続するこうした指導状況は，学校内のことであるから当該学校の教職員は聞き及んでいた，あるいは一部は認識していたと考えるのが普通である。＜資料ｂ＞のＰ教諭やＱ教諭のように懸念を抱き，校長に相談した教職員もいたと考えたいところだ。事実，校長は関係教諭から報告を受け，保護者からも直接被害の訴えを受けていた。こうした場合，校長としてやるべきことは多くある。保護者や関係児童から十分に聴き取りを行い，当該教員からの聴取，周囲の教職員等からの聴取などをタイムリーに行って事実の確定を行う必要がある。そして，事実に基づいて自らを含めた社会的な責任を自覚して，教育委員会に報告して責任相応の措置を受ける必要がある。さらに，児童・保護者への謝罪や説明を行った上で適確な再発防止策を実施していくことになる。当時の記事によれば，校長は「実績もあり信じていた」「言葉遣いは注意したが，体罰は知らなかった」としている。消極的な対応や放置は，事態を一層深刻化させる。校長にはその深刻化させた責任もとる必要がある。

なぜ，異様な指導状況が長く続いていったのか，なぜ，教員集団は問題を認識して行動できなかったのかなど，多くの疑問がわく。そして，学校という組織には自らの問題を自浄していく能力が備わっていないのではないかと，次世代育成を負託した国民は強い懸念をいだくはずだ。これらの疑問や懸念に応えるために必要な視点は，第10章で指摘した「教員の組織行動の課題と克服への視点」にある。関係事項を一部挙げると次のとおりだ。

③学校組織内部の壁と閉鎖性
④事なかれ主義を助長する調和・調整優先の“仲良し”ムード
⑤個業的な仕事の姿勢や“専門の殻”に閉じこもる姿勢
⑥閉鎖的な組織が教員のなかに“万全の自己完結性”を生み出す不幸

ここでの問題克服に求められる視点は，特に「専門性」と「閉鎖性」となるだろう。閉鎖された社会空間において専門性は変質・劣化しやすい。学校あるいは特別支援学級という閉鎖された空間のなかで，「障害児指導の経験が長い教諭」の専門性に対して，他からの指示や指導，問題点の指摘や改善要求などが全くなされない状況が続いたのではないだろうか。そうした状況が続くと，いつしか専門性も近づきがたい権威となり，偏狭や固着を生じて変質し，公正さを失っていく。

当時の記事を読む限りにおいて，このＡ教諭に対して，日常的に声をかけ，問題点を指揮して，改善するように強く要求できる教員仲間や上司は見当たらない。このような場合，上司である校長の役割は大きいが，当該校長は保護者から直接の被害申告があったにもかかわらず，A 教諭を指導しただけで，重大事態にもかかわらず調査も行わず，教育委員会に報告もしていない。校長が A 教諭の専門性に頼り，依存しているようにも見える。これではリーダーシップとはいえず，単に調整程度で終わっていたにすぎない。教員集団も A 教諭の専門性を慮り，時に依存し，多くは追随し，波風を立てないことを優先して，安逸や事なかれ主義に流れていったのではないだろうか。

このような状況がまさに学校組織の閉鎖性を明確に示している。「ダメなことはダメ」と言い合える風通しの良い職場環境が，学校組織を成長させる。第 10 章第 1 節の「教員の組織行動の課題と克服への視点」における③学校組織内部の壁と閉鎖性について「閉鎖性は組織を弱体化させる元凶であり，これを克服することは全教職員の務めである」と指摘したとおりだ。

教職の在り方を探求する読者は，この演習課題をふまえ，自らが目指す教師像についてさらに考察を深めて欲しい。磨いた専門性は，教員の人格によって統治されてはじめて総合力として発揮される。この総合力が組織人として生きる教員には強く求められている。このことは第 6 章と第 10 章に詳しく記述されているので読み返して欲しい。

2 「チーム学校」の危機管理

ここでは学校の危機管理を定義し，その組織や対応方法など，危機管理体制の基礎理論を整理する。その上で危機管理演習を通して教員にはどのような役割と行動が求められるのか，組織行動の実践力について学ぶ。

(1) 学校の危機管理とは

●危機管理は学校の重要な経営行為

危機管理は，企業や事業組織における経営行為の一つである。第 10 章で企業経営の手法が学校経営に取り入れられた経緯を述べ，企業経営の三要素などを確認した。企業は，経営の不振や財務上の問題，経営判断の過誤による競争力の減衰，景気動向や金融不安，あるいは事件・事故や不正行為による信頼の失墜など，種々の困難や問題に直面し，経営が破綻して生存が途絶えることもある。企業の倒産については各種報道がなされているところだが，民間調査会社の東京商工リサーチ(註9)による日本の企業倒産件数は，2018（平成30）年は8,235件となっており，平成年間の倒産件数は年間1万5千件から2万件に及ぶ状況が長く見られた。実際にこれほどの数の企業が倒産している。これが持続的に競争優位を保とうとする企業間の生存競争の現実である。

さて，学校の場合はどうであろうか。第10章で「経営理念・経営ビジョン」,「目標達成への経営戦略」,「教育活動や学校運営を行うオペレーション」を学校経営の三要素とした。こうした経営行為のなかで，学校は危機に向き合い，“生存”に向けて危機管理を行うことになる。危機管理は経営体の生存に関わる重要な経営行為なのである。

●学校の危機の内容と分類

具体的な危機管理行動を学ぶ前提として，学校の危機とは何か，どのような状況をいうのかを整理する。これまで，第11章では「学校及び教員の不祥事に関する報道の見出し」を掲載し，第12章では「授業教材プリントによる保護者への名誉毀損事件」,「教員が選挙で校内人事」,「体罰・虐待問題　異常な“いじめ指導”」を取り上げて考察してきた。こうした事例のすべてが，まさに「学校の危機」であり，子どもや保護者に損害や心身の苦痛を与え，次世代育成を負託した国民の信頼を損なわせる出来事である。こうした事態の継続的な発生は，学校の社会的信頼を崩壊させ，学校の存在意義を失わせる。この状況が企業ならば倒産に至ることも多い。事例の当該校がこれらの不祥事等によって廃校になった事実は聞かないが，主権者である国民の失望は大きく，学校の存在意義を失わせる危機であったはずだ。

学校の危機は，教員の不祥事や非行の問題だけではなく，さらに多くの，そして深刻な危機が存在する。具体的な危機場面を一部例示してみる（表12-1)。いずれも大きく報道された事件である。

このような学校の災害や犯罪，学校事故等による深刻な被害は，残念ながら継続して発生している。また，子どもの人間関係から生じる「いじめ」も，子

表12－1　学校の危機場面

【学校防災関連】—	「津波で84人犠牲…大川小学校で閉校式」（2018年2月　日テレニュース24） 「大川小津波訴訟，最高裁が上告棄却　市と県の賠償確定」（2019年10月朝日新聞デジタル）
【学校防犯関連】—	大阪教育大学附属池田小学校での不審者侵入事件（2001年6月） 侵入した男に切りつけられた児童8人が死亡し，児童13人，教員2人の計15人が負傷した。
【学校事故関連】—	「砲丸 頭にあたり生徒けが　千葉の高校」（2018年11月　毎日新聞） 「『息子は一生懸命生きていた』　組み体操事故，母の悔しさ」（2018年10月　朝日新聞DEGITAL）
【いじめ問題関連】—	「いじめ　まさかの校舎捜索　大津の中2自殺」（2012年7月　産経新聞） 「学校にＳＯＳ届かず　岩手中2死亡　いじめ調査 未集計」（2015年7月　読売新聞）

どもの自殺が連続するなど，深刻な事態が続いている。

写真12－1は，東日本大震災から2年余が経過した石巻市立大川小学校の校舎の写真である。犠牲となった84人の慰霊碑があり，人々が花を手向けに訪れている。当時，地震から50分が経過してやっと避難の移動を始めた児童と教職員を津波が襲った。校庭での長い待機時間中に，早く裏山に逃げようと声を上げていた児童もいたという。写真にはその裏山が写っている。この時の学校の危機管理の対応について多くの問題点が指摘されている。

こうした災害はもちろん，先に挙げた報道された事件・事故の一つひとつに，懸命に生き，成長しようとしていた子どもたちがいたことを認識しておく必要がある。

学校の危機場面は，これまでに挙げた事柄だけではなく，さらに広範に及んでいる。そして，その範囲は社会の変容とともに拡大の一途にあるといって良い。それらを大まかに区分して挙げると表12－2のとおりだ。

学校が向き合う危機場面は，子どもに関連するものだけでなく，A：自然災害や交通事故，病気や犯罪被害など，B：教育活動や教員の行動に起因するもの，C：家庭や保護者にかかわるもの，D：地域生活や環境にかかわるもの，E：子どもの行動に起因するものなど，多様である。さらに，今後も予想できないような危機が発生していくことも考えられる。

写真 12－1　宮城県石巻市立大川小学校（2013 年筆者撮影）
2011 年 3 月 11 日東日本大震災の大津波によって児童 74 人と教職員 10 人が犠牲になった。

表 12－2　拡大する学校における危機の内容（危機場面）

区分	
A	自然災害，交通災害，都市災害，犯罪被害（痴漢・誘拐・連れ回し・声かけ事案・福祉犯罪・学校侵入…） 安全・保健・衛生（けが・病気・感染症・インフルエンザ・放射線…），給食（食物アレルギー・異物混入…）
B	教育活動上の問題（進路指導の過誤，不適切な評価や学習指導，学校事故，飼育動物…） 教職員の問題（不正行為，非行，犯罪，信頼失墜，セクハラ，パワハラ，体罰，不適切指導，人権侵害…）， 人事労務上の問題，個人情報の漏洩，文書管理上の問題，施設の問題…
C	保護者の理不尽な要求や暴力，児童虐待・ＤＶ，保護者の犯罪，保護者間の諍い，家庭内のトラブル…
D	地域の問題や環境問題（騒音・廃棄物等），通学路の問題…
E	児童生徒による暴力・非行・犯罪・薬物乱用・いじめ・不登校・引きこもり・自殺・性被害・ネットトラブル・ネット依存…

そして，重要なことは，これらの危機場面のすべてが，その社会的信頼と存立基盤の崩壊につながる「学校の危機」であると同時に，それは子どもを脅かす「子どもの危機」であることだ。したがって，危機管理という経営行為が，すべての教職員が責任をもって取り組むべき職務であることは自明であろう。

●学校の危機管理の定義

前項で，危機管理は「経営体の生存に関わる重要な経営行為である」と述べ，「学校の危機は子どもの危機」であると規定した。経営行為としての危機管理について，「危機の発生の防止・回避，発生後の被害の軽減，対応と組織維持にかかる経営行為[註10]」との定義もなされている。

危機管理について，先述した「経営の三要素」をふまえて解説する。例えば，嵐の海に差し掛かった航行中の船であった場合，すべてのクルーができるだけ嵐を避けられるように務め，避けられぬ嵐に対しては船長の指揮の下，クルー全員が役割を分担して，生存と航行の維持を目的に一致して取り組むはずだ。全員の生存・帰還という目的に向けた正しいビジョンをもち，適確な戦略に基づく目標を定め，あらゆる情報や資材を生かし，クルー全員で協働・一致したオペレーションを組み上げることが経営行為といえる。このことから学校の危機管理を定義すると「学校に関わるあらゆる危機から子どもを守り，学校の社会的信頼を維持・増進する経営行為であり，危機の発生を防ぎ，その被害を最小限に留めて回復を図るとともに，問題の再発防止を図る経営行為」といえる。

●危機管理の展開と組織行動

学校の危機管理の展開について述べる。危機管理は，危機が発生しないことが重要であり，危機につながる事態を発生させないように取り組むことが求められる。危機を予防し，その発生を未然に防ぐ取組には，質の高い学校経営と教職員の適確な組織行動が日頃から積み重ねられていることが求められる。

しかし，危機の**予防**に努めたとしても，多くの人々が集合し，多様な活動が展開される学校においては，不可抗力の場合や外部に起因する問題もあり，自ずと限界がある。こうした起こり得る事態を**予測**し，**予知**し，危機を**回避**していく取組が重要になる。学校内外の情報や日常の問題から，あるいは日頃の子どもたちの様子から，教員が不審に思ったり，危険を感じたりしたことを，小さなできごとであっても，組織で共有し，危機を**防止・回避**する取組につなげることが肝要だ。いわゆる「ヒヤリ・ハット」の集約とその解消のための対応が求められる。それは，一つの大きな事故が発生する前には，それの数百倍の

「ヒヤリ」とさせられることや「ハッと」するできごとが起こっているという考え方に基づいている。予兆や可能性を見過ごさず，問題の原因を除去しておくことが大きな事故を防ぐことになる。

学校が直面する危機場面の多くは，最初から大きな問題として認識されるよりも，それは小さなできごと，あるいは，ありがちな簡単なできごとと認識されることが多い。こうした見落としや認識の感度の鈍さのなかで時間が経過して，突如として重大危機が起こってきたように錯覚することが多い。実は，早くから危機は静かに進行していて，そのことに気付いていなかっただけなのだ。

では，危機事態が発生した場合，どのようなスタンスで，どのような行動を起こす必要があるのだろうか。先に嵐の中の船のクルーの動きについて例示したとおり，「目的に向けて，正しいビジョンをもち，適確な戦略に基づく目標を定め」，「協働・一致したオペレーションを組み上げること」が求められる。つまり，発生した事態への危機管理の対応要諦は，目的とビジョンのもとに一貫したスタンスを保って**対処**し，組織が協働・一致したオペレーション（作業）を行うことといえる。そして，被害を最小限に抑えて**回復・復旧**を達成し，**再発防止**に取り組んで，信頼の回復と存立基盤の強化・増進を図る経営と組織行動が求められる。

危機管理の対応は，組織に所属する全ての構成員が事態のそれぞれの段階で，必要な役割を果たし，協働・一致して取り組むものであり，学校では，校長を中心にすべての教職員が役割を分担して取り組むべき職務といえる。その道筋を要約すれば，**［危機の予知］→［危機の回避］→［危機への対処］→［回復・復旧］→［再発防止］**となる。

(2) 演習から学ぶ危機管理の実践力

危機管理に必要な知識を得ただけでは，適切なスタンスに基づく組織行動の実践力は発揮できない。以下の危機管理演習に取り組み，危機に対処できる組織人としての実践力・総合力の基礎を学ぶ糧として欲しい。

◉危機管理演習4＜「教室のドアに手の指を挟んだ生徒A」への対応と組織行動＞

子どもがけがをした場合，教員はどのように向き合い対処する必要があるのだろうか。教職員間の連携，校内組織の在り方を含めて，次の事例（場面）をもとに考察を深める。

▶事例　中学2年生の男子のけがに対する対応と教員の組織行動

> ○月○日（木）午後５時45分頃，学級担任から学年主任に，次のような報告があった。
>
> 「養護教諭が退勤する時に連絡をくれたのですが，私のクラスの中学２年生男子Aが，今日の昼休みに，また友達とふざけていて教室のドアに指を挟んだらしく，保健室に来たそうです。養護教諭としては“たいしたことない”との判断で，湿布をして，様子を見ようとAに言って帰したとのことです。明日，確認しますので，知っておいてください」

次の演習課題①～④に取り組んで欲しい。

> **課題**
>
> ①学年主任に報告があったこの段階までの，危機管理の行動の問題点をできるだけ多く挙げて記述する。
>
> ②この事例で示されたこの段階以降，想定できる学校の危機状況をすべてあげて記述する。
>
> ③このような場合，どのような対応目標を設けて，教職員はどのように対応・連携する必要があるか，具体的な対応や連携事項を時系列に沿って想定して記述する。
>
> ④子どものけがなどの学校事故について，日頃から学校はどのような組織行動の体制が必要か，対応の目標や方針，役割分担や手順など，求められる組織体制と具体的な対応を整理してすべて記述する。

▶解説

この案件への対応について，危機管理対応のポイントを一部箇条書きにしておく。

①養護教諭から担任への連絡が遅すぎて，けがの状況を担任が把握できていないことが問題。連絡が早ければ，生徒A本人や周囲にいた生徒に聴取して正

確な事実を把握できていた。

②養護教諭の発生事実の把握が不十分である。Aは誰と遊んでいたのか，本当にふざけ合いだったのか，「ドアに挟んだらしく」とあるが事実はどうだったのかなど，あまりにも杜撰な対応で事実把握が曖昧である。これらの事実関係を急いで把握する必要がある。

③発生時，Aが特定の生徒たち数人と遊んでいたことが確認できたとして，その生徒間の関係性の詳細を把握できているのは担任や学年の教員であるはずだ。養護教諭が担任と連携せずに「また友達とふざけていて」としたのは不確かな判断といえる。そこにいじめの可能性もあり，担任との連携は必須であり，単独で判断する内容ではない。こうした場合に，教職員が即時に連携・協働する体制がとれない学校組織そのものが問題といえる。

④養護教諭が湿布をして「様子を見よう」といって帰したとあるが，「様子を見る」のは誰なのか。その後のAの症状などの様子を見て状況を確かめ，適切に措置する必要があり，無責任な対応といえる。「様子を見る」とは医療措置への猶予をもらったもので，その後の状況を確かめ，対応することを約束したはずだが，何も対応がなされていない。

⑤担任も，帰り際の教護教諭から情報を聞いて，そのまま何もしようとせず，学年主任に「明日，また確認しますので，知っておいてください」といっているのは全く無責任な対応で，このまま学年主任が受け流せる報告ではない。

⑥学年主任は，担任にすぐにAの家庭に連絡を取り，状況を説明させるとともに，Aや保護者からけがの様子を聴き，けがが生じたときの様子を調査するように指示しなければならない。こうした学年主任からの指示を待つのではなく，担任は情報を聞いた段階で，こうした一連の対応を関係教員と協働して主体的に行う必要がある。

⑦子どものけが等が発生した場合，事前に基本事項を定めたマニュアル等に則って適切な組織対応を行う危機管理の組織体制が整備・周知されている必要がある。また，ドアの安全配慮はなされていたのか。施設・設備上の問題がなかったかについても確認し，状況に応じて安全を図る必要がある。

この演習課題は，拙著「子どもの危機と学校組織」から引用・加筆したものである。詳細はこれを参照されたい[註11]。

●事故発生時の組織体制

前項の解説で「⑦適切な組織対応を行う危機管理の組織体制」の整備の必要性を指摘した。この項では，事故発生時に適切な組織行動を行う危機管理の組織体制について述べる。

子どものけがなど，突発的な事故が起こった場合，それを発見した教員は何をすれば良いのか，その連絡を受けた教員はどう行動すれば良いのか，こうした実際的な動きを身につけることが「チーム学校」の一員には求められる。組織行動が事故発生時にタイムリーに展開されていくためには，問題の解決に向けた見通しをもった危機管理の組織体制が確立されている必要がある。

具体的には，対策本部を設置して情報収集と事実把握を行い，解決への対応目標を設定し，その実現に向けて適確な判断と指示を出せる体制をつくる必要がある。対策本部が指示した役割分担によって，教職員は必要に応じて複数の班に分かれ，現場での様々な対応や子ども・保護者等への対応・支援にあたることになる。各班で現場対応をする教職員は，本部が判断を誤らないように把握した事実や情報を迅速に本部に報告する必要がある。そして，指示を仰ぐとともに，必要な相談や意見具申を行うことになる。

図12－1に，この危機対応の手順を表すフローチャート「児童生徒の事故発生時の初期対応の手順」を掲載する。事故発生時の初動の動きと学校全体の危機管理体制を理解する手立てとして欲しい。この図を活用して，事故発生時に自分がどのように行動すれば良いのか，様々な危機場面や事故例を想定してシミュレーションしてみることを勧める。

フローチャートのなかに，事態進行の段階に合わせて「※」印で質問事項を次のように設けている。これらの質問の回答は質問付近の□に記載している。

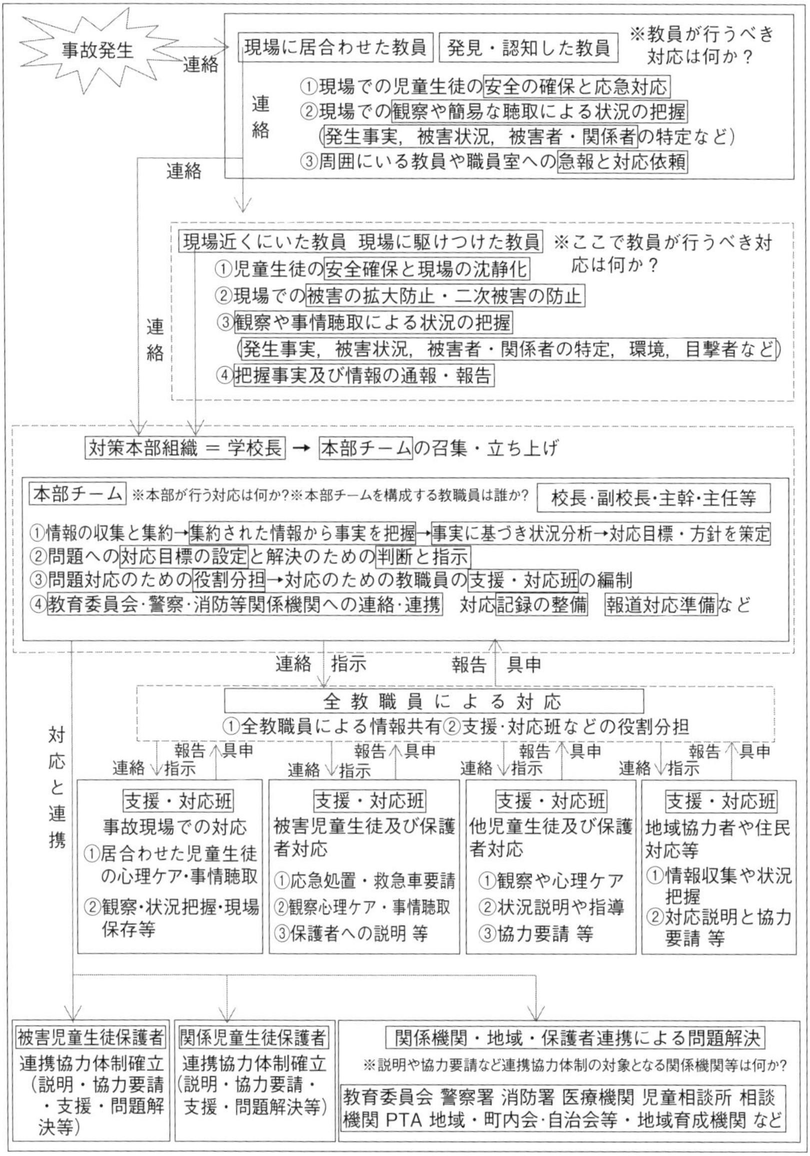

図 12－1 児童生徒の事故発生時の初期対応の手順

フローチャートのなかの質問事項
※教員が行うべき対応は何か？（事故発生現場に居合わせた教員）
※ここで教員が行うべき対応は何か？（知らせを受けて現場に駆けつけた時の教員）
※本部が行う対応は何か？
※本部チームを構成する教職員は誰か？
※説明や協力要請など連携協力体制の対象となる関係機関等は何か？（関係機関・地域連携の場面で）

●危機管理演習５＜「中学２年Ｅが自宅マンションのベランダから転落」その対応と組織行動＞

標記の事態について次のような連絡があった場合，学校はどのような組織体制で臨み，各教員はどのように組織行動すればよいのかについて考察する。

○月○日（金）午後６時40分ころ，中学２年の男子生徒Ｅの学級担任から，学年主任に次のような連絡があった。
「…今し方，男子生徒Ｅの母親から電話があったのですが，生徒Ｅが自宅マンション（６階）のベランダから転落したそうなんです。直ぐに救急車で病院に搬送したとのことです。ともかくお知らせしますと言って，電話は切れたのですが，どうしたら良いですか」

次の演習課題①～③に取り組んで欲しい。

課題

①この学年主任への報告の段階で，指摘できる危機管理上の問題点をすべてあげて記述する。
②学級担任は，この時点までにどのような対応を行う必要があったのか，行うべき対応をすべて記述する。
③子どもの生命にかかわる緊急事態が発生した場合，学校はどのような体制を組み，どのような役割分担を行って対応する必要があるか，想定される状況とそれに応じた対応を時系列に沿ってすべて記述する。

▶解説

課題について，まず保護者から連絡を受けた学級担任の問題点と行うべき対応について解説する。

①電話連絡を受けて，「どうしたら良いですか」と学年主任に聞くなど，学級担任の全面的な“指示待ち”の姿勢が問題。自分のクラスの子どもの危機に主体的に向き合う意志が見られない。この時点で自分が何をなすべきか考えて，例えば，「直ぐに病院に行きたいのですが，どうでしょうか」などと，自分がするべきことを意見具申するような積極的な姿勢が望まれる。

②学級担任が母親から聴き取った第一報の内容が希薄で，必要なことを聴けていない。これは以後の危機管理行動の遅れにつながる。搬送先の病院名や母親との緊急連絡の方法を確認することは最低限必要なことだ。母親の許す範囲で，生徒本人の容態や意識の有無，「転落」時の様子など，できるだけ情報を聴き出す必要もあった。

③こうした事態になって重要性を増すのが，学級担任と当該生徒Ｅとの日頃からの「関係性」である。この生徒との「関係性」は，学級担任と保護者との「関係性」にも影響を与える。生徒や保護者と良好な「関係性」が築けていたら，第一報で受け取る情報は詳細になり，担任の聴き取りに保護者が応えようとする可能性も当然高くなる。

そして，事後の対応において，保護者と協力して危機を乗り越えるというスタンスで，種々の対応を展開しやすくなる。危機管理は日頃の生徒や保護者とのかかわりから，すでに始まっていることを自覚する必要がある。

危機管理における「関係性」の重要性についてさらに解説する。例えば，この後，搬送先の病院がわかり，学級担任と学年主任が病院に駆けつけたとしよう。学校としては，子どもと保護者の危難に接し，なるだけ寄り添って，必要とされる支援を行う意図で訪問したとしても，保護者が学級担任の普段の指導に不信感をもっていたとしたら，混乱の渦中にある保護者にとっては“迷惑”と受け止められてしまう。「家族のことですから，お帰りください」などと言われてしまう事態だ。逆に，信頼ある「関係性」を築けていたとしたら，担任に対して「先生，来てくれたんですか」などと教員の気持ちを受け入れて，学校が寄り添おうする行動は子ども・保護者への支援として受け止められることになる。こうしたことは，先に述べた「学校の危機はすべての教職員が取り組むべき職務」であることを明確に示している。

次に，学校の体制と対応手順，役割分担について解説する。緊急事態の場合，先に見たとおり，校長を中心とする本部組織を立ち上げ，全教職員の緊急召集が行われる。同時に，緊急かつ広範な情報収集活動が展開され，収集された情報は集約され，正確な事実と重要情報が把握されていく。この事実と重要情報に基づき学校の責任範囲が見えてきて対応スタンスが決まる。それにより対応目標が策定され，一致・協働したオペレーションが可能になり，以後，子どもを守り，被害を最小限に留めて，回復を図り，問題の再発を防ぐ取組が展開されていく。

教職員は次項以降に示す情報を収集する必要がある。この情報収集活動が本部の正しい判断を支える要である。

④「転落」発生時の様子の把握

「転落」とされているが，これが誤って転落した事故か，何者かに突き落とされた事件か，自らの意思で飛び降りたものかが，現時点では不明である。自ら飛び降りたものと仮定した場合，その原因について，いじめの存在や教師との関係，学校生活や家庭内のストレスなどが考えられ，早急な事実把握が求められるのだ。飛び降りる直前に同級生にメッセージを残していたとすると，その同級生への影響と二次被害が考えられ，早急な支援・保護の対応をする必要も出てくる。そのためにも迅速な事実と情報の把握が緊要だ。事故か，事件かなど，発生時の情報は保護者や警察・消防などとの連携によって得られるが，普段からの連携・協力体制の構築が必須な作業となる。

⑤生徒Ｅにかかわる学校情報の収集

事態の推移によっては，どのような展開になるかも知れず，生徒Ｅに関する学校の把握している情報・事実を可能なかぎり多く集積しておく必要がある。具体的には次のような次項について集約する。

日常の行動傾向とエピソード，友人等との人間関係や会話の様子，いじめなどの有無，授業や部活動中の様子，教員との会話内容，教員の観察記録，出欠席の状況，教育相談の記録，保健室利用の記録，作文や日誌等の記載内容，親子の関係性やエピソード，担任等教師との関係性とエピソード など。

⑥病院や家庭からの情報収集

生徒本人の容態や治療の様子，保護者の様子や支援要望の把握，家庭内での生活の様子，転落時の様子などを保護者との連携のなかで把握することになる。普段からの保護者との関係性が情報収集の決め手となる。

⑦警察等関係機関からの情報収集と連携

警察の捜査対象の事案の場合，簡単に内容を把握することはできないが，必要情報は提供されることがある。普段から連携・協力の関係を築いておく必要がある。事件か，事故かなど，警察の判断を注視する必要がある。

⑧地域情報の収集と連携

転落に際して大きな音がすることもあり，また，救急車のサイレン音などもあり，地域の“事件”となっていることも考えられる。無責任な噂などによって当事者や関係者が動揺することもあり，情報の把握とともに冷静な対応を求めるなど，地域関係者との連携を緊密に行う必要もある。ここでも普段からの連携・協力の体制づくりが重要である。

こうした情報や事実の把握を行いながら，本部の方針と判断に従って，全教職員で取り組んでいく。この事例については，さらに，事態の多様な展開が予測され，複雑で広範囲に及ぶ危機管理対応が求められる。

なお，この演習課題は，拙著『子どもの危機と学校組織』（教育出版）から引用・加筆したものである。詳細はこれを参照されたい(註11)。

●学校危機管理の組織モデル

適切な組織対応を行うための「学校危機管理の組織モデル」を図 12－2 に掲載する。この組織モデルを参照して各演習の解説を読み返して欲しい。教職員は組織モデルにあるとおり様々な役割を担当する。**支援・対応班**の一員として支援や情報収集にあたることもあるだろうし，**記録・広報班**の一員として収集情報の整理を担当することもあるだろう。そうして集められ，整理された情報と事実があってこそ，学校の責任範囲も明確になり，本部長である校長の判断が適切に行われるのだ。**本部組織**は，**計画・指導班**を中心に校長の適切な判断を支える役割を担う。そして，その本部組織の正しい判断を支えるのが，**支援・対応班**などに従事する多くの教職員の迅速かつ正確な情報・事実の収集活動だ。

本部組織 （校長を中心とした組織判断の中核組織であり，特別な場合を除いて学校内に設置）

本部組織のスタッフとしては，校長・副校長を中心に次のような役割分担が考えられる。

- ○ 判断・指令 ＝校長（副校長）
- ○ 計画・指導班 ＝集積される情報や事実を整理して適切な本部判断を支える要員
- ○ 記録・広報班 ＝収集情報を集積・整理して事実を記録し，また，学校の対応等を記録する要員
- ○ 連絡・外来対応班 ＝電話や来校者の対応と記録にあたる対応・記録・連絡のための要員
- ○ 庶務班 ＝本部の円滑な運営を支える庶務機能を果たす要員
- ○ 緊急行動班 ＝不測の事態に応じて，本部判断を体して緊急対応を起こせる予備要員

支援・行動組織 （本部指令を体し，支援や情報収集など対応目標実現のために行動する）

- ○ 支援・対応Ⅰ班 ＝発生現場や家庭・病院等に行き対応やケア，情報収集や各種連携にあたる要員
- ○ 支援・対応Ⅱ班 ＝関係機関・地域関係者などと連携して情報収集や二次被害防止活動を行う要員
- ○ 支援・対応Ⅲ班 ＝その他の対応や連携・連絡のための要員（必要に応じて支援・対応班は増やす）

図12－2　学校危機管理の組織モデル

本部判断によって策定された対応目標に従い，回復・復旧，そして再発防止という危機管理行動が展開されていく。いずれにしても教員は学校の危機に際し，「チーム学校」の一員として様々な役割を果たし，危機管理という経営行為の一翼を担うのだ[2]。

3　危機管理と教員の資質・能力

危機管理は，学校の組織力はもとより，教員個人の総合的な資質・能力が問われると述べた。それは，子どもを危機から救い，学校の信頼を確かなものにする組織行動の基盤に，教員の資質・能力があることを指している。この教員の資質・能力については，第6章で「人格のはたらきとして対象者に機能し，相手のおかれた状況や人格との相互作用のなかで機能する特質」があると規定

2　この演習課題及び組織モデルは，拙著「子どもの危機と学校組織」から引用・加筆したものである(註11)。

し，資質・能力の核心を「人格性」とした。

この資質・能力の「人格性」については，＜危機管理演習５＞の転落事故のケースを検討すればよく理解できる。子どもの事故，さらには死の不安という究極まで追い詰められた保護者にとって，学校のアプローチが「支援」と受け止められるか，「迷惑」と感じられるかは，教師が日頃からどのように子ども・保護者にかかわり，どのような「関係性」を築いてきたかによって決まる。人間と人間の相互理解，信頼という「関係性」は，「相手のおかれた状況や人格との相互作用」のなかで築かれる。このことからすれば，教育活動であろうと，危機管理の行動であろうと，教師の資質・能力の「人格性」がその成否を左右する決め手といえる。教職を探求する読者が，教師としての在り方を見直し，その成長を図ろうとするならば，この資質・能力の「人格性」を自己の内面に見定め，子どもや保護者と向き合う実践のなかで，自らを鍛えていくことが望まれる。

優れた教師の総合力や実践力は，その人格のなかに統治された資質・能力と専門性が，一体となって発揮される。この総合力や実践力は，危機場面においては子どもを守り，問題を解決に向かわせる推進力となる。日常においては「チーム学校」のリーダーとして，教育活動や学校経営を支えていく。

現代の教員は，先の見通せない変化の激しい社会のなかで多様な課題や問題と向き合うことになる。そして，対処するべき危機場面も複雑化し，拡大していくことが予測される。教職を探求する読者が，これらの問題や危機場面に正面から向き合い，子どもの幸福を第一義として取り組み続け，その試行錯誤のなかで確かな総合力・実践力を発揮する教師と成長されることを願う。

参考・引用文献および資料一覧

第 1 章

(註 1)「教職課程コアカリキュラム」教職課程コアカリキュラムの在り方に関する検討会　平成 29 年 11 月 17 日

(註 2) 教育職員養成審議会・第 1 次答申「新たな時代に向けた教員養成の改善方策について」平成 9 年 7 月

(註 3) 中央教育審議会答申「教職生活の全体を通じた教員の資質能力の総合的な向上方策について」平成 24 年 8 月 28 日

第 2 章

(註 1)「生徒指導提要」文部科学省　平成 23 年 1 月　教育図書

第 3 章

(註 1)「平成 29 年度版　子どもの青少年白書」内閣府,「平成 28（2016）年度 子供・若者の意識に関する調査」内閣府

(註 2)「政治の衰退　フランス革命から民主主義の未来へ」フランシス・フクヤマ著／会田弘継訳　講談社 2018 年

(註 3)「文明としての教育」山崎正和　新潮社　2007 年。山崎正和：1934（昭和 9）年京都府生まれ。劇作家，評論家。中央教育審議会会長。文化功労者。京都大学文学部哲学科卒業，同大学院博士課程了。関西大学教授，大阪大学教授，東亜大学学長等を歴任。著書に『世阿弥』『鴎外 闘う家長』『社交する人間』『装飾とデザイン』等。(経歴は同書から)

(註 4) USA.gov　ホーム　ブリーフィングルーム・ステートメントとリリース　White House, Remarks by the President in State of the Union Address, Jan 25, 2011　https://obamawhitehouse.archives.gov/the-press-office/2011/01/25/remarks-president-barack-obama-state-union-address-prepared-delivery

(註 5)「デジタル大辞泉」小学館

(註 6)「ルネッサンス夜話」高階秀爾　平凡社　2015 年

第 4 章

(註 1)「藩校・塾・寺子屋　近代教育の原点」津田　勇編　埼玉新聞社　1993 年
「江戸の教育力　近代日本の知的基盤」大石　学　東京学芸大学出版会　2006 年

(註 2)「人物叢書　島津斉彬」芳　即正　吉川弘文館　1993 年

(註 3)「幕末最後の賢侯　伊達宗城　世界を見据えた先覚の人」神川武利　PHP 研究所　2004 年

(註 4)「幕末佐賀藩の科学技術　下　洋楽摂取と科学技術の発展」幕末佐賀藩の科学技術編集員会　岩田書院　2016 年

(註 5)「日本の教育文化史を学ぶ」山田恵吾　ミネルヴァ書房　2016 年

(註 6) 萩市立明倫小学校ホームページ　http://edu.city.hagi.lg.jp/meirin-e/

(註 7)「よみがえる日新館童子訓」及び「日新館訓」會津藩日新館
「日新館童子訓　現代語訳」松平容頌　三信図書　1984 年

(註 8)「神奈川の寺子屋地図」高田　稔　神奈川新聞社

(註 9)「山川　日本史小辞典」日本史広辞典編集委員会　山川出版社　2016 年

(註 10)「吉田松陰　全国周遊から得たものとは」桐原健真　WEB 歴史街道　PHP 研究所
https://shuchi.php.co.jp/rekishikaido/detail/2233?p=1

(註 11)「葉山佐内の思想に関する一考察―思想家 吉田松陰誕生前史―」栗田尚弥　中央大学　法学新報，第 121 巻／第 9・10 号，pp.185-232　2015 年

(註 12)「ペリー提督日本遠征記」M・C・ペリー著　F・L・ホークス 編／宮崎壽子訳　角川学芸出版 2014 年

(註 13)「学制百年史」文部科学省　http://www.mext.go.jp/b_menu/hakusho/html/others/detail/1317581.

htm
(註 14)「学校教育制度概論」坂野慎二・福本みちよ　玉川大学出版部　2013 年
(註 15)「広辞苑　第六版」新村　出編　岩波書店　2008 年
(註 16)「文部省の研究―『理想の日本人像』を求めた百五十年―」辻田真佐憲　文藝春秋社　2017 年
「『教育勅語』復活論者は，単に歴史の無知をさらしているだけ」辻田真佐憲　現代ビジネス プレミアム　講談社
https://gendai.ismedia.jp/articles/-/50764
(註 17)「大阪大学の歴史」大阪大学ホームページ　https://www.osaka-u.ac.jp/ja/guide/about/history
(註 18)「自主独立とは何か　戦後史の解放Ⅱ　前編」細谷雄一　新潮社　2018 年
(註 19)「学制百二十年史」文部科学省　http://www.mext.go.jp/b_menu/hakusho/html/others/detail/1318221.htm
(註 20)「学校教育の戦後 70 年史」日本児童教育振興財団編　小学館　2016 年
「社会総がかりで教育再生を：公教育再生への第一歩：第一次報告」国立国会図書館デジタルコレクション
https://dl.ndl.go.jp/info:ndljp/pid/3531381
(註 21)「米国の日本占領政策　下」五百旗頭真　中央公論社　1985 年
(註 22)「自主独立とは何か　戦後史の解放Ⅱ　後編」細谷雄一　新潮社　2018 年
(註 23)「東アジア近現代通史 7　アジア諸戦争の時代 1945-1965 年」掲載の「トピック・コラム　日本共産党とコミンフォルム批判」加藤哲郎　岩波書店　2011 年
(註 24)「日教組」森口　朗　新潮社　2010 年
(註 25) 日本教職員組合 ホームページ　https://www.jtu-net.or.jp/whats-jtu/jtu-link/

第 5 章

(註 1)「幼稚園，小学校，中学校，高等学校及び特別支援学校の学習指導要領等の改善及び必要な方策等について（答申）」補足資料　文部科学省　2016 年 12 月　http://www.mext.go.jp/b_menu/shingi/chukyo/chukyo0/toushin/1380731.htm
(註 2)「グローバル人材育成推進事業」文部科学省　http://www.mext.go.jp/b_menu/houdou/24/09/attach/1326084.htm
(註 3)「広辞苑　第六版」新村　出編　岩波書店　2008 年
(註 4)「日本大百科全書」小学館
(註 5) 文部科学省　国際教育交流政策懇談会（第 1 回）　配付資料　平成 21 年 1 月 27 日
http://www.mext.go.jp/b_menu/shingi/chousa/kokusai/004/gijiroku/attach/1247196.htm
(註 6)「行き詰まるアメリカ近代文明　普遍的価値を転換できるか」佐伯啓思　Wedge，2017 年 1 月号 vol29　2016 年
(註 7)「米中 5G 戦争」「5G 幕開けで変わる産業構造　出遅れる日本の通信業界」尾崎史生　Wedge，2019 年 1 月号 vo3l　2018 年
(註 8) 中央教育審議会答申「我が国の高等教育の将来像」平成 17 年 1 月 28 日
http://www.mext.go.jp/b_menu/shingi/chukyo/chukyo0/toushin/05013101.htm
(註 9)「新自由主義の解説」百科事典マイペディア　平凡社
「サッチャー時代のイギリス―その政治，経済，教育―」森嶋通夫　岩波書店　1988 年
「新自由主義の自滅　日本・アメリカ・韓国」菊池英博　文藝春秋　2015 年
(註 10)「イギリス教育改革の変遷」吉田多美子　レファレンス，55 巻 11 号，pp.99-112　2005 年
(註 11)「イギリス新労働党の教育政策―装置としての「品質保証国家」―」大田直子　教育学年報，9 号　2002 年
(註 12)「イギリスにおける新自由主義的教育政策と学習社会論」青木研作　早稲田大学大学院教育学研究科紀要，11 巻 2 号，pp.179-188　2004 年
(註 13)「イギリス教育改革の現状と課題―ウェールズにおけるティーチャー・アセスメントを素材として―」渡邉志織　現代社会文化研究，No.57，pp.1-18　2013 年
(註 14)「サッチャー改革再考」岩崎薫里　Business & Economic Review，2003 年 01 月号　2002 年
https://www.jri.co.jp/page.jsp?id=14055
(註 15)「国を救った「鉄の女」，死してなお国を二分する議論残す」産経新聞　2013 年 4 月 9 日付
https://www.sankei.com/world/news/130409/wor1304090018-n1.html

(註 16)「学校教育の戦後 70 年史」日本児童教育振興財団編　小学館　2016 年
「社会総がかりで教育再生を：公教育再生への第一歩：第一次報告」国立国会図書館デジタルコレクション
https://dl.ndl.go.jp/info:ndljp/pid/3531381
(註 17)「平成 13 年度　文部科学白書　第 1 部　21 世紀の教育改革　第 4 節 臨時教育審議会答申とその後」
http://www.mext.go.jp/b_menu/hakusho/html/hpab200101/hpab200101_2_013.html
(註 18)「規制緩和の推進に関する意見（第 2 次）—創意で造る新たな日本—（抄）」行政改革委員会　平成 8 年 12 月 16 日
「通学区域制度の弾力的運用について（通知）」文初小第 78 号　平成 9 年 1 月 27 日
http://www.mext.go.jp/a_menu/shotou/gakko-sentaku/06041014/008/003.htm
(註 19)「現代用語の基礎知識　2011 年版」自由国民社　2010 年
(註 20)「社会総がかりで教育再生を—公教育再生への第一歩—　第一次報告」教育再生会議　平成 19 年 1 月 24 日
https://www.kantei.go.jp/jp/singi/kyouiku/houkoku/honbun0124.pdf
(註 21)「令和元年度　児童生徒の問題行動・不登校等生徒指導上の諸課題に関する調査結果について」文部科学省初等中等教育局児童生徒課　令和 2 年 10 月 22 日
(註 22)「子どもの危機と学校組織」近藤昭一　教育出版　2012 年
(註 23)「いじめ追跡調査 2010–2012 及び 2013–2015」国立教育政策研究所・文部科学省
https://www.nier.go.jp/shido/centerhp/2507sien/ijime_research-2010-2012.pdf
https://www.nier.go.jp/shido/centerhp/2806sien/tsuiseki2013-2015_3.pdf
(註 24)「高校生の生活意識に関する調査」国立青少年教育振興機構　2015 年
(註 25)「若者の意識に関する調査（ひきこもりに関する実態調査）」内閣府　2010 年
「平成 26 年版　子ども・若者白書」内閣府　2014 年
(註 26)「インターネット中毒」キンバリー・ヤング　毎日新聞社　1998 年
(註 27)「ネット依存　中高生 7 人に 1 人」産経新聞　2018 年 9 月 1 日付
(註 28)「『ネット依存』420 万人，5 年前の 1.5 倍に　13 年調査」日本経済新聞電子版　2014 年 8 月 20 日付
https://www.nikkei.com/article/DGXLASDG20H0K_Q4A820C1CR8000/
(註 29)「高校生の心と体の健康に関する調査」財団法人日本青少年研究所・一ツ橋文芸教育振興会　2011 年
「高校生の生活と意識に関する調査」国立青少年教育振興機構　2015 年
(註 30)「先進国における子どもの幸せ—生活と福祉の総合的評価—」UNICEF イノチェンティ研究所『Report Card 7』研究報告書　国立教育政策研究所・国際研究・協力部訳　2010 年
(註 31)「東京の自治のあり方研究会『最終報告』」座長・辻琢也一橋大学副学長　東京都報道発表資料　2015 年 4 月
(註 32)「特別区制度研究会報告書—第 3 期—第 4 分科会研究報告『基礎的自治体の規模・能力と自治』」2014 年 2 月
https://www.tokyo-23city.or.jp/research/jishu/seiken.html
(註 33)「PTA は必要？不要？」朝日新聞デジタル　2015 年 4 月　http://www.asahi.com/opinion/forum/004/
(註 34)「平成 25 年度運動方針」公益社団法人全国子ども会連合会　https://www.kodomo-kai.or.jp/yougoshuu/
(註 35)「加入率激減！消滅危機に立つ「子ども会」必要？不要？…街の声も割れる」タウンネット 東京都
https://j-town.net/tokyo/news/localtv/224885.html?p=all
(註 36)「子ども会および育成会活動の課題とその活動支援」山本和人・大野清恵　国立オリンピック記念青少年総合センター研究紀要，第 7 号，pp.233–244　2007 年
(註 37)「園児が遊ぶ声「うるさい」　訴えた男性，敗訴確定」岡本玄　朝日新聞デジタル　2017 年 12 月
https://www.asahi.com/articles/ASKDP5RC9KDPUTIL03M.html
(註 38)「悪質クレーム対策（迷惑行為）アンケート調査結果—サービスする側，受ける側が共に尊重される社会をめざして—」全国繊維化学食品流通サービス一般労働組合同盟　2017 年 10 月。筆者の加筆：全国繊維化学食品流通サービス一般労働組合同盟は繊維・衣料，医薬・化粧品，化学・エネル

ギー，窯業・建材，食品，流通，印刷，レジャー・サービス，福祉・医療産業，派遣業・業務請負など，国民生活に関連する多種多様な産業で働く人々で構成されている。2018 年 9 月 19 日現在で 2, 374 組合，1, 783, 845 名の日本最大の産業別労働組合（同組合のホームページから引用・加筆）。

（註 39）「世界一孤独な日本のオジサン」岡本純子　角川書店　2018 年

（註 40）「保護者対応の手引き」横浜市教育委員会　平成 22 年 2 月
http://www.city.yokohama.jp/ne/news/press/201002/images/phpmiksWH.pdf

（註 41）「学校問題解決のための手引き―保護者との対話を生かすために―」東京都教育委員会　平成 22 年 3 月
http://www.kyoiku.metro.tokyo.jp/school/document/problem_solving/manual.html

（註 42）「平成 28 年　国民生活基礎調査の概況」厚生労働省
https://www.mhlw.go.jp/toukei/saikin/hw/k-tyosa/k-tyosa16/index.html

（註 43）「子供の貧困に関する指標の推移」内閣府第 6 回子供の貧困対策に関する有識者会議配付資料　平成 30 年 5 月
https://www8.cao.go.jp/kodomonohinkon/yuushikisya/k_6/gijishidai.html

（註 44）「平成 30 年度の児童相談所での児童虐待相談対応件数（速報値）」厚生労働省　令和元年 8 月
https://www.mhlw.go.jp/stf/houdou/0000190801_00001.html

第 6 章

（註 1）「新教職概論　改訂版」赤星晋作　学文社　2008 年

第 7 章

（註 1）「教員勤務実態調査（平成 28 年度）の分析結果及び確定値の公表について（概要）」平成 30 年 9 月 27 日　文部科学省
https://www.mext.go.jp/component/b_menu/shingi/toushin/__icsFiles/afieldfile/2019/03/08/1412993_18_1.pdf

（註 2）「学校組織全体の総合力を高める教職員配置とマネジメントに関する調査研究報告書」平成 28 年度プロジェクト研究（児童生徒の資質・能力を育成する教員等の養成，配置，研修に関する総合的研究）報告書　研究代表者 大杉 昭英　2017 年 3 月　国立教育政策研究所

（註 3）「教員勤務実態調査（平成 28 年度）確定値について」学校における働き方改革特別部会資料　平成 30 年 9 月　文部科学省
https://www.mext.go.jp/b_menu/shingi/chukyo/chukyo3/079/siryo/__icsFiles/afieldfile/2018/09/28/1409717_4_1.pdf

（註 4）「教員環境の国際比較：OECD 国際教員指導環境調査（TALIS）2018 報告書―学び続ける教員と校長―の要約」
国立教育政策研究所　https://www.nier.go.jp/kenkyukikaku/talis/pdf/talis2018_summary.pdf

（註 5）「我が国の教員（前）期中等教育段階）の現状と課題―国際教員指導環境調査（TALIS）の結果概要」
文部科学省　https://www.mext.go.jp/b_menu/toukei/data/Others/1349189.htm
「OECD 国際教員指導環境調査（TALIS2013）のポイント」文部科学省
https://www.mext.go.jp/component/b_menu/other/__icsFiles/afieldfile/2014/06/30/1349189_2.pdf

（註 6）「日本の教師は本当にダメなのか？　OECD 教育局長は高く評価」渡辺敦司　2014 年 7 月 Yahoo ニュース　THE PAGE
https://news.yahoo.co.jp/articles/9bf75367a8cf11e25566545fc2c0ff9b8ef7f428
産経新聞デジタルサイト　iRONNA
https://ironna.jp/article/3285

（註 7）「『能力あるが自信なし』OECD 国際教育調査から浮かぶ日本の教師像」産経新聞　2014 年 6 月 25 日付
https://www.sankei.com/life/news/140625/lif1406250001-n1.html

（註 8）「OECD シュライヒャー局長単著『教育のワールドクラス』出版記念シンポジウム」主催：ベネッセコーポレーション　協力：明石書店　2019 年 9 月 7 日

（註 9）「創造する力育む授業を　ＯＥＣＤ教育局長が来日講演」中日新聞　2019 年 9 月 15 日付
https://www.chunichi.co.jp/article/feature/kyouiku/list/CK2019091502000002.html

（註 10）「丸投げされる学校」石井昌浩　育鵬社　2009 年

（註 11）「学校における働き方改革に係る緊急提言」中央教育審議会　平成 29 年 8 月 29 日

http://www.mext.go.jp/b_menu/shingi/chukyo/chukyo3/079/sonota/__icsFiles/afieldfile/2017/09/04/1395249_1.pdf
(註 12)「新しい時代の教育に向けた持続可能な学校指導・運営体制の構築のための学校における働き方改革に関する総合的な方策について（答申)」中央教育審議会　平成 31 年 1 月 25 日
https://www.mext.go.jp/b_menu/shingi/chukyo/chukyo3/079/sonota/1412985.htm
(註 13)「横浜市立学校 教職員の働き方改革プラン」横浜市　平成 30 年 3 月策定
(註 14)「働き方改革通信：Smile　No.3（令和元年 7 月)」横浜市
https://www.city.yokohama.lg.jp/kurashi/kosodate-kyoiku/kyoiku/plankoho/plan/hatarakikatakaikaku.html

第 8 章

(註 1)「明治期における等級制から学級制への移行をめぐる論調—教育雑誌記事の分析を中心に—」杉村美佳　上智大学短期大学部紀要，第 36 号，pp.19–31　2015 年
(註 2)「中学校学習指導要領」文部科学省　平成 29 年　2017 年
「高等学校学習指導要領」文部科学省　平成 30 年　2018 年
(註 3)「生徒指導提要」文部科学省　平成 23 年 1 月　教育図書
(註 4)「改訂版　教師の条件　授業と学校をつくる力」小島弘道・安藤知子　他　学文社　2017 年
(註 5)「Next 教科書シリーズ　現代教職論」羽田積男・関川悦夫編　弘文堂　2016 年
(註 6)「共生社会の形成に向けたインクルーシブ教育システム構築のための特別支援教育の推進（報告)」文部科学省　平成 24 年 7 月
(註 7)「インクルーシブ教育最前線　知的障害児，普通科高校で学ぶ—受け入れから 2 年半・神奈川県—」時事ドットコム　時事通信社　2019 年 11 月 3 日　https://www.jiji.com/jc/article?k=2019110100844&g=soc
(註 8)「子どもの社会的スキル横浜プログラム」横浜市教育委員会事務局　人権教育・児童生徒課
「子どもの社会的スキル横浜プログラム　個から育てる集団づくり」横浜市教育委員会　学研教育みらい　2010 年監修　岡田守弘（帝京大学教授)，犬塚文雄（横浜国立大学教授)，芳川玲子（東海大学教授）※ 2010 年当時
https://www.city.yokohama.lg.jp/kurashi/kosodate-kyoiku/kyoiku/plankoho/yokohama-program.html

第 9 章

(註 1)「東京都立学校の管理運営に関する規則」教育委員会規則第八号　東京都　昭和 35 年 4 月 1 日
http://www.reiki.metro.tokyo.jp/reiki_honbun/g1012049001.html
(註 2)「横浜市立学校の管理運営に関する規則」教委規則第 4 号　横浜市　昭和 59 年 4 月 17 日
http://www.city.yokohama.lg.jp/ex/reiki/reiki_honbun/g202RG00001153.html
(註 3)「中学校　学習指導要領　平成 29 年 3 月告示」文部科学省
(註 4)「高等学校学習指導要領　平成 30 年 3 月公示」文部科学省

第 10 章

(註 1)「これからの学校教育を担う教員の資質能力の向上について—学び合い，高め合う教員育成コミュニティの構築に向けて—（答申)」中央教育審議会　平成 27 年 12 月 21 日
https://www.mext.go.jp/b_menu/shingi/chukyo/chukyo0/toushin/1365665.htm
(註 2)「教育職員免許法施行規則及び免許状更新講習規則の一部を改正する省令の公布について（通知)」29 文科初第 1113 号　平成 29 年 11 月 17 日
(註 3)「チームとしての学校の在り方と今後の改善方策について（答申)」中央教育審議会　平成 27 年 12 月 21 日
https://www.mext.go.jp/b_menu/shingi/chukyo/chukyo0/toushin/1365657.htm
(註 4)「広辞苑　第六版」新村　出編　岩波書店　2008 年
(註 5)「大辞林　第三版」松村　明編　三省堂　2006 年
(註 6)「現代経営学への招待—21 世紀の展望」岡本康雄編著 「経営戦略」淺羽茂　中央経済社　2000 年
(註 7)「MBA 用語集」学校法人グロービス経営大学院
https://mba.globis.ac.jp/about_mba/glossary/
(註 8)「夢かない 2 ヶ月　教師は命絶った」「仕事に追われ，保護者からは苦情」「両親『若手支える体制を』」氏岡真弓　朝日新聞　2007 年 10 月 9 日付

（註 9）「教育ルネサンス No1215　親と向き合う 1」「新人教師自殺　心のケアは…」大谷秀樹　読売新聞　2010 年 2 月 18 日付
（註 10）「新人教師の自殺公務災害認定」「保護者の要望・苦情　学校全体で対応を」大谷秀樹　読売新聞　2010 年 3 月 17 日付
（註 11）「教師自殺は公務災害」「災害補償基金都支部　審査会が逆転裁決」読売新聞　2010 年 3 月 6 日付
（註 12）当該事案「公務上災害申請理由書」（遺族提供）
（註 13）「横浜市立大綱中学校　中期学校経営方針」同校のホームページから https://www.edu.city.yokohama.lg.jp/school/jhs/ohtsuna/index.cfm/1, 0,43,html
（註 14）「学校の組織図（例）」　文部科学省「学校における働き方改革特別部会」資料 http://www.mext.go.jp/b_menu/shingi/chukyo/chukyo3/079/siryo/__icsFiles/afieldfile/2017/11/08/1397673_5-2.pdf
（註 15）「校務分掌・学校組織（中学校の例）」神奈川大学非常勤講師　石井悦夫氏提供
（註 16）「学校評価のガイドライン 平成 28 年改訂」文部科学省 http://www.mext.go.jp/a_menu/shotou/gakko-hyoka/1295916.htm

第 11 章

（註 1）「教育法規便覧　平成 30 年度版」窪田眞二・小川友次　学陽書房　2018 年
（註 2）「平成 30 年度公立学校教職員の人事行政状況調査」「体罰の実態把握について（国立学校・公立学校・私立学校）」文部科学省　https://www.mext.go.jp/a_menu/shotou/jinji/1411820_00001.htm

第 12 章

（註 1）「判例タイムス No. 1057（2001. 6. 15）」有斐閣，
「内外教育」教育法規あらかると　2000 年 5 月 26 日　時事通信社
（註 2）「教員が選挙で校内人事　校長の権限が形骸化　関西の公立学校」産経新聞　2014 年 4 月 22 日付
（註 3）「ボス教員を人選・組織票左右…選挙で校内人事」読売新聞　2014 年 4 月 18 日付
（註 4）「校内人事案の教員間選挙，大阪市立 61 校が明記」読売新聞　2014 年 5 月 12 日付
（註 5）「異常ないじめ指導　個別支援学級 3 教諭　怖がらせ，最善と信じ」東京新聞　2004 年 6 月 10 日付
（註 6）「4 児童に体罰 2 年　3 教諭と校長 懲戒　文房具落とし拾わせる　段ボールに閉じ込める　尻を蹴る」読売新聞　2004 年 6 月 10 日付
（註 7）「障害児に暴力的指導　はわせ 1 時間／箱の閉じ込め 20 分　横浜の市立小」朝日新聞　2004 年 6 月 10 日付
（註 8）「問題教員，副校長に昇任　自浄能力のなさ浮き彫り　北方小・虐待問題　個別支援学級　質的充実置き去り」神奈川新聞　2004 年 6 月 10 日付
（註 9）「年間（全国企業倒産状況）」「2018 年（平成 30 年）の全国企業倒産 8, 235 件」東京商工リサーチ http://www.tsr-net.co.jp/news/status/yearly/2018_2nd.html
（註 10）「学校の危機管理　予防計画と事後処理」永岡順編　東洋館出版社　1991 年
（註 11）「子どもの危機と学校組織」近藤昭一　教育出版　2012 年

事項索引

人名索引

著者紹介

近藤昭一（こんどう・しょういち）

神奈川大学特任教授。教育学専攻（生徒指導論／学校経営論／教職論／情報メディア論／教育相談）。1974年から22年間横浜市立中学校教諭として勤務。以後，同市立中学校および高等学校の校長，横浜市教育委員会生徒指導担当課長および部長，横浜市教育センター所長などを務めた。2012年以降は大学教育に携わり，玉川大学教職大学院客員教授，准教授，教授等を経て，現職。他に，東京都青少年問題協議会委員，横浜市いじめ問題専門委員会委員などを務めてきている。

主著に，『モバイル社会を生きる子どもたち―「ケータイ」世代の教育と子育て』（時事通信出版局，2011），『子どもの危機と学校組織―苦悩する学校を救う鍵は教師の生徒指導力向上とチーム力』（教育出版，2012）など。

実践 教職論
未来の創り手となる子どもたちのために

2021年 3月30日　初版第1刷発行　定価はカヴァーに表示してあります

著　者　近藤昭一
発行者　中西　良
発行所　株式会社ナカニシヤ出版
〒606-8161　京都市左京区一乗寺木ノ本町15番地
Telephone　075-723-0111
Facsimile　075-723-0095
Website　http://www.nakanishiya.co.jp/
Email　iihon-ippai@nakanishiya.co.jp
郵便振替　01030-0-13128

印刷・製本＝亜細亜印刷
Printed in Japan.

ISBN978-4-7795-1534-7